Carl Adolf Schmidt, Johann Friedrich Budde

Entscheidungen des Grossherzoglich Mecklenburgischen

Oberappellationsgerichts zu Rostock

Carl Adolf Schmidt, Johann Friedrich Budde

Entscheidungen des Grossherzoglich Mecklenburgischen Oberappellationsgerichts zu Rostock

ISBN/EAN: 9783741167225

Hergestellt in Europa, USA, Kanada, Australien, Japan

Cover: Foto ©Lupo / pixelio.de

Manufactured and distributed by brebook publishing software (www.brebook.com)

Carl Adolf Schmidt, Johann Friedrich Budde

Entscheidungen des Grossherzoglich Mecklenburgischen

Oberappellationsgerichts zu Rostock

Entscheidungen

des

Großherzoglich Mecklenburgischen Oberappellationsgerichts zu Rostock.

Sechster Band.

Neue Folge. Erster Band.

Herausgegeben

von den

Oberappellationsräthen

Dr. Johann Friedrich Budde und **Dr. Carl Adolf Schmidt.**

———

Wismar, Rostock und Ludwigslust.
Druck und Verlag der Hinstorff'schen Hofbuchhandlung.
1869.

Rec. Apr. 30, 1902.

Inhalts-Verzeichniß.

I. Civilproceß.

C. Obligationenrecht.

D. Familien- und Erbrecht.

III. Kirchen- und Staatsrecht.

Nachträge.

I. Civilproceß.

1. Einklagung vor der Zeit.
(Li. 591/.... S.Bd. 5. nr. 3.)

Aus dem Bescheide vom 26. Februar 1866:

Da das Interesse des Gläubigers an der Obligation in deren Erfüllung aufgeht, so findet regelmäßig keine Klage auf bloße Anerkennung des Obligationsnexus statt, sondern ist dieselbe auf die Erfüllung zu richten; die Ausnahmefälle, in denen auch künftige Leistungen im Er= tenntnisse Berücksichtigung finden, hängen, wie z. B. bei wiederkehrenden Leistungen, mit einer Nichterfüllung bereits fällig gewordener Ansprüche zusammen. Wenn nun vor eingetretener Verfallzeit der Gläubiger die Erfüllung einer betagten Verbindlichkeit nicht fordern kann, so darf er auch vorher dieserhalb gerichtliche Klage nicht erheben, auch nicht dahin, daß die Zahlung nach eingetretener Fälligkeit zu leisten sei. Es ergiebt sich dies nicht nur aus den Bestimmungen über die Klagenverjährung — cfr. l. 7 § 4 C. de praescriptione XXX vel XL annor. (7, 39) —, sondern folgt auch geradezu aus den Bestimmungen über die plus petitio tempore — cfr. § 10 J. de exceptionibus (4, 13) — , und Rostocker Stadtrecht III, I, Art. 8 und 14 — ; wo ausnahmsweise früher eine Klage zugelassen wird, verfolgt dieselbe anderweitige Zwecke, z. B. nach Art. 29 der Allgemeinen Deutschen Wechsel-Ordnung den der Sicherstellung. Die von Keller, Pandecten § 85 not. 4, aufgestellte Ansicht muß als eine singuläre bezeichnet werden, welche durch die allegirte Stelle in keiner Weise gerecht= fertigt wird und so wenig mit den Gesetzen, als der dies= seitigen Praxis im Einklang steht.

Verliert nun auch die Einrede der verfrüheten Klage ihre
Bedeutung, wenn der Verfalltermin während des Processes
eingetreten ist, so ist dies eben nur eine Modification der
Regel, und der Richter bleibt verpflichtet, eine Klage, die
nach dem klägerischen Vorbringen als verfrüht sich heraus=
stellt, zurückzuweisen.

---

2. Forum für die Versteigerung von Mündel= gütern. Ne. 167/₁....

Die unter amtsgerichtlicher Obervormundschaft stehenden
Kinder eines Dorfschulzen besaßen Grundstücke auf städtischer
Feldmark, welche auf Antrag des Vormundes mit obervormund=
schaftlicher Genehmigung verkauft werden sollten. Das Amts=
gericht fand es den Interessen der Mündel angemessen, die
Versteigerung selbst zu leiten und erließ die entsprechenden
Verfügungen. Das städtische Waisengericht fand darin jedoch
einen Eingriff in seine Competenz und erwirkte eine Ent=
scheidung der vorgesetzten Justiz=Canzlei, worin dem Amts=
gerichte gesagt wurde, daß ihm der Verkauf nicht zustehe, dazu
vielmehr diejenige Behörde zu requiriren sei, in deren Gerichts=
bezirke die Grundstücke lägen. Das Oberappellationsgericht
fand die dagegen erhobene Beschwerde des Amtsgerichts be=
gründet, hob daher durch Recursbescheid vom 31. Januar
1867 die angefochtene Determination wieder auf und bemerkte
dabei:

Eine ausschließliche Competenz des judex rei sitae für
alle und jede gerichtliche Verkäufe von Grundstücken ist nicht
erweislich. Die Vorschrift der §§ 21 und 38 der Executions=
Ordnung vom 30. September 1857 erklärt sich aus der
früheren Immission, welche in einem fremden Jurisdic=
tionsbezirke nicht vorgenommen werden konnte. Sie läßt
sich auf eine einfache, der freiwilligen Jurisdiction angehörige

Versteigerung nicht ausdehnen; diese vermittelt nur einen Contractsabschluß, und enthält in keiner Weise einen Eingriff in fremde Jurisdictionsrechte. Die Hinfälligkeit der sonst von dem Magistrate angeführten Gründe, die selbst die Competenz der Justiz-Canzleien und des Stadtgerichts zu N. ausschließen würden, liegt auf flacher Hand. Bei freiwilligen Verkäufen sind es daher nur Zweckmäßigkeits-rücksichten, welche der Regel nach zu einer Requisition, oder zu einem Commissorium an den judex rei sitae führen werden. Hier läßt sich selbst die Zweckmäßigkeit nicht deduciren.

3. Von welchem Gerichte sind die zur Mortification einer Schuldurkunde erforderlichen Proclamata zu erlassen? Pe. 556/1....

Der Inhaber einer in ein ritterschaftliches Gut eingetragenen Forderung, der den darüber ausgestellten Hypotheken-schein mortificiren lassen wollte, beantragte die dazu erforderlichen Proclamata bei der für das verpfändete Gut zuständigen Justiz-Canzlei, ward von dieser jedoch an sein eigenes Forum verwiesen. Das Oberappellationsgericht entschied sich dagegen mittelst Querelbescheides vom 30. April 1866 für die Competenz der Justiz-Canzlei.

Denn, wenn Proclamationen regelmäßig beim Forum des Provocanten zu extrahiren sind, so beruht dies darauf, daß bei Provocationen nicht das Forum des Provocaten, sondern das des Provocanten, welches eventuell über den streitigen Anspruch zu entscheiden hat, aus diesem Grunde auch berechtigt ist, dem Provocaten die Geltendmachung dieses Anspruches aufzugeben, und demselben den Nachtheil anzudrohen, daß er später damit nicht werde gehört werden. Dieser Grund trifft bei Mortifications-Proclamen nicht zu.

1*

4

Sofern es sich dabei um das Recht auf das zu amortifirende Schulddocument handelt, kann darüber zwar ein Rechtsstreit zwischen dem provocirenden Gläubiger und dem unbekannten Dritten entstehen; es ist aber zur Zeit völlig ungewiß, welcher von beiden Theilen dabei die Klägerrolle zu übernehmen, und ob das Gericht, dem der provocirende Gläubiger unterworfen ist, darüber zu entscheiden haben, und folglich berechtigt sein würde, dem Provocaten die Verfolgung seines Rechts aufzugeben. Die eigentliche Bedeutung der Mortification eines Schulddocuments besteht aber darin, daß diesem seine Rechtswirkung in Bezug auf das betreffende Schuldverhältniß entzogen wird, und durch das Mortificationsproclama werden in Wirklichkeit nur diejenigen aufgerufen, welche aus dem betreffenden Documente Ansprüche an den Schuldner oder an das bezügliche Grundstück machen, und der Aufhebung dieser Rechte widersprechen zu können vermeinen. Wie sich daher die Competenz des Forums des Schuldners, beziehungsweise des forum rei sitae von selbst ergiebt, sobald der Schuldner, beziehungsweise der Eigenthümer der belasteten Sache den Erlaß eines Mortificationsproclamas beantragt; so spricht die Natur der Sache auch für die Anerkennung der Competenz desselben Gerichts in dem Falle, wo ein Gläubiger ein solches Proclam erwirkt, weil durch dieses Proclam nicht diejenigen provocirt werden, welche aus dem betreffenden Documente Ansprüche an den provocirenden Gläubiger, sondern Diejenigen, welche solche an den Schuldner beziehungsweise an das Grundstück machen zu können vermeinen, es sich also in beiden Fällen immer um die Provocation von Ansprüchen handelt, welche gegen den Schuldner, beziehungsweise an das verpfändete Grundstück erhoben werden, und eventuell bei dem gedachten Gerichte zu verfolgen sein würden.

Nach diesem von der Preußischen Gesetzgebung schon früher befolgten Principe ist das Competenzverhältniß sowohl in der Allgemeinen Deutschen Wechselordnung Art. 73.

und in dem Handelsgesetzbuche Art. 305 — vergl. § 35
des Publicationsgesetzes vom 28. December 1863 —, als
auch durch neuere einheimische Specialgesetze, wie §§ 9 und
17 der Statuten der Mecklenburgischen Eisenbahngesellschaft
und § 20 der Domanialhypothekenordnung vom 2. Januar
1854, geordnet, und beruht es auf demselben Princlpe,
wenn eines Theils im § 27 der revidirten Stadtbuchordnung dem Magistrate, in dessen Bezirke das belastete
Grundstück liegt, die ausschließliche Competenz zur Erlassung der Mortificationsproclamata beigelegt, und anderen
Theils in den §§ 63 bis 65 der Statuten des Creditvereins,
so wie im § 42 der Statuten der Rostocker Bank dem
Creditverein und beziehungsweise der Rostocker Bank die
eigene Mortification der von ihnen ausgestellten Urkunden
selbst überlassen ist.

Unter diesen Umständen würde dem Forum des provocirenden Gläubigers nur dann eine ausschließliche Competenz zur Erlassung der fraglichen Mortificationsproclamata
beigelegt werden können, wenn eine constante Praxis dafür
vorläge; eine solche ist aber wenigstens in Bezug auf
ritterschaftliche Hypothekenscheine nicht anzunehmen.

- - - - -

**4. In den bei Mecklenburgischen Gerichten
anhängigen Processen haben ausländische Parteien ebenso wie die inländischen Anspruch auf
das Armenrecht. Zu. 88/....**

Das Oberappellationsgericht wies die Justiz-Canzlei zu
Güstrow in dem Bescheide vom 29. Januar 1855 an, einer
dem Königreich Preußen angehörigen armen Klägerin einen
Armenfachwalt zu bestellen und führte in den Gründen Folgendes aus:

Die Land- und Hofgerichts-Ordnung Thl. 1, Tit. 13
verordnet generell, daß im Hofgericht die Sachen der armen

Parteien einem der verordneten Advocaten und Procura-
toren nach ihrer Ordnung anbefohlen werden sollen, darein
zu rathen, reden und mit Treue zu verhandeln, und der
Advocat und Procurator bei Entsetzung seines Amtes
solches zu thun schuldig sein soll. Nach der Fassung dieser
Vorschrift hängt die Anwendlichkeit derselben allein von
der Anhängigkeit der Sache beim Hof- und Landgerichte
ab. Eine Beschränkung auf inländische Parteien würde
nur in Folge restrictiver Interpretation anzunehmen sein,
für eine solche fehlt es aber an einem ausreichenden Grunde.
Denn die ratio des Gesetzes beruhet offenbar auf dem
Gedanken, daß der Beistand eines Advocaten und Pro-
curators als ein für die Verfolgung des Rechts nothwendiges
Mittel den Armen gewährt werden müsse. Daß aber den
Fremden in gleicher Weise, wie den Inländern, die
Wege der Rechtsverfolgung eröffnet werden müssen,
ist ein zweifellos bereits in der Land- und Hofgerichts-
Ordnung vorausgesetztes Princip, wie insbesondere die
Bestimmung im Thl. II, Tit. 15 § 1 zeigt, nach welcher
die Fremden ebenso wie Inländer im Falle des Unver-
mögens zur eidlichen Caution gelassen werden sollen. Im
Thl. II, Tit. 1, § 9 werden die Fremden sogar unter den
Personen genannt, welchen die Unterrichter fürnämlich
schleunig und so möglich auf einem Gerichtstage helfen
sollen. Die Verordnung vom 18. September 1854 bauet
auf diesen gleichfalls durch die Güstrow'sche Canzlei-Ordnung, Thl. I, Tit. 11 und Thl. II. Tit. 1 § 9 anerkannten
Grundsätzen fort. Da die gedachte Verordnung bestimmt
im § 9 sub nr. 1 und 2 ausspricht, daß die Bestellung
von Armensachwältern nur im Falle der Nothwendigkeit
geschehen solle, so würde die Ausschließung ausländischer
Armen von dieser Wohlthat im Sinne des Gesetzes dem
Resultate nach geradezu der Versagung der Rechtshülfe
gleichstehen, was beim Mangel eines ausdrücklichen Ausspruches unmöglich als beabsichtigt angenommen werden
kann.

5. Zur Lehre vom Litisconsortium. He. 756/....

Ein Gutsbesitzer hatte Kinder aus zwei Ehen hinterlassen und es waren für dieselben verschiedene Vormünder
bestellt. — In einem Rechtsstreite, den diese gemeinschaftlich Namens sämmtlicher Kinder als Kläger und Wider-
beklagte führten, ward ihnen von ihrem Prozeßgegner ein Eid
deferirt, und bezeichnete der Deferent, nachdem der Eid acceptirt
worden war, den Vormund der Kinder erster Ehe als denjenigen, der den Eid für sich und in die Seele der andern
Vormünder schwören solle. Der Vormund der Kinder erster
Ehe zeigte jedoch jetzt an, daß seine Curanden nach Maßgabe
der inzwischen stattgefundenen Erbauseinandersetzung an dem
Ausgange des Rechtsstreits kein Interesse weiter hätten, daß
er daher, wenn er auch die Vollmacht des Sachwalts mit
unterschrieben habe, doch den Vormündern der Kinder zweiter
Ehe die Führung des Processes überlassen habe, und hielt
sich zur Ableistung des ohne sein Wissen acceptirten Eides
nicht verpflichtet. Mit einem hieran geknüpften Restitutionsgesuche zurückgewiesen, erklärte er weiter, daß er in Gemäßheit
der erwähnten Erbauseinandersetzung den Antheil seiner
Curanden an der den Gegenstand der Klage bildenden Forderung den Vormündern der Kinder zweiter Ehe cedirt habe,
und hinsichtlich der durch die Widerklage geforderten Summe
bereit sei, den auf seine Curanden fallenden Antheil mit Zinsen
und Kosten zu zahlen. Die Vormünder der Kinder zweiter
Ehe waren hiermit einverstanden und zur Ableistung des
Eides bereit; der Prozeßgegner war jedoch der Ansicht, daß
jene Cession unzulässig sei, der Vormund der Kinder erster
Ehe zur Ableistung des Eides verpflichtet bleibe, und im Falle
seiner Weigerung auch die Vormünder der Kinder zweiter
Ehe mit ihrer Klage abgewiesen, beziehungsweise in Gemäßheit
der Widerklage verurtheilt werden müßten. Das Oberappellationsgericht entschied diesen Streit mittelst Querelbescheides vom 12. November 1866 dahin, daß rücksichtlich
des von dem Vormunde der Kinder erster Ehe cedirten

Antheils seiner Curanden dieser zur Ableistung des Eides verpflichtet bleibe, dagegen die Vormünder der Kinder zweiter
Ehe hinsichtlich des ursprünglichen Antheils ihrer Curanden
so wie in Betreff der Widerklage zum Eide zuzulassen seien,
und begründete diese Entscheidung wie folgt:

Der hier zu Lande bestehende Gerichtsgebrauch, wonach
bei Littsconsorten auch im Falle der Verfolgung eines
theilbaren Interesse die körperliche Eidesleistung der Regel
nach auf einen Einzigen beschränkt wird, welcher, vom
Deferenten auserwählt, den Eid für sich und in die Seele
seiner Streitgenossen ableistet, und zu diesem Ende von
diesen letzteren mit einer die Eidesformel wörtlich enthaltenden Specialvollmacht ad jurandum versehen sein muß,
ist nur durch die Rücksicht auf die Feierlichkeit der Eides-
handlung hervorgerufen, welche es dem Richter zur Pflicht
macht eine Anstoß erregende Zahl von Eidesleistungen zu
verhüten, beruht aber ebenso wenig auf einer falschen
Ansicht von dem Wesen der Streitgenossenschaft, als er
durch sein Bestehen das Wesen dieser zu ändern vermocht
hat. Deshalb versteht es sich denn auch von selbst, daß dieses
Verfahren nur da zur Anwendung gebracht werden kann, wo
von der Befolgung desselben keine Gefahr für die an sich
durchaus selbstständigen wohlberechtigten Interessen der streitenden Theile, sei dies nun der Deferent oder seien es
die verschiedenen Delaten, befürchtet werden darf, und in
so weit Modificationen erleiden muß, als eine solche Gefahr
eintritt, so daß der gegen dessen Durchführung von Seiten
des einen oder des anderen Theils erhobene Widerspruch
nicht als ein Product reiner Willkür, oder gar der Chicane,
sondern an sich wohlbegründet erscheint.

Dieser letztere Fall liegt hier aber in so ferne vor, als
sich jetzt herausgestellt hat, daß der Vormund der Kinder
erster Ehe, für welchen der vom Beklagten und Widerkläger den Klägern und Widerbeklagten zugeschobene Eid
gleichfalls acceptirt war, und welchen jener zur Eidesleistung speciell auserwählt hatte, wenn er diesen Eid

selbst auch noch nicht ausdrücklich verweigert hat, doch so sichtliche Bedenken trägt, denselben auszuschwören, daß wenn es zur Eidesleistung kommen sollte, eine Verweigerung des Eides im Schwurtermine von seiner Seite doch immerhin zu befürchten steht, um so mehr als seine Curanden in Behalt des Erbauseinandersetzungsvertrages schon kein rechtliches Interesse mehr an dem Ausgange dieses Rechtsstreites hatten, und durch die von ihrem Vormunde weiter abgegebenen Erklärungen sich des klagend verfolgten Anspruches durch Cession ihres Antheils an ihre Mittkläger begeben, der Widerklage gegenüber aber sich rein sachfällig erklärt haben. Kann daher auch, wie weiterhin auszuführen ist, der Vormund der Kinder erster Ehe der Verpflichtung, den von ihm Namens seiner Curanden bereits vor dieser Cession acceptirten Eid in eigener Person abzuleisten nicht enthoben werden, so giebt doch dies sein actenmäßig gewordenes Widerstreben gegen die Ausschwörung des ihm angetragenen Eides für seine bisherigen Streitgenossen einen genügenden Grund ab, den Ausgang dieses Processes, so weit der Antheil ihrer Curanden dabei in Frage steht, nicht von seinem demnächstigen Verhalten im Schwurtermine abhängig zu machen, wodurch möglicher Weise schwer zu lösende Verwickelungen entstehen könnten. Deshalb erschien ihr Verlangen, von der ihnen auferlegten Verpflichtung, denselben auch für den Antheil ihrer Curanden schwören zu lassen und ihn zu diesem Ende mit der erforderlichen Specialvollmacht zu versehen, enthoben zu werden, gerechtfertigt.

Die weiter gehende Beschwerde war dagegen zu verwerfen. Denn mußte auch die während dieses Rechtsstreits auf Grund des obervormundschaftlich bestätigten Erbauseinandersetzungsvertrags geschehene Cession des Antheils der Kinder erster Ehe an der klagend verfolgten Forderung, der Streitlosstellt dieser Forderung ungeachtet, mit Rücksicht auf diesen ihren Grund an sich als gültig und rechtsbeständig betrachtet werden; waren eben deßhalb auch die

mitklagenden Vormünder der Kinder zweiter Ehe be=
rechtigt, den anhängigen Proceß auch wegen dieses ihrem
Curanden cedirten Antheils der fraglichen Forderung ganz
in der Lage aufzunehmen und fortzusetzen, in welcher der=
selbe sich in diesem Augenblick befand; ist es ferner auch
richtig, daß dem Cessionar, da er als procurator in rem
suam sein eigenes Interesse verfolgt und daher auch bei
entstandenem Processe selbst die eigentliche Proceßpartei
ist, nicht angesonnen werden kann, wenn der Ausgang des
Processes von einer Eidesleistung abhängig wird, statt
seiner den Cedenten zum Eide zu stellen, obwohl dies
früher vielfach angenommen ward — vergl. Wetzell,
Civilproceß 2. Auflage Seite 243 ff. —: so war vor=
liegenden Falls doch im Augenblicke der erfolgten Cession
die Lage der Sache bereits so, daß der Bestand der
cedirten Forderung von der Ausschwörung eines dem
cedirenden Vormunde als Vertreter seiner Curanden defe=
rirten und Namens seiner in einer ihn verbindenden Weise
acceptirten Eides abhängig gemacht war. Mochte er daher
auch immer das seinen Curanden zustehende Klagerecht
selbst auch bei dieser Sachlage noch an die Vormundschaft
der mitklagenden Kinder zweiter Ehe durch Cession über=
tragen können, so konnte er sich dadurch doch der Ver=
pflichtung nicht mehr entziehen, welche durch die erklärte
Annahme des Eides für seine Curanden in seiner Person
begründet war, und die Abhängigkeit nicht zerstören, in
welche der Anspruch von seiner Eidesleistung gerathen
war: denn, wenn auch die Eidesdelation heutzutage vor=
wiegend die Natur eines Beweismittels hat, so hat sich
doch in Beziehung auf die entscheidende Bedeutung des
deferirten Eides noch immer der Gesichtspunct erhalten,
daß dieselbe auf einen Vertrag zurückzuführen ist, wodurch
die streitenden Theile den Ausgang des Rechtsstreits in der
fraglichen Beziehung von der Eidesleistung des einen oder
des anderen von ihnen abhängig machen. Konnte aber
aus diesem Grunde der Vormund der Kinder erster Ehe

von der in seiner Person begründeten Verbindlichkeit,
seinen Eid über den Bestand der streitigen, von ihm für
seine Curanden eingeklagten Forderung entscheiden zu
lassen, durch deren Cession sich nicht mehr losmachen, so
versteht es sich andererseits ebenso von selbst, daß die
Vormünder des Cessionars auch nicht verlangen können,
auf Grund dieser Cession nunmehr statt ihres Cedenten
zur Eidesleistung zugelassen zu werden.

**6. Berechtigung Minderjähriger, Injurien-
klagen ohne Zuziehung eines Vormundes
aufzunehmen. Su. 217/.... Str
(S. Bd. 1, Nr. 1.)**

Der noch unter väterlicher Gewalt stehende Handwerker-
geselle S. war wegen einer Realinjurie auf Abbitte und
Verbüßung einer arbiträren Gefängnißstrafe belangt worden,
und hatte sich selbständig auf die Klage eingelassen. Während dieser Proceß in der Beweisinstanz schwebte, trat der
Beklagte mit der bescheinigten, demnächst vom Kläger als
richtig anerkannten Behauptung hervor, er sei erst nach Publication des Beweisinterlocuts volljährig geworden. Er
focht deshalb das ganze bisherige Verfahren als nichtig an,
allein das Oberappellationsgericht wies seine Beschwerde durch
Bescheid vom 10. Februar 1866 aus folgenden Gründen
zurück:

Daß der Beklagte am 12. September v. J. noch minder-
jährig war, und daß derselbe unter väterlicher Gewalt
steht, ist zwar außer Streit; auch werden, wie von hier
aus bereits mehrfach erkannt ist, minderjährige Hauskinder
als einer väterlichen Vormundschaft unterworfen angesehen
und rücksichtlich ihrer Handlungsfähigkeit den übrigen Minderjährigen ganz gleichgestellt, haben also regelmäßig nicht

die Fähigkeit, selbständig vor Gericht aufzutreten. Von dieser Regel giebt es aber Ausnahmen, zu denen insbesondere die Injurienprocesse gehören. Die inländische Praxis gestattet den Minderjährigen, Injurienklagen in eigenem Namen zu erheben, und ebenso sind sie unter den Voraussetzungen, welche bei Gelegenheit des in den gedruckten hiesigen Entscheidungen Nr. 1 Seite 1 f. behandelten Falles entwickelt sind, für fähig zu achten, solche wider sie gerichtete Klagen ohne vormundschaftlichen Beistand aufzunehmen. Jene Voraussetzungen sind im gegenwärtigen Falle gegeben, da der Beklagte zur Zeit des libellirten Vorfalls der Volljährigkeit schon nahe war, auch nach Maßgabe des Klagantrages auf Verbüßung einer Gefängnißstrafe und Abbitte seine vermögensrechtliche Unselbstständigkeit nicht in Betracht kam. Daß möglicher Weise, wenn er unterliegen sollte, nicht principaliter auf Gefängniß, sondern auf eine öffentliche Geldstrafe erkannt wird, kann zur Zeit nicht in Erwägung kommen.

---

7. Der Vater ist zur Vertretung seiner verheiratheten minderjährigen Tochter bei Processen nicht legitimirt. Be. 1103/....

Die Gründe einer dies aussprechenden Entscheidung vom 6. September 1866 lauten:

Der Grund, weshalb nach heutigem Rechte die väterliche Gewalt über die Töchter mit deren Verheirathung aufhört, besteht gerade darin, daß nach deutschem Rechte die Frau durch ihre Verheirathung aus der Vormundschaft ihres Vaters in die ihres Ehemannes trat, und daß bei der Reception des Römischen Rechtes der Verheirathung der Töchter dieselbe Wirkung, welche sie bisher in Bezug auf die Vormundschaft des Vaters geübt hatte, auch in Bezug

auf die väterliche Gewalt beigelegt ist. — Aus diesem
Grunde läßt sich auch die Bestimmung des Römischen
Rechtes, wonach dem Vater die Vormundschaft über die
von ihm emancipirte minderjährige Tochter zusteht, auf den
Fall der Verheirathung nicht ohne Welteres übertragen,
und wenn einzelne Particularrechte ihm auch für diesen
Fall eine vormundschaftliche Verwaltung ihres Vermögens,
soweit dasselbe nicht als des in die Hände des Ehemannes
übergeht, übertragen, und diese Frage nach gemeinem Rechte
streitig ist,

vergl. Eichhorn, Deutsches Privatrecht, § 316,
von Bülow und Hagemann, Erörterungen,
Bd. 7, Nr. 120,

so kommt in Bezug auf unser einheimisches Recht doch in
Betracht, daß hier, wie durch die Verordnung vom 10.
März 1771 bezeugt wird, die Vormundschaft des Mannes
vorläufig bei Bestande blieb, und auch durch diese Verord=
nung nicht aufgehoben, sondern nur dahin beschränkt ist,
daß eine verheirathete minderjährige Frau zur Abschließung
von Verträgen der Zustimmung ihrer bisherigen Curatoren
bedürfen, und daher die bisherige ordentliche Curatel aus
diesem Grunde durch ihre Verheirathung nicht aufgehoben
werden soll. Mag diese Bestimmung nun auch immerhin
auf den Fall der Verheirathung einer minderjährigen filia-
familias auszudehnen und danach anzunehmen sein, daß
eine solche zur Abschließung von Verträgen der Zustimmung
ihres Vaters bedarf; so handelt es sich hier doch nicht um
den Abschluß eines Vertrages, und das Recht zur Vertre=
tung seiner verheiratheten Tochter bei Processen steht dem
Vater daher jedenfalls nicht zu.

14

8. Zur Lehre von der Beweislaſt bei der
Lex commissoria. We. 76/₁₁₁₁ Strel.

Ein Inſtrumentenmacher hatte beim Verlaufe eines Claviers
ſtipulirt, daß wenn der Käufer mit dem in einzelnen Raten
zu zahlenden Kaufpreiſe in Rückſtand bleibe, er berechtigt ſein
ſolle, das Inſtrument als ſein volles unbelaſtetes Eigenthum
ſofort zurückzunehmen. Der Käufer, der bei dem Beklagten
zur Miethe wohnte, blieb die Miethe ſchuldig, der Beklagte
retinirte neben dem übrigen Inventar auch das Clavier und
der Verläufer vindicirte jetzt daſſelbe, indem er behauptete,
daß der Käufer mit den contractlichen Zahlungen in Rückſtand gekommen und folglich das Clavier wieder ſein Eigenthum geworden ſei. Die Juſtiz-Canzlei nahm an, daß bei
der lex commissoria die Beweislaſt denjenigen treffe, der die
Erfüllung des Contracts behauptet, und daß es auch keinen
Unterſchied mache, ob die Klage gegen den Contrahenten oder
wie im vorliegenden Falle gegen einen Dritten angeſtellt ſei,
der ſein Recht aus einem von dem Käufer beſtellten Pfandrecht ableite; in dem Erkenntniſſe vom 29. October 1866
ward jedoch von dem Kläger der Beweis verlangt, daß der
Käufer mit den ſtipulirten Zahlungen im Rückſtand geblieben
ſei. In den Gründen iſt geſagt:

Nach den für die Beweislaſt geltenden allgemeinen
Regeln hat derjenige, der ein von dem Eintritt einer
Bedingung abhängiges Recht geltend macht, den Eintritt
dieſer Bedingung zu behaupten und zu beweiſen. Wenn
hiervon bei der lex commissoria eine Ausnahme zu
ſtatuiren iſt, ſo wird dies nur dadurch gerechtfertigt, daß
der Käufer in dieſem Falle nicht nur mit der rei vindicatio,
ſondern auch mit der actio venditi zur Rückgabe der Sache
gezwungen werden kann und daß hier der Nichteintritt einer
Thatſache zum Inhalt einer Bedingung gemacht iſt, deren
Eintritt der Käufer der Klage auf Erfüllung gegenüber
beweiſen müßte. Aus dieſem Grunde iſt aber auch die
gedachte Ausnahme auf den Fall zu beſchränken, wo eben

der Käufer wegen Rückgabe der Sache belangt wird und
sie läßt sich nicht auf den Fall ausdehnen, wenn der Verkäufer die Sache von einem Dritten, mit dem er in keinem
contractlichen Verhältnisse steht, mit der rei vindicatio
fordert. Dem dritten Besitzer gegenüber muß der Vindicant
sein Eigenthum darthun und folglich, wenn unbestritten
ist, daß dieses durch Tradition auf den Käufer überge=
gangen war, der Kläger aber behauptet, daß die Wirkung
dieser Tradition durch den Eintritt einer Resolutivbedingung
wieder aufgehoben ist, diesen Eintritt beweisen. In dieser
Beziehung macht es auch keinen Unterschied, daß der Beklagte kein selbstständiges Eigenthumsrecht an der libellirten
Sache behauptet, sondern nur ein Pfandrecht an derselben
geltend macht, weil er als Pfandgläubiger nicht verpflichtet
ist, dem Verpfänder auf dessen Verlangen die Sache her=
auszugeben.

9. Ueber die Recognoscibilität unterkreuzter Urkunden. Li 598/....

Um eine eingeklagte Darlehnsforderung zu beweisen, hatte
der Kläger einen im Namen des Beklagten abgefaßten und
mit drei Kreuzen unterzeichneten Schuldschein producirt, unter
welchem von einem Notar unter Beifügung seines Siegels
jedoch ohne Zuziehung von Instrumentszeugen attestirt war,
daß der Beklagte nach vorgängiger Verlesung und Genehmi=
gung des Inhalts, die Urkunde mit eigener Hand unterkreuzt
habe. Der Beklagte leugnete gleichwohl die Richtigkeit dieser
Angaben. Als diese Sache zur Entscheidung des Oberappellationsgerichts kam, stand bereits durch zwei übereinstimmende
Determinationen rechtskräftig fest, daß das Notariatsdocument
vollen Beweis nicht liefere, aber es war noch streitig geblieben, ob der Kläger nicht wenigstens berechtigt sei, die
Echtheit der unterkreuzten Urkunde anderweitig zu beweisen,

namentlich den Diffeſſionseid zu fordern. Durch Beſcheid
vom 8. November 1866 wurde die Frage bejaht aus folgen=
den Gründen:

Wenn es gleich für den vorliegenden Fall bereits rechts=
kräftig feſtſteht, daß die unter den beiden producirten
Schuldſcheinen ſtehenden Notariatsdocumente als ſolche nicht
gelten können, weil dabei keine Inſtrumentszeugen zugezogen
ſind, ſo bleiben doch immer die von dem Beklagten angeb=
lich unterkreuzten Privaturkunden übrig, und es liegt in
dem amtlichen Zeugniſſe der beiden Notare mindeſtens eine
Beſcheinigung dafür, daß er die fraglichen Schuldſcheine
nach vorgängiger Verleſung, Erklärung und Genehmigung
eigenhändig unterkreuzt habe. Iſt es nun auch ſehr be=
ſtritten, ob bloß unterkreuzte Urkunden überall recogno =
ſcibel ſeien,

Wetzell, Civilproceß § 24 not 72, e,

ſo kann darüber kaum ein beachtlicher Zweifel entſtehen,
wenn, wie hier, die Echtheit eines ſolchen Handzeichens
durch eine hinzutretende Beſcheinigung wahrſcheinlich ge=
macht iſt, weil die Gründe, welche für die Irrecognoſcibi=
lität angeführt zu werden pflegen,

Langenbeck, die Beweisführung in bürgerlichen Rechts=
ſtreitigkeiten, Seite 689,

unter dieſer Vorausſetzung nicht zutreffen. Es verſteht ſich
aber von ſelbſt, daß in ſolchem Falle, wie dies auch bei
der Faſſung des Echtheitsbeweiſes vom judicium a quo
ausdrücklich anerkannt iſt, auch der Diffeſſionseid die
vorgängige Verleſung und Genehmigung der Urkunden mit
ergreifen muß, weil die Unterkreuzung nur unter dieſer
Vorausſetzung die Stelle einer Namensunterſchrift erſetzen
kann.

10. Beweis der Echtheit einer Privaturkunde durch Schriftvergleichung. (§. 124½.)...

Um über die Authenticität einiger Scripturen, welche als von der Hand des Probaten herrührend zur Schriftvergleichung benutzt werden sollten, Gewißheit zu erlangen, forderte der Probant den Diffessionseid. Der erste Richter ging auf diesen Antrag ein, der zweite erklärte denselben jedoch für unstatthaft, und das Oberappellationsgericht bestätigte diese zweite Entscheidung durch Decret vom 26. April 1866 mit folgender Bemerkung:

Wenn eine gemeine deutsche Praxis auch in so fern über die Justinianische Gesetzgebung hinausgegangen ist, als sie einfache Privatscripturen zur Schriftvergleichung zuläßt, so läßt sich doch nicht erweisen, daß sie zur Herstellung der Authenticität dem Probanten erlaubt hat, vom Eidesantrage oder vom Diffessionseide Gebrauch zu machen. Damit würde sie den Grundsatz umgestoßen haben, daß man den Diffessions- oder den Schiedseid nur rücksichtlich solcher Urkunden verlangen könne, deren Inhalt für die Entscheidung von Belang ist. Bei der Schriftvergleichung liegt aber der Inhalt der dazu benutzten Urkunden außer allem Betracht, und kann man sich daher nicht — wie es Gensler im Archiv für die civilistische Praxis Bd. 2 Seite 331 thut — für die Statthaftigkeit der Eidesdelation darauf berufen, daß sie sogar in Rücksicht auf die Echtheit der Beweisurkunde selbst Statt finde, da dieses bei Documenten, deren Inhalt unerheblich ist, gar nicht vorkommen kann.

11. Das Verbot der Abhörung neuer Zeugen nach Eröffnung des Zeugenrotulus bezieht sich nur auf die Vernehmung über dieselben und die gerade entgegengesetzten Artikel.

Re. 96/₁₈₆₅. Strel.

Ein auf Bezahlung mehrerer Darlehne im Gesammt-betrage von 3600 Thlr. belangter Schuldner wurde rechts-kräftig zu dem Beweise gelassen:

daß er außer den ihm unbestritten angeliehenen 2000 Thlr. die weiter eingeklagten 1600 Thlr. vom Erblasser der Klägerin nicht empfangen habe,

und suchte diesen Beweis durch Zeugen zu führen, welche über die zwischen dem Darlehnsgeber und dem Darlehnsempfänger bis zur Ausstellung des letzten Schuldscheins vom 24. Juni 1862 rücksichtlich der fraglichen Anleihe vorgekommenen Ver-handlungen vernommen und respective insbesondere darüber befragt werden sollten, ob bei der Ausstellung dieses letzten Schuldscheins in die Summe von 2000 Thlr. eine aus frü-heren Anleihen herrührende Schuld von 1600 Thlr. miteinge-rechnet sei. Nach Publication der bezüglichen Vernehmungs-protocolle zeigte der Beklagte am 27. Juni 1865 beim Gerichte erster Instanz an, daß er noch drei Zeugen aufge-funden habe, welche bestätigen könnten, daß der Erblasser der Klägerin in ihrer Gegenwart vor drei Jahren erklärt habe, der jetzige Beklagte schuldige ihm im Ganzen 2000 Thlr. an Capital, und wurde die Bitte des Beklagten um nachträgliche Zulassung dieser Zeugen (unter der Bedingung einer Be-scheinigung über die erst nach Ablauf der Beweisfrist er-langte Kenntniß der fraglichen Zeugen) durch die überein-stimmende Entscheidung aller drei Instanzen bewilligt. Die Gründe des bezüglichen Bescheides des Oberappellations-gerichts vom 18. September 1865 lauten also:

Das Canonische Recht verbietet im Anschlusse an die Nov. 90 cap. 4 nur, daß nach eröffnetem Zeugenrotulus über dieselben oder die gerade entgegengesetzten Artikel neue Zeugen abgehört werden,

vergl. Clementin. 2, de testibus (2, 8) verb.: non licet
super eisdem vel directe contrariis articulis —
cap. 17 unb cap. 35 X. de testibus (2, 20),
auch cap. 29, 36 unb 38 eod.,

unb ebenfo bleiben bie Sanbeß-Proceß-Drbnungen bei bem
Sage flehen, baß nach Eröffnung ber Zeugenaußfagen ber
Zeugenführer nicht mehr Zeugen über biefelben Artikel ab-
hören laffen, unb ber Gegner nicht mehr contrarios arti-
ticulos übergeben foll.

Vergl. Hof- unb Sanbgerichtßorbnung II, Tit. 30 § 1,
Güftrowfche Canzlei-Drbnung II, Tit. 31 § 1.
Der von ber Güftrowfchen Canzlei-Drbnung am Schluffe
beß Tit. 31 § 1 cit. gemachte Zufaß, welcher baß Berbot
auch auf bie Appellationß-Jnflanz anwenbet, zeigt befonberß
beutlich, baß baffelbe nicht über bie hervorgehobene Grenze
außgebehnt werben barf, inbem bort außbrücflich bie weitere Abhörung von Zeugen über neue Artitel, „ob bie
gleich von vorigen Artifeln bepenbiren", geflattet wirb.
Enblich flellt eß fich nur alß ein anberer Außbrucf, nicht
aber alß eine fachliche Abweichung bar, wenn baß Rechtß-
mittelgefeß vom 15. Jan. 1861 § 16 sub III unb § 41,
1, 2 für bie bort hervorgehobenen Anwenbungßfälle beß in
Frage flehenben Berboteß baß entfcheibenbe Gewicht barauf
legt, baß bereitß über bie betreffenben Puncte ein Beweiß
ober Gegenbeweiß burch Zeugen in ber Sache geführt
worben ifl.

12. Zur Lehre vom Beweife burch Sachver-
ftänbige. Ge: 490/₁₀₀₀.

Auß bem Querelbefcheibe vom 20. November 1865:
Daß Recht beß Probucten, bei einem burch Sachver-
ftänbige angetretenen Beweife feinerfeitß ebenfallß Sach-
verflänbige vorzufchlagen, fällt nicht unter ben Begriff beß
birecten Gegenbeweifeß, fonbern ifl eine hievon unabhängige,

dem gedachten Beweise eigenthümliche Befugniß des Pro-
ducten, weßhalb denn auch die bei der betreffenden Auflage
gesetzte Frist nicht als ein fatale, sondern als eine perem-
torische Frist zu behandeln, und der Product bis zur
erfolgten Praeclusion mit jener Benennung zuzulassen ist. —

---

13. Folgen der Eidesunfähigkeit eines Mein-
eidigen bei unvollständig geführtem Beweise.
Wi 753/1...

Der Kläger hatte 'einen ihm obliegenden Beweis durch
einen einzigen, nicht classischen Zeugen, dessen Aussage das
Beweisthema im Wesentlichen deckte, eventuell durch Eidesdelation angetreten. Der erste Richter erklärte den Zeugenbeweis für ganz verfehlt, da der Reinigungseid, auf welchen
nach Lage der Sache zu erkennen sein würde, dem früher
schon wegen Meineids bestraften Beklagten nicht auferlegt
werden könne; dagegen fand der zweite Richter, daß die
Eidesunfähigkeit des Beklagten dahin führen müsse, den
Kläger zum Erfüllungseide zuzulassen. Diesen Ausspruch
bestätigte das Oberappellationsgericht durch Bescheid vom
25. Juni 1866. und bemerkte dazu:
Daß das Zeugniß des St. wegen der unbestritten vorliegenden persönlichen Verdächtigkeit dieses Zeugen ein
Erkenntniß auf den Erfüllungseid nach allgemeinen Rechts-
grundsätzen nicht rechtfertigen würde, ist freilich richtig und
in den Entscheidungsgründen zum vorigen Urtheile ausdrücklich anerkannt. Von der andern Seite konnte aber
eben so wenig unerwogen bleiben, daß der Beklagte eidesunfähig ist und daher zur Leistung eines Reinigungseides
nicht zugelassen werden darf. Diese von ihm selbst ver-
schuldete Unfähigkeit kann allerdings nicht die Folge haben,
daß das purgatorium für verweigert zu achten, der Kläger

mithin günstiger zu stellen wäre, als wenn er seinen
Zeugenbeweis bis zum suppletorium erbracht hätte; da-
gegen würde es offenbar nicht minder bedenklich sein, zum
Nachtheile des Probanten von dem Nothelbe ganz abzusehen.
Gesetzt indessen, es wäre im vorliegenden Falle nach Lage
der Sache richtiger gewesen, den Zeugenbeweis für verfehlt
zu erklären, so würde der Beklagte durch die angefochtene
Decision doch nicht beschwert sein. Den ihm deferirten Eid
würde er nicht leisten können; es bliebe ihm daher nach
Analogie der in dem hiesigen Querelbescheide vom 14.
November 1864 *) entwickelten Grundsätze nur dessen Re-
lation übrig, da eine Gewissensvertretung einem eventuellen Eidesantrage gegenüber als verspätete Nachholung
des versäumten directen Gegenbeweises unstatthaft sein,
der Kläger mithin unter allen Umständen zum Schwure
gelangen würde.

14. Zulässigkeit des Gegenbeweises bei der Gewissensvertretung. Ti: 289/....

In einem Falle, in welchem der Beweis principaliter
durch Eidesrelation angetreten und gegen den vom Delaten
zur Gewissensvertretung versuchten Beweis der directe Gegenbeweis in erster Instanz versagt, in zweiter Instanz dagegen
zugelassen war, bestätigte das Oberappellationsgericht durch
Bescheid vom 25. Januar 1866 letzteres aus nachstehenden
Gründen:
Als directer Gegenbeweis im gewöhnlichen Sinne des
Wortes kann der zur Gewissensvertretung unternommene
Beweis schon aus dem Grunde nicht angesehen werden,
weil derselbe gerade die Durchführung des mittels Eides-

*) Vergl. Bd. V. nr. 12.

belation angetretenen Beweises verhintern soll, durch die Gewissensvertretung der deferirte Eid nur suspendirt wird, und es von dem Ausfalle derselben abhängt, ob die Ab= leistung des Eides noch nothwendig ist. Dadurch nimmt der fragliche Beweis den Character eines selbständigen Beweises an, und wie man im Uebrigen die Natur des= selben ansehen mag, so entscheidet in Betreff der allerdings bestrittenen Frage, ob dabei ein Gegenbeweis zulässig sei, der Umstand, daß der Richter im Civilprocesse niemals auf eine einseitige Beweisführung hin eine Thatsache für wahr annehmen, sondern erst dann darüber ein Urtheil fällen darf, wenn auch der Product Gelegenheit gehabt hat, seine für das Gegentheil sprechenden Beweismittel vorzubringen. Die Ausschließung des Gegenbeweises würde sich daher nur dann rechtfertigen, wenn angenommen werden könnte, die den Eid deferirende Partei habe durch die Eidesdelation im Voraus auf den fraglichen Gegenbeweis verzichtet. Eine solche Annahme ist aber nicht statthaft, weil daraus daß der Deferent die Entscheidung von dem Eide des Gegners abhängig machen will, noch nicht folgt, daß er auch dann, wenn der Delat, statt den ihm deferirten Eid zu leisten, sein Gewissen durch Beweis zu vertreten be= absichtigt, von den ihm zu Gebote stehenden Beweismitteln keinen Gebrauch machen, und zugeben will, daß auf die einseitige Beweisführung des Gegners der Richter sein Urtheil baue.

15. Das vom Eridar nach der Eröffnung des Concurses erworbene Vermögen fällt nach Mecklenburgischem Rechte nicht in die Concursmasse. Mo 82/₁₈₆₅. Strel.

Das Oberappellationsgericht verwarf in dem Bescheide vom 20. Juli 1865 die Einrede der fehlenden Activlegitimation, welche eine beklagte Partei gegen die erhobene actio legis Aquiliae daraus hergeleitet hatte, daß der bereits früher über das Vermögen des Klägers eröffnete Concurs zur Zeit der Entstehung des Klageanspruches noch nicht beendigt war und auch noch während des fraglichen Processes fortdauerte.

Gründe.

Wenn man die Bestimmungen der Hof- und Landgerichts-Ordnung II, 45 und der Güstrowschen Canzlei-Ordnung II, 46. in ihrem Zusammenhange auffaßt, und insbesondere erwägt, daß der Schuldner durch den dort vorgeschriebenen Eid nach der cessio bonorum zur weiteren Bezahlung seiner Gläubiger nur für den Fall verpflichtet wird, daß Gott ihm künftig zu Glück und Besserung seiner Nahrung hinwiederum verhelfen werde, so kann es nicht zweifelhaft sein, daß den angeführten Landesproceßordnungen zufolge die Einrede „nisi bonis cesserit" dem Schuldner hinsichtlich alles nach der cessio bonorum erworbenen Vermögens zugestanden werden muß, und als Gegenstand der cessio nur diejenigen Vermögensobjecte behandelt werden dürfen, rücksichtlich deren bereits zur Zeit der Vornahme der Cession für den Eridar ein, wenn auch nur bedingtes und erst in der Zukunft realisirbares, Recht begründet war. Auch steht es nach der mit dem Schwerinschen Regierungs-rescripte vom 10. April 1843 (Raabe Gesetzsammlung Bd. 5. Seite 440) übereinstimmenden Strelitzschen Declarator-verordnung vom 8. September 1843 fest, daß die Prae-clusion der Gläubiger, welche ihre Forderungen in Folge des Concursproclams nicht angemeldet haben, sich nur auf

24

das gegenwärtige Vermögen des Schuldners beziehl. Hier=
aus ergiebt sich aber mit Nothwendigkeit, daß das erst
später, wenngleich vor Beendigung des Concurses von dem
Schuldner erworbene Vermögen nicht in die Concursmasse
fällt, da sich die Letztere nach der Natur des ganzen Con=
cursproceffes nicht über die Vermögensobjecte hinauserstrecken
kann, auf deren alleinige Verwendung zu seiner Befried=
gung das nach Erlassung des Praeclusivabschiedes geschlossene
Gläubigercorps ein Recht erlangt hat. Der für den Cridar
mit der Concurseröffnung verbundene Verlust der Dispo=
sitionsbefugniß über die Concursmasse berührt daher nicht
das von ihm später während der Dauer des Concurses
erworbene Vermögen, vielmehr wird rücksichtlich dieses
Vermögens die Dispositionsfähigkeit wirksam, welche dem
Cridar für seine Person nach der Concurseröffnung über=
haupt so weit verbleibt, als nicht durch die Letztere Rechte
der Concursgläubiger existent geworden sind.

———

**16. Vindication im Concurse. Bedeutung des
Satzes: „Hand muß Hand wahren".**

Qua 19/.... In einem Rostocker Rechtsfalle hatte der
Cridareinige Zeit vor Ausbruch des Concurses einen Theil seines
Mobiliars an einen seiner Gläubiger um den Betrag der Forderung
desselben verkauft und durch constitutum possessorium über=
eignet, indem der Käufer ihm gestattet hatte, die Sachen einst=
weilen bis auf beliebigen Widerruf ferner zu behalten und
zu benutzen. Als nun aber der Käufer auf Grund dieser
unbestrittenen Thatsache sein Eigenthum im Concurse geltend
machte, hatte der Güterpfleger gegen die Rechtsbeständigkeit
des erwähnten Rechtsgeschäfts zwar kein Bedenken, glaubte
indessen die Herausgabe der vindicirten Mobilien deshalb

beanstanten zu müssen, weil Concursgläubiger vorhanden
waren, denen eine vor dem Verlaufe der Mobilien bestellte,
also die verkauften Sachen mitergreifende Generalhypothek
zustand. Der Vindicant bestritt dem Güterpfleger die Legitimation zur Vertretung dieser einzelnen Pfandgläubiger und
war überdieß der Meinung, daß die veräußerten beweglichen
Sachen aus dem Pfandnexus geschieden seien. Ueber die
hiemit angeregten Streitfragen sprach sich das Oberappella=
tionsgericht in einem Appellationsbescheide vom 28. November
1866 folgendermaßen aus.

Da der jetzige Tridar laut des der Liquidation das Appellaten anliegenden Notariatsprotocolles vom 18. Juni 1864
die streitigen Gegenstände um einen durch Compensation
sofort berichtigten Preis von 90 Thlr. 24 ßl. dem Appellaten verkauft und durch constitutum possessorium sofort
übereignet hat, auch weder der Abschluß noch die Rechts=
beständigkeit dieses Geschäfts bestritten ist, so steht
allerdings fest, daß der Appellat Eigenthümer geworden
ist, und der Tridar zur Zeit der Concurseröffnung, am
1. August desselben Jahres, nur noch den vom Käufer ihm
auf bellebigen Widerruf einstweilen gestatteten precären
Besitz, also kein Recht an jenen Sachen gehabt hat, welches
auf Grund der erfolgten Güterabtretung von dem Corps
seiner Gläubiger und deren Vertreter aus seiner Person
geltend gemacht werden könnte. Es ist ferner richtig, daß
der deutschrechtliche Satz: „Hand muß Hand wahren“ die
vorliegende Vindication an sich nicht hindert, denn derselbe
versagt dem Eigenthümer, der seine bewegliche Sache einem
Anderen anvertraut hat, deren Vindication aus dritter
Hand, und läßt ihm nur einen persönlichen Anspruch an
seinen Contrahenten.

Sachsenregel, Landrecht 2, 60,

während die neueren Stadtrechte, zu denen auch das
Rostocker (Thl. III. Tit. 2) gehört, den Ausschluß der

Vindicationsbefugniß auf den Fall beschränken, daß die Sache durch Veruntreuung des andern Contrahenten abhanden gekommen ist und sich nun bei einem gutgläubigen Besitzer findet, und diese Voraussetzungen treffen hier nicht zu. Der Cridar hat die Streitobjecte bis zur Concurseröffnung in seinem Gewahrsam behalten, und die cessio bonorum bezog sich eben nur auf seine, nicht auch auf die in seiner Hand befindlichen fremden Güter. Daß die Sachen nicht zur Concursmasse gehören, ist übrigens auch allseitig anerkannt, indem nach der von dem Appellaten nicht angefochtenen erstinstanzlichen Entscheidung deren Versteigerung lediglich im Interesse der Gläubiger, die daran aus den vor dem 18. Juni 1864 constituirten Generalhypotheken ein Pfandrecht herleiten können, geschehen, der Erlös aber nach deren Befriedigung dem Appellaten ausgezahlt werden soll.

Allein wenn es hienach auch vollkommen richtig ist, daß gegenwärtig nur jura in re aliena in Frage stehen, welche nicht von dem Gläubigercorps, sondern nur von einzelnen aus dessen Mitte geltend gemacht werden können, wenn ferner auch die von den Parteien angeregte Controverse, ob die älteren Pfandrechte die Veräußerung überdauert haben, zur Zeit von hier aus nicht zu entscheiden ist, so darf doch schon jetzt nicht unerwogen bleiben, daß eventuell die betreffenden Gläubiger ihr Recht in Gemäßheit des statularischen Satzes: „Hand muß Hand wahren", mit der actio hypothecaria gegen den dritten gutgläubigen Besitzer nicht würden verfolgen können, mithin bei der vorhandenen Insolvenz ihres Schuldners ein nahe liegendes, rechtlich zu beachtendes Interesse daran haben, daß die Pfandobjecte dem Käufer und nunmehrigen Eigenthümer vor ausgemachter Sache nicht ausgeliefert werden. Die rei vindicatio des Appellaten ist gegen das zur Zeit definirende Gläubigercorps, zu welchem auch die interessirenden Pfandgläubiger gehören, gerichtet, und der actor communis ist daher für diesen Proceß unzweifelhaft der rechte Beklagte. Daraus folgt

aber seine Befugniß und seine Pflicht, die, einzelnen Cre=
ditoren zur Aufrechthaltung des status quo zustehende, als
exceptio doli sich darstellende Retentionseinrede vorzuschützen,
wenn gleich er die weitere Durchführung der prätendirten
Pfandrechte, dem Appellaten gegenüber, den Interessenten
selbst zu überlassen hat.

2. Wa: 745/₁₀₀₀. Dieselben Grundsätze wurden aus
Anlaß eines gleichen Rostocker Falles durch Erkenntniß vom
25. März 1867 in nachstehender Ausführung geltend gemacht:

Vom Standpuncl des gemeinen Rechts aus kann es nun
nicht wohl einem Zweifel unterliegen, daß den creditorischen
Stellvertretern als solchen nicht die Befugniß zusteht, Sachen,
die bereits vor dem Ausbruch des Concurses durch einen
formell rechtsbeständigen Act aus dem Eigenthum des
Erlbars ausgeschieden, zufällig aber in seinem Gewahrsam
verblieben und so zunächst factisch als Bestandtheil der
Debitmasse betrachtet und behandelt sind, dem vindicirenden
Eigenthümer, welcher rechtlich als solcher anerkannt werden
muß, mit Berufung darauf vorzuenthalten, daß einzelnen
Concursgläubigern, die aus der Masse keine Befriedigung
zu erwarten haben, bereits zur Zeit der fraglichen Ver=
äußerung Pfandrechte an demselben zustanden, und, statt
es den fraglichen Creditoren selbst zu überlassen, ihre
etwaigen Pfandrechte gegen die Eigenthümer geltend zu
machen, unter diesem Vorwande die fraglichen Sachen auch
rechtlich zur Debitmasse zu ziehen.

Anders gestaltet sich jedoch die Sache vom Standpuncte
des besonderen Rostocker Rechts, nach welchem der vorliegende
Rechtsfall zu entscheiden ist.

Im Rostocker Stadtrechte gilt nämlich der Grundsatz,
„Hand muß Hand wahren" zu dem Erfolge, daß derjenige,
welcher eine ihm gehörige bewegliche Sache einem Anderen
anvertraut, oder den Besitz einer ihm als ein hand=
habendes Pfand übergebenen Sache aus freien Stücken
aufgegeben hat, diese Sache von dem dritten gutgläubigen
Besitzer, welcher dieselbe von deren Inhaber eigenthümlich

erworben oder auch nur verpfändet erhalten hat, mit der
Eigenthumsklage oder der dinglichen Pfandklage nicht ohne
Weiteres wieder an sich ziehen kann, wogegen ihm, in
Abweichung von dem älteren deutschen Rechte, welches ihm
nur eine Forderung gegen Denjenigen gab, welchem er seine
Sache zunächst anvertraut hatte, gegen Diesen, sobald er
die fragliche Sache noch in seinem Gewahrsam hat, neben der
persönlichen allerdings auch eine dingliche Klage zugestanden
wird — vergl. Rost. StadtR. III, 2 und III ,4. Art. 4. 5.
6. 9. —. In Beziehung auf bestellte Generalhypotheken hat
aber dieser Grundsatz die Folge, daß durch eine Veräußerung
der generell verpfändeten Sachen von Seiten des Ver-
pfänders das daran bestehende Pfandrecht ohne Weiteres
seine dingliche Wirksamkeit und seine rechtliche Verfolg-
barkeit verliert, sobald in Folge derselben die betreffenden
Sachen wirklich in die dritte Hand gekommen sind, wogegen
die bloße Veräußerung als solche, sobald die veräußerten
Sachen dadurch nicht in die Hand des dritten Erwerbers,
d. h. in dessen factischen Besitz gekommen sind, der Ver-
folgbarkeit des Pfandrechts nicht entgegensteht. So lange
also im vorliegenden Falle der Cridar noch in der Detention
der von ihm an den Appellaten veräußerten, ihm von diesem
wieder miethweise überlassenen Mobilien blieb, dauerte auch die
Wirksamkeit der einzelnen Creditoren daran vermöge genereller
hypothekarischer Verpfändung zustehenden Pfandrechte fort;
sie erhielt sich dadurch, daß durch Eröffnung des Concurses
diese Detention des Cridars auf das Corps seiner Gläubiger
überging, und da nun die creditorischen Stellvertreter sogar
verpflichtet sind, Alles dasjenige vorzukehren und zu
beobachten, was zur Sicherstellung der Masse zwecks Befriedigung der verschiedenen auf sie angewiesenen Gläubiger
erforderlich ist, so müssen dieselben im vorliegenden Falle
um so mehr für befugt erachtet werden, zur Wahrung der
an den fraglichen Sachen bestehenden Pfandrechte deren
Auslieferung an den Vindicanten zu widersprechen, als
dieser Widerspruch gerade durch die hierauf gerichtete Auf-

forderung der Interessirenden Gläubiger hervorgerufen ist, deren Pfandrechte durch diese Auslieferung unmittelbar entkräftet werden würden.

---

17. Ueber den fiskalischen Proceß.

1. P. 423/₁₈₅₅. Als die Justiz-Canzlei zu Schwerin gegen den (nach derzeitigem Rechte canzleisäßigen) Kreischirurgus P. eine officielle Untersuchung wegen medicinalordnungswidrigen Curirens eingeleitet und denselben mit einer Geld- (eventuell Gefängniß-)Strafe belegt hatte, setzte das Oberappellationsgericht zwar die Strafe herab, bestätigte aber im Uebrigen die Entscheidung der Justiz-Canzlei, und sprach sich in dem bezüglichen Bescheide vom 31. März 1855 über das Verhältniß des officiellen Untersuchungsverfahrens zu der fiskalischen Anlage folgendermaßen aus:

Wenn gleich Contraventionen gegen die Landespolizeigesetze sich zur fiskalischen Anlage eignen, so ist doch dadurch das unmittelbare officielle Einschreiten der Gerichte nicht ausgeschlossen. Daher fordern mehrere solche Gesetze ausdrücklich sowohl von den Fiskalen, als auch direct von den Gerichten, daß sie gegen die Uebertreter thätig werden sollen — cfr. unter anderen die Verordnungen vom 2. November 1830 und vom 1. Juli 1809 —. Dies Verhältniß der Concurrenz wird hier als die bestehende Regel hingestellt, während die der fiskalischen Rüge ausschließlich überwiesenen Fälle als Ausnahmen erscheinen. Daraus folgt, daß die Landesgerichte gegen niedergerichtssäßige Personen freilich nur auf Anlage des Fiskals, der aber seinerseits wieder dem praevenirenden competenten Niedergerichte nachstehen muß, verfahren können, daß aber ihrem officiellen Einschreiten gegen canzleisäßige Personen Nichts im Wege steht. Was nun speciell die Uebertretungen

der Medicinalordnung anbetrifft, so halte zwar die älteste
hieher gehörende Verordnung vom 4. März 1695 (Wis=
marsche Gesetzsammlung Bd. V Seite 411) sub nr. 4. für
Fälle der vorliegenden Art eine fiscalische Procedur vorge=
schrieben, allein schon die Mecklenalordnung vom 20. Juli
1751 (ibid. Seite 420) machte es sowohl den Gerichten
als den Fiscalen zur Pflicht, die Contravenienten respectiven
zu belangen und zur Strafe zu ziehen. Wenn die Ver=
ordnung vom 4. Aug. 1753 (ibid. Seite 425) den Aerzten
aufgiebt, solche Contraventionen den Fiscalen anzuzeigen,
so ist damit nicht gesagt, daß nur auf fiscalischen Antrag
zu strafen sei, und wenn endlich die Verordnung vom
1. Juli 1774. (ibid. Seite 429) ebenfalls nur von fiscalischer Strafe spricht, so betrifft sie eben lediglich den Fall,
daß ein Nichtexaminirter Curen vornimmt. Da nun die
neue Medicinalordnung vom 18. Februar 1840 der Fiscele
gar nicht mehr besonders gedenkt, so muß es nunmehr in
diesem Betreff bei der oben erwähnten Regel bleiben.

11. (Pa 425/₁₁₁.) Ein Rittergutsbesitzer, welcher wegen
einer zu Bützow begangenen Contravention gegen das nach
der Verordnung vom 7. Juni 1850 auch für die Eisenbahn=
strecken von Kleinen bis Rostock und von Bützow bis Güstrow
normirende Eisenbahn=Polizei-Reglement vom 28. September
1846 bei der Justiz=Canzlei zu Güstrow von dem Advocaten
H. als bestelltem Specialfiscal belangt worden war und
die Zulässigkeit der fiscalischen Anlage unter Provocation auf
die Polizeibehörde zu Bützow bekämpft hatte, wurde mit seinem
bezüglichen Einwande durch den Bescheid des Oberappella=
lionsgerichts vom 22. Mai 1854 aus folgenden Gründen
zurückgewiesen:

Die Verordnung vom 28. September 1846 hat die Be=
strafung der Contraventionen gegen dieselben keinesweges
der Polizei=Behörde, in deren Bezirke die Uebertretung
vorgekommen, übergeben. Nur im Falle der Arretirung
des Uebertreters sind die Gesellschafts=Beamten an die

nächste Polizeibehörde verwiesen, und schon die Umstand, daß die Aufsicht auf die Erhaltung der Ordnung den Bahn- beamten zugewiesen ist und daher ein officielles Einschreiten der Polizei-Behörde außer der Regel liegt, spricht gegen die regelmäßige Zuständigkeit der Orts-Polizei. In solchen Fällen liegt der ordentlichen Obrigkeit des Contravenienten die polizeiliche Bestrafung ob, wie dies auch aus den für ähnliche Fälle gegebenen Bestimmungen, z. B. dem § 3 nr. 4 der Patent-Verordnung vom 29. Juni 1824 — im officiellen Wochenblatt Seite 134 — und dem § 31 der Chaussee-Polizei-Ordnung vom 3. Januar 1854 erhellt. Des Querulanten ordentliche Obrigkeit ist aber die Justiz- Canzlei zu Güstrow. Handelt es sich hier somit um eine strafbare Uebertretung, darüber derselben pro qualitate personae et facti die Cognition gehörig, so trifft wörtlich zu, was die Hof- und Land-Gerichts-Ordnung Thl. 1. Tit. 5 über das fiskalische Amt bestimmt, und man braucht nicht darauf einzugehen, daß schon die Güstrowsche Canzlei- Ordnung Thl. 1 Tit. 4. strafbare Uebertretungen allgemein der fiskalischen Thätigkeit zuweiset, und wie sich der Umfang derselben weiter ausgebildet hat. Zeugnisse davon geben einzelne Landespolizei-Gesetze und das an den Engern Ausschuß erlassene, in der Schröderschen Gesetzsammlung Thl. 1 Lieferung 2 Seite 318 abgedruckte Regiminal- Rescript vom 2. August 1798.

III. (Fi 373/₁₁₁₁.) Das Oberappellationsgericht wies in dem Bescheide vom 19. November 1855 die Justiz-Canzlei zu Schwerin an, den Mandatsproceß auf eine Klage einzuleiten, welche der Ministerialfiskal M. gegen die Besitzerin eines Gutes um deswillen erhoben hatte, weil von derselben der Schulmeister ihres Gutes angeblich im Widerspruch mit dem § 17 der Verordnung vom 21. Juli 1821 mit verschiedenen Nebendiensten belastet worden war. In den Gründen wird gesagt:

Die Theorie des Civilprocesses, aus welcher von der Justiz-Canzlei der Grund für die Erlassung eines bloßen Vernehmlassungsbefehles entnommen worden, ist auf den fiskalischen Proceß nicht unbedingt anwendlich, und erklärt das Rescript vom 12. August 1788 es insbesondere für unstatthaft, den Begriff der bescheinigten und unbescheinigten Klagen in die causas fiscales zu übertragen. Der beantragte Mandatsproceß, bei welchem übrigens nach der Fassung der petita die sofortige Verurtheilung in eine Strafe nicht mehr zur Frage steht, ist demnach ohne Cognition über den Werth der beigebrachten Bescheinigung einzuleiten. Auch kann dem Queru-lanten in Beziehung auf den Hauptgegenstand der Klage das erbetene mandatum sine clausula nicht versagt werden, da dasselbe bei Klagen auf Erfüllung einer unstreitigen, durch ein Gesetz regulirten Verbindlichkeit der durch das Rescript vom 2. August 1798 bestätigten Praxis entspricht, und alle Rechtsbefugnisse der Beklagten durch die am Schlusse dieses Rescriptes erwähnte stillschweigende Clausel gewahrt bleiben.

Der in derselben Sache unterm 31. Januar 1856 vom Oberappellationsgerichte erlassene Querelbescheid erklärte die Verurtheilung der Angeklagten in eine Strafe aus folgenden Gründen für unstatthaft:

Wenn zur Rechtfertigung einer Strafe wegen Nichtbe-achtung eines Gesetzes eine ausdrückliche Strafsanction zwar keineswegs unbedingt erforderlich ist, so hängt doch die Befugniß des Richters zur Erkennung einer solchen Strafe jedenfalls davon ab, daß ein auf die Bestrafung der Con-travention gerichteter Wille der Gesetzgebung in irgend einer Weise erkennbar wird. Dies ist aber bei der zur Frage stehenden Gesetzes-Uebertretung nicht der Fall. Die Verordnung vom 21. Juli 1821 deutet auch im § 17 nicht entfernt auf eine Strafe hin, und eben so wenig existirt eine Bestimmung, durch welche für alle Fälle der fiskalischen Competenz die Zulässigkeit einer Strafe ohne vorausgegangene richterliche Androhung anerkannt würde. Aus dem Rescripte vom 2. August 1798 läßt sich das Gegentheil um so weniger herleiten, da dasselbe als Inhalt der in Fällen der vorliegenden Art zu erlassenden unclausulirten Mandate nur die Erfüllung des Gesetzes und die Doctrung der geschehenen Befolgung angiebt.

IV. (Na 652/₁₀₀₀.) Die Justizcanzlei zu Rostock verurtheilte in dem Erkenntnisse vom 4. Juni 1859 auf Anlage des Advocaten K. als bestellten Specialfiscals den Gutsbesitzer M. in eine Geldbuße von 300 Thlr. und in die Kosten des Verfahrens weil er den in der Nacht vom ¹³/₂₄ Juli 1856 schwer verwundeten und demnächst am 26. Juli jenes Jahres verstorbenen Schäferknecht W. am 25. Juli jenes Jahres zu Wagen nach seinem ½ Stunde entfernten Heimathsorte Kl. R. hatte fahren lassen. Das Oberappellationsgericht setzte auf Appellation des Angeklagten die Strafe auf 200 Thlr. herab, bestätigte aber die Entscheidung über die Kosten der ersten Instanz und compensirte diejenigen der Appellationsinstanz. Die Gründe des bezüglichen Erkenntnisses v. 29. October 1860 lauten also:

1. Daß durch den am 25. Juli 1856 geschehenen Transport des in Folge der zu E. in der Nacht des ¹³/₂₄ ejusd. erlittenen schweren Mißhandlungen tödtlich erkrankten Schäferknechts W. von Gr. S. nach seinem Heimathsorte Kl. R. die Vorschriften der allgemeinen Armenordnung vom 21. Juli 1821 §§ 13, 14, 6b, bezüglich der Verordnung vom 18. Januar 1820, diese Thatsache rein äußerlich für sich betrachtet, übertreten worden sind, ist eben so zweifellos, wie es nach unserer Landesverfassung — vergl. Hof- und Landgerichts-Ordnung 1, 5, Güstrowsche Canzlei-Ordnung 1, 4, Landesgrundgesetzlicher Erb-Vergleich § 410, Verordnungen vom 12. März 1750 und vom 2. August 1798 (Parchimsche Gesetzsammlung 1 Seite 155 und 341 f.) — feststeht, daß Uebertretungen allgemeiner Landesgesetze oder Landesherrlicher Verordnungen von Seiten der Ortsobrigkeiten fiscalischer Rüge und Beahndung auch dann unterliegen, wenngleich das gebietende oder verbietende Gesetz keine solche angedroht hat.

Ferner ist es anerkannten Rechtens, daß die Uebertretung polizeilicher Vorschriften auch dann gestraft wird,

3

wenn dadurch kein materieller Schaue entstanden ist, indem schon die darin liegende Verletzung der allgemeinen Ord= nung nnd die Gefährdung des öffentlichen Wohls, sei es durch die betreffende Handlung selbst, oder durch das darin liegende böse Beispiel und das damit verbundene öffent= liche Aergerniß, den Grund der Bestrafung abgiebt, und ebenso nicht bloß die absichtliche, sondern auch schon die fahrlässige Uebertretuug derartiger Vorschriften Strafe nach sich zieht.

Bei der jetzt zur Beurtheilung stehenden Appellation des Angeklagten kann es sich daher nur noch darum han= deln, ob der durch die sententia a qua ihm gemachte Vor= wurf einer fahrlässigen Verletzung seiner, durch die alle= girten Verordnungen festgestellten obrigkeitlichen Pflichten begründet, und bejahenden Falles die dafür ihm zuerkannte Strafe der Größe seines Vergehens entsprechend bemessen ist.

2. Den ersteren Punkt betreffend stützt nun der Ange= klagte seine Vertheidigung im Wesentlichen darauf, daß der ihm als zuverlässig bekannte Statthalter B., indem er ihm am Morgen des 25. Juli jenes Jahres die Erkrankung des W. meldete, es als Wunsch des Kranken selbst angab, in seine Heimath zu seiner Mutter zur Pflege gebracht zu werden; daß er bloß diesem Wunsche nachgegeben, daher den Transport des W. nicht sowohl befohlen, als vielmehr nur zugelassen habe, und hierin um so weniger etwas Be= denkliches habe finden können, als der B. die Erkrankung des W. als muthmaßliche Folge übermäßigen Trunkes in der Nacht vom 23./24. Juli auf dem Königsschusse zu C., wohin er sich mit anderen Knechten heimlich begeben, be= zeichnet habe, und die Art des Transports zu Wagen unter Zugabe eines Begleiters, als die auf dem Lande gewöhn= liche, eben so wenig etwas Auffallendes an sich getragen habe; endlich ein derartiger Transport auch schwer er= krankter Personen nach anderen Orten, wo ihrer eine bessere Pflege warte, auf dem Lande etwas sehr Gewöhnliches sei, ohne daß dabei regelmäßig eine ängstliche Prüfung ihres

Befindens vorgenommen werde. Allein alle diese Gründe, wie sehr auch der Anwalt des Angeklagten ihr Gewicht durch näheres Eingehen in das Detail des vorliegenden Falles und die besonderen dabei obwaltenden Umstände zu verstärken sucht, vermögen dennoch nicht, den Vorwurf der Leichtfertigkeit und übergroßen Sorglosigkeit von dem Angeklagten abzuwälzen. Als Ortsobrigkeit wußte er, oder mußte doch wissen, daß nach gesetzlicher Vorschrift der Transport eines Kranken in seine Heimath nur dann zulässig ist, wenn derselbe ohne Gefahr für den Kranken beschafft werden kann; daß andere Obrigkeiten, wie er behauptet, es hiermit nicht so genau nehmen, kann ihm nimmer zur Entschuldigung gereichen; und wenn die derbere Natur der ländlichen Bevölkerung auch hiebei weniger ängstliche Rücksichtnahme zu fordern scheint, so kommt doch Alles auf die individuellen Umstände an, und eine gewissenhafte Obrigkeit wird bei schweren Erkrankungen einen Transport des Kranken sicherlich nicht ohne vorgängige ärztliche Prüfung und Zustimmung, oder sonstige nähere Vergewisserung über die Räthlichkeit desselben zulassen. Zu einer solchen Ermittelung war aber der Angeklagte nicht nur um so leichter im Stande, sondern sogar auch sittlich verpflichtet, als er zugleich der persönliche Dienstherr des Erkrankten war. Seinem eigenen Vorbringen nach scheint es aber, als ob er dieserhalb nicht einmal eine specielle Frage an seinen Statthalter gerichtet, noch auch denselben dieserhalb nur mit besonderer Instruction versehen hat. Und doch konnte ihn weder der ihm angeblich mitgetheilte Wunsch des W. einer solchen Ermittelung überheben, da die tägliche Erfahrung zeigt, daß die Wünsche der Kranken sehr häufig mit ihren wirklichen Bedürfnissen im entschiedensten Widerspruche stehen, noch die ihm vorgeblich mitgetheilte Krankheitsursache, da seiner eigenen Angabe nach oft die allerschwersten Erkrankungen durch übermäßigen Trunk hervorgerufen werden, und der Umstand, daß noch am zweiten Tage die Folgen eines solchen für den W. sich in solcher Weise fühlbar

machten, daß ein Transport desselben zu Wagen nach seiner
nahe belegenen Heimath nothwendig erschien, allerdings
geeignet war, seine Aufmerksamkeit zu erregen, und ihn zu
der Frage zu veranlassen, ob es denn wirklich so schlimm mit
demselben stehe. Und wenn er endlich diesen Transport
nicht von sich aus befohlen, sondern bloß zugelassen haben
will, so ist derselbe doch immer auf seine Anordnung erfolgt, da der Statthalter seine Verfügung dieserhalb ein-
holte, und ohne seinen Willen und seine Genehmigung
derselbe überall nicht geschehen konnte, weshalb ihn auch
allein die volle Verantwortung dieserhalb trifft.

3. Mag daher auch, den zweiten Punkt, die Größe der
hienach allemal nothwendigen Strafe betreffend, immerhin
zu seinen Gunsten angenommen werden, daß er den wirklichen Zustand des W. nicht gekannt, und dessen Transport
nicht in der Absicht verfügt hat, sich seiner zu entledigen,
da die hiefür von rem Ankläger geltend gemachten An-
zeigen nicht ausreichen, einen Schluß auf bösen Willen
zu rechtfertigen, mag ebenso die ihm zur Last fallende
Fahrlässigkeit nicht als Frevelhaftigkeit, sondern als eine
bloße Unvorsichtigkeit zu qualificiren sein; und mag endlich
das durch sein Verfahren gegebene Aergerniß, welches bei
der hier in Frage stehenden polizeilichen Beahndung allerdings in Betracht kommt, für den, der die wirklichen Motive seines Handelns kennt, sich einigermaßen abschwächen,
außerdem auch noch zu berücksichtigen sein, daß der besagte
Transport des W. unter den dabei obwaltenden Umständen
von geringerer Schädlichkeit war, und hienach die von der
sententia a qua erkannte Strafe von 300 Thlr. selbst in
Anbetracht seiner nicht wegzuleugnenden günstigen Vermögenslage, als zu hoch gegriffen erscheinen: immer hat
er doch eine empfindliche Strafe verwirkt, und konnte dieselbe demnach nicht weiter, als auf 200 Thlr. Cour. herab-
gesetzt werden.

4. Auf die Kosten der vorigen Instanz konnte indessen
dieser Herabsetzung der Strafe um so weniger Einfluß ein-

geräumt werden, als der Ankläger deren Bestimmung dem
richterlichen Ermessen anheimgestellt hatte. Dagegen ver-
nothwendigte sich eine Compensation der Kosten dieser Instanz, weil die Beschwerden des Angeklagten wenigstens
zum Theil begründet erscheinen.

V. (Se 1240/......) Das Oberappellationsgericht erkannte in dem Bescheide vom 5. Mai 1862 die Zulässigkeit des Reinigungseides in einem wegen Wuchers eingeleiteten fiskalischen Processe an, indem es Folgendes ausführte:

Die Statthaftigkeit des Reinigungseides in Straffachen
wegen Wuchers und die Folge der Verweigerung des Eides
ist in der Polizeiordnung von 1572, Tit von wucherlichen
Contracten Abs. 7, geradezu festgestellt, so daß es nicht
einmal nöthig ist, auf die Grundsätze, welche dieserhalb in
Beisall der Güstrowschen Canzlei-Ordnung, II, 44 § 5
und des Regierungs-Rescripts vom 23. Juli 1813 für den
fiskalischen Proceß gelten, zurückzuweisen. Soll nun auch
nach § 14 der Verordnung vom 12. Januar 1841 die Erkennung auf den Reinigungseid in Criminalfachen nicht
weiter Statt finden, so ist doch der Wucher kein Criminal-
verbrechen, wie der § 45 Nr. 1, 5 des Rechtsmittelgesetzes
vom 15. Januar 1861 bestätigt, und wenn auch die Motive
zu dem § 14 cit. ergeben, daß von dem gedachten Verbote
keine Ausnahme hat statuirt werden sollen, so ist damit
doch eine Ausdehnung auf bürgerliche Straffachen nicht
gerechtfertigt, weshalb denn auch das revidirte Forstfrevel-
gesetz vom 21. März 1857 § 27 Nr. 11, gleich dem früheren vom 1. März 1842 § 20 Nr. 9, die Unanwendlich-
keit des Reinigungseides im Strafverfahren wegen Forst-
frevels anzuordnen nöthig fand.

Nachdem in dem ebenerwähnten fiskalischen Processe die
endliche Entscheidung rechtskräftig von der Ableistung des
Reinigungseides abhängig gemacht, der Angeklagte sodann
aber in einer Criminaluntersuchung wegen Meineides zu einer
Gefängnißstrafe von 6 Monaten verurtheilt worden war-

wurde derselbe durch die übereinstimmenden Entscheidungen
der Justiz-Canzlei zu Schwerin und des Oberappellations=
gerichts von der fiskalischen Anklage einstweilen unter
Compensation der Kosten freigesprochen, und zwar stützte sich
der bezügliche Bescheid des Oberappellationsgerichts vom 22.
Mai 1865 auf folgende Gründe:

Es steht den Civilgerichten eine Revision der von den
competenten Criminalgerichten über die Schuld eines An=
geklagten gefällten Urtheile nicht zu, und da Angeklagter
durch solche Erkenntnisse als des Meineides schuldig mit
Strafe belegt worden, so ist er eidesunfähig, und damit die
wesentliche Voraussetzung weggefallen, unter welcher die
Sentenz vom 17. December 1861 von ihm den Reinigungs=
eid forderte, und ihn dazu ließ. Daneben steht aber rechts=
kräftig fest, einerseits, daß durch das stattgehabte Beweis=
verfahren so erhebliche Verdachtsgründe erbracht sind, daß
Angeklagter nur dann von der Anklage rein freizusprechen,
wenn er den Reinigungseid wirklich ableistet, so wie an=
dererseits, daß ein zur Verurtheilung desselben ausreichender
Beweis nicht geführt ist. Eine Verstärkung des hinsichtlich
der vorliegenden Sache obwaltenden Verdachts der Schuld
des Angeklagten ergiebt sich daraus nicht, daß er bei einer
anderen Gelegenheit einen Meineid geschworen hat, und
wenn er so selbst seine Eidesunfähigkeit herbeigeführt hat,
so begründet dies eigene Verschulden nur, daß ihm das
Mittel, wodurch er reine Freisprechung erlangen konnte,
entgeht. Keineswegs steht er deshalb Demjenigen gleich,
der die Ableistung des Purgatoriums verweigert, indem die
in der Polizeiordnung von 1572, Tit. von wucherlichen
Contracten, Abs. 7, an solche Ablehnung geknüpfte Folge,
daß der Angeschuldigte als überzeugter Wucherer zu be=
handeln sei, auf der Fiction eines Geständnisses, oder doch
dem hervorgetretenen Schuldbewußtsein beruht, hierauf aber
bei Demjenigen, der wegen Eidesunfähigkeit nicht zum
Schwur kommt, nicht zu schließen ist.

Nun muß zwar der Regel nach im fiskalischen Straf

proceſſe bei Nichtführung des Anſchuldigungs-Beweiſes
reine Freiſprechung erfolgen, und kommt eine vorläufige
nicht vor. Dies erklärt ſich eben daraus, daß ſolche Verdachtsgründe, welche im Unterſuchungsverfahren eine bloße
Abſolution von der Inſtanz herbeiführen, im fiskaliſchen
Proceſſe den Reinigungseid anwendlich machen, von deſſen
Ableiſtung oder Verweigerung die reine Freiſprechung oder
Verurtheilung abhängt. Iſt dem Angeklagten wegen ſeiner
perſönlichen Eidesunfähigkeit dieſes Mittel zur Erlangung
reiner Freiſprechung entzogen, ſo iſt das Princip anzuwenden, welches im Criminalverfahren, wo der Reinigungseid ausgeſchloſſen iſt, gilt, zumal da der fiskaliſche Proceß
auch ſonſt Manches aus dem Inquiſitionsverfahren in ſich
aufgenommen hat, und nicht rein nach den Regeln des
Civilproceſſes zu beurtheilen iſt, ſondern eine gemiſchte
Natur hat.

Entſcheidungen des Oberappellationsgerichts, Bd. 2
Nr. 15, Seite 30 f.

So wie hienach in der Hauptſache richtig entſchieden
worden, ſo mußten auch die Koſten compenſirt werden.
Ankläger hat die von ihm aufgewandten zu tragen, weil
er die Beweiſe, von deren Führung die Verurtheilung des
Gegners in die Koſten abhängig gemacht war, nicht geführt hat, und dieſer hat auf Koſten-Erſtattung keinen Anſpruch, weil er die Sache durch eigene Schuld in die Lage
gebracht hat, daß nur eine Abſolution von der Inſtanz erfolgen kann.

___

**18. Zur Auslegung des § I Nr. III, 1 und IV, 1 der
Rechtsmittelordnung vom 15. Januar 1861.
Nr. 1513/....**

Das Geſetz ſchreibt vor, daß Declarationsgeſuche und
Anträge auf Ergänzungserkenntniſſe, ſofern das gegen die

Entscheidung zuläſſige Rechtsmittel an eine Nothfriſt gebunden iſt, binnen der für das zutreffende Rechtsmittel geſetzten
Nothfriſt bei dem Gerichte, welches die zu declarirende oder
zu vervollſtändigende Entſcheidung erlaſſen hat, anzubringen
ſeien. Auf Grund dieſer Beſtimmungen wurde die Bitte um
Declaration reſp. Ergänzung eines oberappellationsgericht-
lichen Querelbeſcheides letzter Inſtanz als verſpätet zurückgewieſen, da das Geſuch nicht binnen 14 Tagen vorgebracht
worden. Der Supplicant machte dagegen geltend, daß das
Geſetz nur durch ordentliche Rechtsmittel anfechtbare Entſcheidungen beziele, alſo auf oberrichterliche Determinationen,
gegen welche überall kein weiteres Rechtsmittel zuſtehe nicht
paſſe. Dieſe Gegenvorſtellung wurde indeſſen durch Decret
vom 20. November 1865 aus folgenden Gründen verworfen:
Die Entſtehungsgeſchichte des § 1, III, 1 der Verordnung
vom 15. Januar 1861 führt zu dem ſicheren Ergebniſſe,
daß nach dem Willen des Geſetzgebers Declarationsgeſuche
nur dann von zeitlichen Schranken haben entbunden werden
ſollen, wenn die betreffende Entſcheidung dem Gebiete derjenigen Rechtsmittel angehört, die einer förmlichen Einlegung innerhalb einer Nothfriſt nicht bedürfen, während im
entgegengeſetzten Falle die für das entſprechende Rechtsmittel geltende Nothfriſt ſelbſt dann eingehalten werden
ſoll, wenn die zu declarirende Determination nach dem be-
ſtehenden Inſtanzenzuge und den Vorſchriften über die Zahl
der zuläſſigen Rechtsmittel unanfechtbar iſt. In dieſem
Sinne hatte ſchon der erſte im Jahre 1858 gedruckte Entwurf zu dem neuen Rechtsmittelgeſetze dem § 53 der Verordnung vom 20. Juli 1840 eine ganz generelle Faſſung
gegeben, wonach alle Declarationsgeſuche binnen einer Nothfriſt von 14 Tagen anzubringen ſein würden. Dieſen
Standpunkt nimmt denn auch der gedruckte Committen-
bericht des Jahres 1859 pag. 8 ein. Erſt bei den com-
miſſariſch-deputatiſchen Verhandlungen des Jahres 1860
kam in Erwägung, daß der Satz doch zu allgemein laute,
da in den Sachen, in welchen die Rechtsmittel ſelbſt an

keine Fatalien gebunden sein, auch Declarationsgesuche
davon unabhängig sein müßten. Zunächst wurde diese
Ausnahme durch den Zwischensatz anerkannt: „wenn gegen
die betreffende Entscheidung kein Recurs zulässig ist", und
endlich erhielt dann die Gesetzesstelle, in Erwägung, daß
es neben dem Recurse auch noch eine demselben entsprechende
Gegenvorstellung gebe, ihre jetzige Fassung, durch welche
nachweislich an den Grundsätzen, von denen die neue Legis-
lation in diesem Punkte ausgegangen war, nichts hat geändert werden sollen.

--- ---

19. Zur Lehre von den Ergänzungserkenntnissen.
Ee. 233/₁₈₆₇.

In einem völlig reformirenden Querelbescheide war über
die Kosten der Instanz eine ausdrückliche Bestimmung nicht
getroffen, sodann aber auf Antrag des Klägers und Querulanten in einer ergänzenden Decision vom Querelgerichte verfügt, daß der Beklagte die Kosten zu erstatten habe. Gegen
diese Verfügung erhob nun der Beklagte die Nichtigkeitsbe-
schwerde, indem er einen wesentlichen Mangel des gerichtlichen Verfahrens darin fand, daß das Gericht über die Kosten,
nachdem dieselben bereits stillschweigend compensirt gewesen
seien, nachträglich noch einmal, und zwar anders entschieden
habe. Diese Beschwerde wurde durch oberappellationsgerichts-
lichen Bescheid vom 6. Mai 1867 verworfen.

Denn ist auch allerdings nach dem klaren Wortlaute des
§ 1, IV des Rechtsmittelgesetzes ein Ergänzungs-Erkenntniß
nur dann zulässig, wenn in der betreffenden Entscheidung,
zu welcher ein solches nachgesucht wird, über einen an sich
einer solchen bedürfenden Punkt weder ausdrücklich noch
stillschweigend entschieden ist, so ist dieses letztere doch
nicht schon dann ohne Weiteres der Fall, wenn der frag-

liche Punkt in derselben mit Stillschweigen übergangen ist, sondern nur dann, wenn aus dem Inhalte der abgegebenen Entscheidung zugleich die Entscheidung des nicht ausdrücklich erwähnten Punktes mit logischer und rechtlicher Nothwendigkeit sich ergiebt. Dies trifft hier aber überall nicht zu; vielmehr kann, da in dem von ihm abschriftlich beigebrachten Querelbescheide die Beschwerde des Klägers für voll begründet erkannt ist, nur angenommen werden daß es auf einem Uebersehen des Kostenpunktes beruht, wenn nicht zugleich die Kosten der Querel-Instanz demselben zuerkannt sind. Auch steht die Bestimmung der l. 3 C. de fructibus et litium expensis (7, 51) der Zulässigkeit einer Nachholung dieser versehentlich unterlassenen Entscheidung auf den dieserhalb rechtzeitig gestellten Antrag des Klägers in keiner Weise entgegen, da diese Bestimmung voraussetzt, daß die fragliche Entscheidung, in welcher der Kostenpunkt versehentlich übergangen worden, für den Richter bereits unabänderlich geworden ist. Dies war aber selbst nach Römischem Rechte — vergl. l. 42 D. de re judicata (42, 1) und Wetzell, Civilproceß § 51 not. 18 — dann nicht der Fall, wenn der Richter die fehlende Bestimmung noch an demselben Tage nachtrug, und ist diese Vorschrift des Römischen Rechts durch unser Proceßrecht nur darin abgeändert worden, daß eine solche Ergänzung des Fehlenden noch binnen der 14 Tage, in welchen die Rechtsmittelfrist läuft, von der dadurch verletzten Partei nachgesucht und auf deren Antrag von dem Richter nachgeholt werden kann.

---

20. Zur Auslegung des § 2, II 1, des Rechtsmittelgesetzes vom 15. Januar 1861.
Bu 167/..., Strel.

Wegen einer eingeklagten Forderung von 68½ Thäler war auf Beweis des Klaggrundes erkannt und der Beklagte

hatte, da ein sehr weitläufiges und kostspieliges Beweisver=
fahren in Aussicht stand, beantragt, dem Kläger eine Er=
höhung der mit 15 Thlr. geleisteten Kostencaution um weitere
50 Thlr. unter dem Rechtsnachtheile der Entbindung des
Beklagten von der Instanz aufzugeben. Das proceßleitende
Gericht bestimmte indessen die nachträglich und zwar unter
dem Nachtheile der sonst eintretenden Sistirung des
Processes zu bestellende Caution auf 15 Thlr. Auf Querel
des Beklagten setzte die Justiz=Canzlei die Summe zu 30
Thlr. fest und änderte das Präjubiz dem Antrage des Que=
rulanten gemäß. Der Kläger wollte nun durch weitere
Querel die Wiederherstellung des vom ersten Richter ange=
drohten Präjubizes erreichen, allein das Oberappellations=
gericht wies dieses Rechtsmittel durch Bescheid vom 1. Juni
1867 als unstatthaft zurück.

Denn die hier zur Entscheidung stehende Frage betrifft
weder, wie der Querulant meint, ein unschätzbares Inter=
esse, noch ist sie abhängig von dem Werthe des Haupt=
streitobjects. Es handelt sich bei den angefochtenen De=
creten nur darum, in welchem Betrage bis zu 50 Thlr.
der Kläger die Caution für die Kosten zu erhöhen hatte,
also um einen niedergerichtlichen Streitgegenstand bis zu
dieser Höhe, und das gestellte Präjubiz hatte für ihn von
vorn herein kein über den Werth der Caution hinaus=
gehendes Interesse, da er dasselbe durch die Cautions=
leistung beseitigen konnte.

— · —

**21. Competenz des judicium ad quod zur Restitution
gegen den durch mangelhafte Einlegung be=
wirkten Verlust eines Rechtsmittels.**

So. 212/₁₈₆₇. Strel. IIa. 857/₁₈₆₇.

Das Gesetz vom 15. Januar 1861 schreibt im § 21 vor:
»Ist die Einlegung nicht zur rechten Zeit, oder nicht bei dem

rechten Gerichte, oder nicht auf die vorgeschriebene Weise geschehen, so zieht dieses den Verlust des Rechtsmittels von
selbst nach sich. Zur Wiedereinsetzung in den vorigen Stand
gegen derartige Versäumnisse oder Fehler ist das bisherige
Gericht zuständig." Es fragt sich, ob damit dem höheren
Gerichte, an welches der Rechtszug geht, jede Competenz zur
Ertheilung einer solchen Restitution habe versagt sein sollen,
namentlich für den Fall, wenn das vom judicio a quo zugelassene Rechtsmittel nach Einsendung der Acten vom jud. ad
quod, dem eine neue selbständige Prüfung der Formalien
zusteht und obliegt, wegen eines Mangels der Einlegung ab-
geschlagen werden war. Das Oberappellationsgericht verweist
in diesem Falle die bei ihm eingehenden Restitutionsgesuche
nicht an das vorige Gericht zurück, sondern entscheidet selbst
darüber.

Neuerdings hat das Oberappellationsgericht Gelegenheit
gehabt dieses Verfahren näher zu motiviren. Die Justiz-
Canzlei zu G. halte eine von einem Niedergerichte zugelassene
Appellation für desert erklärt und sodann den Appellanten
als dieser um Restitution gegen den Ablauf der Einlegungsfrist bat, an das judicium a quo verwiesen. Auf die dawider erhobene Querel entschied das Oberappellationsgericht
unterm 27. Januar 1868, daß das judicium ad quod über
das Restitutionsgesuch zu cognosciren habe.

Denn wenn auch der § 21 Nr. IV des Rechtsmittelgesetzes vom 15. Januar 1861 bestimmt, daß zur Wiedereinsetzung in den vorigen Stand gegen das Versäumniß
der Einlegungsfrist das bisherige Gericht zuständig sei, so
kann doch dies nur auf den regelmäßigen Fall bezogen
werden, wenn letzteres in Folge der ihm nach § 19 sub 1
obliegenden Verpflichtung, die processualische Zulässigkeit
des Rechtsmittels zu prüfen, dasselbe für desert erklärt
hat, oder die Partei bei Einlegung des Rechtsmittels
die Restitution nachsucht. Diese Bestimmung erklärt sich
auch zur Genüge daraus, daß nach dem Rechtsmittel-
gesetze vom 20. Juli 1840 bei devolutiven Rechts-

mitteln dem judex ad quem die Befugniß zur Gewäh=
rung einer Restitution allein zustand, es jetzt aber, wo
auch dem judex a quo der Ausspruch über die procef=
sualische Zulässigkeit des Rechtsmittels zugewiesen worden,
der Sachlage entsprechend schien, dem letzteren auch die
Competenz zur Wiedereinsetzung in den vorigen Stand aus=
drücklich zu ertheilen. Keineswegs hat demselben diese Zu=
ständigkeit auch für den Fall gegeben werden sollen, wenn
von ihm in Folge seiner vorläufigen Prüfung die procef=
sualische Zulässigkeit nicht beanstandet ist und die Acten
zur Entscheidung über das Rechtsmittel an das Appella=
tions= oder Querel=Gericht eingesandt sind, dieses aber das
Rechtsmittel verworfen hat. Denn von solchem Zeit=
punkte an steht nach § 30 Nr. 11, § 37 Nr. 11 des Rechts=
mittelgesetzes das weitere Verfahren bis zur Remission der
Acten unter der Leitung des letzteren, während die Competenz
des vorigen Gerichts mit der Acteneinsendung aufgehört hat
und erst wieder mit der Rücksendung der Acten beginnt.
Aus diesem Grunde muß daher nach § 18 sub 11 Abs. 2
des Rechtsmittelgesetzes angenommen werden, daß der judex
ad quem, so lange die Acten sich bei ihm befinden, über
das Restitutionsgesuch zu entscheiden hat.
(Kn. 1296/₁₈₇₁.)

**22. Ueber die Bedeutung der auf behauptetes Eigen=
thum in der Executionsinstanz gegründeten
Intervention. Me. 767/₁₈₇₁.**

Zum Zwecke der executivischen Beitreibung einer judicat=
mäßigen Schuld des Mehlhändlers B. in G. war unter An=
dern das im Hause des Schuldners vorgefundene Mobiliar
arrestirt worden. Dagegen intervenirte die Ehefrau unter
Beibringung einer notariellen Urkunde, laut deren sie die ab=
gepfändeten Mobilien von ihrem Ehemanne gekauft und tra=

birt erhalten hatte. Ohne die Richtigkeit dieser Behauptung
zu bestreiten, wandte der Gläubiger ein, die Intervenientin
werde die von ihr in Anspruch genommenen Sachen doch
jedenfalls zu seiner Befriedigung hergeben müssen, da 1) seine
Forderung mit einer Generalhypothek versehen sei, auf Grund
deren er die vom Schuldner später veräußerten Vermögensobjecte mit der Pfandklage zurückfordern könne, da 2) die
actio Pauliana im vorliegenden Falle begründet sei und endlich 3) die Intervenientin ohnehin mit ihrem eigenen Vermögen hafte, indem die jetzt beizutreibende Schuld ihres
Mannes aus einer Zeit stamme, während welcher sie mit
demselben in der an ihrem Wohnorte geltenden und erst
später durch Vereinbarung aufgelösten allgemeinen Güter-
gemeinschaft gestanden habe. Nachdem hierüber weiter bis
zur Spruchreife verhandelt war, wurde die Intervention unter Zurückweisung der Einwendungen des Intervenenten sowohl
in erster als zweiter Instanz für begründet anerkannt, und
das Oberappellationsgericht bemerkte zu seinem bestätigenden
Querelbescheide vom 9. December 1867:

Die vom Richter ausgehende Execution richtet sich gegen
das Vermögen des Schuldners, ergreift daher der Natur
der Sache gemäß nur die zu diesem gehörenden Gegenstände,
und hat insbesondere die durch Annotation geschehene Abpfändung der im Gewahrsam des Schuldners vorgefunde-
nen Gegenstände nicht die Folge, daß derjenige Dritte,
welcher rechtlich als deren Besitzer anzusehen ist, dadurch seines Besitzes entsetzt, und dieser auf denjenigen Gläubiger
übertragen wird, in dessen Interesse die Abpfändung geschehen ist. Die unter Berufung auf das ihm und nicht
dem Schuldner zustehende Eigenthum geschehene Intervention des juristischen Besitzers dieser Sachen hat daher,
zumal dann, wenn der Schuldner das Eigenthum derselben
für sich überall nicht in Anspruch nimmt, in keiner Weise die
Bedeutung einer Vindication, sondern stellt sich nur als ein
Einspruch gegen die Befugniß des Richters dar, die verhängte
Execution gegen diese Sachen zu richten; und wenn auch der

daburch erhobene Streit zwischen dem Intervenienten einer=
seits und dem die Execution betreibenden Gläubiger an=
dererseits auszumachen ist, so dreht sich derselbe doch
nur um die Frage, ob die betreffenden Sachen als zum
Vermögen des Schuldners gehörig dem Angriff durch die
Execution unterliegen, oder nicht. Mögen daher auch
immerhin dem Intervenien gegen den Intervenienten be=
sondere Rechte zustehen, auf Grund deren er vielleicht be=
fugt ist, die abgepfändeten Sachen im Wege der Klage
wider den letzteren zu seiner Befriedigung wegen der frag=
lichen Schuld des Exequenden heranzuziehen, so ist doch
der Intervenient nicht verpflichtet, hier, wo lediglich die
Rechtmäßigkeit der geschehenen Abpfändung durch den Rich=
ter in Frage steht, die Contestation hierüber, noch dazu in
der Rolle des Klägers aufzunehmen. Da nun auch die
Intervenientin im vorliegenden Falle dieser Ausdehnung
des obschwebenden Incidentstreites über seine natürlichen
Grenzen hinaus entschieden widersprochen hat, so kann
nichts weiter darauf ankommen, daß sie eventuell zugleich
bereits auf die ihr gegenüber von dem Intervenien aufge=
stellten Rechtsbehauptungen sich erklärt hat, und ist daher,
da es nach den in dem decretum a quo entwickelten Gründen nicht zweifelhaft sein kann, daß zur Zeit der geschehe=
nen Abpfändung die abgepfändeten Sachen bereits aus dem
Vermögen des Exequenden ausgeschieden und in das der In=
tervenientin übergegangen waren, mit Recht die erhobene
Intervention für begründet erkannt und demgemäß die
verfügte Abpfändung jener Sachen wieder aufgeboben
worden.

II. Privatrecht.

A. Allgemeine Lehren.

23. Zum internationalen Privatrechte.
Ni. 165/...

Der Oekonom N. zu M. in Mecklenburg hatte von seiner Tante S. zu K. in Preußen an deren Wohnorte ein verzinsliches Darlehn von 600 Thlr. gegen einen Schuldschein erhalten. Als er nun nach dem Tode der Darletherin von deren Erben auf Rückzahlung der Summe belangt wurde, wandte er ein, seine Tante habe ihm, während er einmal bei ihr zum Besuche gewesen sei, die Schuld erlassen, mithin geschenkt, er habe diese Schenkung sogleich acceptirt, und die Rückgabe des Schuldscheins sei nur unterblieben, weil derselbe nicht sogleich habe aufgefunden werden können. Deshalb bitte er nicht bloß um Abweisung der Klage, sondern fordere auch widerklagend die Rückgabe des Scheines. Dagegen machte der Kläger geltend, daß der angebliche Schulderlaß nach dem für den vorliegenden Fall normirenden preußischen Rechte, welches bei Objecten über 50 Thlr. schriftliche Form der Willenserklärung erheische, ungültig sein würde. Das Oberappellationsgericht verwarf diese Replik durch Erkenntniß vom 12. November 1866.

Gründe:

1. Die auf ein allgemeines Gewohnheitsrecht zurückzuführende Rechtsregel „locus regit actum", worüber insbesondere jetzt zu vergleichen: Bar, das internationale

Privat= und Strafrecht §§ 34—39, besagt an sich nur,
daß ein nach den am Orte seiner Entstehung geltenden
Rechtsnormen formell gültig errichtetes Rechtsgeschäft, so=
weit bloß die Form in Betracht kommt, überall als gültig
angesehen wird, dient also insofern bloß zur Erleichterung
des Verkehrs, und hat daher keineswegs etwa die Bedeu=
tung, daß ein Rechtsgeschäft immer nur dann als gültig
zu betrachten sei, wenn die am Orte seiner Errichtung hin=
sichtlich der Form seines Abschlusses geltenden Vorschriften
beobachtet worden sind. Freilich haben solche Formvor=
schriften regelmäßig den Charakter absolut gebietender Ge=
setze, und würde dies auch von der hier Seitens des Klä=
gers in Bezug genommenen Vorschrift des preußischen Rechts
gelten müssen, wonach für die Gültigkeit des in Frage ste=
henden Schuldverlasses, da die schenkweise erlassene Forde=
rung über 50 Thlr. betrug, schriftliche Fassung der bezüg=
lichen Willenserklärung erforderlich gewesen sein soll. Da
aber alle Gesetze, auch diejenigen, welche ein absolutes Ge=
bot enthalten, in ihrer Wirksamkeit räumlich auf die
Grenzen des betreffenden Staatsgebietes beschränkt sind,
und die hier in Frage stehende Formvorschrift auch nicht
etwa so aufgefaßt werden kann, daß dadurch die Hand=
lungsfähigkeit der preußischen Unterthanen als solche einer
Beschränkung hat unterworfen werden sollen, so würde von
der Anwendung derselben unbedenklich eine Ausnahme als=
dann eintreten können und müssen, wenn das durch das
hier fragliche Geschäft zu begründende oder zu modificirende
Rechtsverhältniß etwa völlig außerhalb der Wirkungs=
sphäre der preußischen Gesetzgebung läge, und sich zugleich
erkennen ließe, daß die bewußte Intention des Verfügenden
oder der Contrahenten dahin ging, jenes Geschäft nach
den am Orte seiner Wirksamkeit geltenden Normen end=
gültig abzuschließen.

2. Es würde sich also zunächst fragen, welcher Ort als
der Sitz derjenigen Obligation anzusehen ist, die nach der
Behauptung des Beklagten durch den von der Erblasserin

4

des Klägers erklärten Schulderlaß aufgehoben sein soll,
da sich hienach die weitere Frage beantwortet, nach welches
Landes Rechten das Wesen und die Wirksamkeit dieses
Schuldverhältnisses bestimmt ist. Entstanden ist nun allerdings wie der der Klage anliegende Schuldscheln vom
18. December 1861 zeigt, die fragliche Darlehnsobligation
durch Auszahlung des dargeliehenen Geldes und Leistung
des bezüglichen Rückzahlungsversprechens zu R., dem Wohnorte der Darleiherin. Dagegen fehlt es sowohl nach dem
Inhalte dieses Schuldscheins, wie sonst, an allen äußeren
Anhaltspunkten dafür, daß nach der Absicht der Contrahenten die dort entstandene Obligation in rechtlicher Hinsicht dauernd eben daselbst fixirt werden sollte. Zwar läßt
sich nicht mit Bestimmtheit ersehen, ob der Schuldner damals bereits an seinem jetzigen Wohnsitze domicilirt war,
überhaupt schon ein festes Domicil hatte. Dagegen ist es
als gewiß zu betrachten, daß er, ein geborner Mecklen-
burger, weder damals noch auch später sein Domicil in
R. oder auch nur in Preußen gehabt hat. Ein bestimmter
Erfüllungsort ist im Darlehnsvertrage nicht festgesetzt, und
die von dem Kläger in voriger Appellations-Instanz in
Bezug genommene Bestimmung des allgemeinen preußischen
Landrechts, Theil I Tit. 11 § 769, welcher zufolge der
Regel nach der Darlehnsschuldner verpflichtet sein soll, die
Rückzahlung kostenfrei an dem Orte zu leisten, wo der
Gläubiger zur Zeit des geschlossenen Vertrages seinen
Wohnsitz hat, vermag, wie die wesentlich übereinstimmende
Vorschrift des allgemeinen deutschen Handelsgesetzbuches
Art. 325 ausdrücklich hervorhebt, den nach allgemeinen
Gründen anzunehmenden Erfüllungsort, als welcher regel-
mäßig der Wohnort des Schuldners anzusehen ist, wie
auch der Art. 324 jenes Gesetzbuches angenommen hat,
nicht zu ändern, insbesondere auch nicht, wie dort gleich-
falls hervorgehoben ist, hinsichtlich des Gerichtsstandes.
Ein forum contractus würde durch jene Bestimmung für
die hier in Frage stehende Darlehnsobligation also nicht

zu R. begründet sein, zu dessen Realisirung auch außerdem
allem Anscheine nach der Gläubigerin keine wirksamen Mittel
zu Gebote gestanden haben würden. Demnach entzog sich
diese Obligation mit dem Augenblicke ihrer Entstehung,
sobald sich der Schuldner wieder in seine Heimath zurück-
begab, der Einwirkung des preußischen Rechts und der
preußischen Gerichte, und war letzterer um so sicherer entzogen, als zu der Zeit, wo die Schuld nach eingetretener
vereinbarungsmäßig erforderlicher halbjähriger Kündigung
fällig gewesen wäre, der Schuldner unbestrittenermaßen bereits an seinem jetzigen Wohnorte domicilirte. Da nun
diejenige Ansicht, wonach im internationalen Verkehre über
die Wirksamkeit obligatorischer Verhältnisse die Gesetze des
Ortes entscheiden sollen, an welchem die Obligation entstanden ist, weder an sich für begründet gehalten werden
kann, noch einer der besonderen Gründe hier zutrifft, aus
welchem ausnahmsweise in diesem Sinne entschieden werden muß, und hier die dieser Ansicht entgegenstehenden
Ansichten, wonach für die Beurtheilung obligatorischer Verhältnisse die am Sitze des Gerichts, vor welchem aus denselben geklagt wird, oder am Erfüllungsorte der Obligation
oder am Wohnsitze des Schuldners geltenden Rechtsnormen
regelmäßig maßgebend sein sollen   vergl. über diese
Frage jetzt Bar a. a. O. Seite 166 —, in so fern im Resultate zusammentreffen, als in concreto der Wohnsitz des
Schuldners, in Ermangelung entgegenstehender Gründe,
als der Erfüllungsort der Obligation anzusehen ist, und
zugleich im forum domicilii desselben geklagt wird: so unterliegt demzufolge auch derjenige Rechtsact, wodurch nach
der Behauptung des Beklagten ihm diese Darlehnsschuld
erlassen sein soll, und auf welchen er zugleich eine Einrede
wider die erhobene Klage auf Rückzahlung dieses Darlehns,
sowie eine Widerklage auf Rückgabe des fraglichen Schuldscheins gegründet hat, in Beziehung auf seine rechtliche
Beurtheilung gleichfalls dem hier zu Lande geltenden Rechte.

3. Dabei ist jedoch, wie der angeführte Schriftsteller

4*

§ 36 und 68 des citirten Werkes gleichfalls hervorgehoben und die sententia a qua für ihre Entscheidung dieses Punktes als maßgebend betrachtet hat, nicht zu übersehen, daß dessen ungeachtet aus der Verschiedenheit des am Wohnorte der Gläubigerin und am Wohnsitze des Schuldners hinsichtlich der formellen Erfordernisse eines gültigen Schulderlasses, noch dazu eines schenkungsweisen, geltenden Rechts sich der Zweifel erheben kann, ob die Gläubigerin, indem sie ihren auf diesen Erlaß gerichteten Willen in formloser Weise erklärte, dabei die Absicht hegte, ihren Willen in dieser Beziehung bereits endgültig zu binden. War sie sich nämlich dessen bewußt, daß nach dem Rechte ihres Wohnorts zur vollen rechtlichen Wirksamkeit dieses Erlasses eine Erklärung desselben in schriftlicher Form erforderlich war, so liegt, wenn sie die Beobachtung dieser Form unterließ, der Gedanke nahe, daß sie mittels jener formlosen Erklärung zunächst nur eine vorläufige Zusicherung ertheilen wollte, aus welcher der Beklagte, auch wenn er dieselbe immerhin acceptirte, doch noch kein festes Recht erwarb. Auch läßt sich dafür, daß jene Erklärung bei ihrer Formlosigkeit nur in diesem Sinne gemeint war, noch weiter geltend machen, daß bei der Gläubigerin die Kenntniß dieses ihres heimathlichen Rechts vorausgesetzt werden muß, und im Zweifel anzunehmen ist, daß sie diesem gemäß verfahren wollte.

Allein mit demselben Grunde läßt sich sagen, daß wenn sie überall ein klares Bewußtsein über die rechtliche Gestaltung des hier vorliegenden Rechtsverhältnisses hatte, sie anch wissen mußte und wußte, daß dieses Verhältniß selbst außerhalb des Bereiches und der Einwirkung ihres heimathlichen Rechtes lag, und daß nach den für dasselbe maßgebenden Rechtsnormen es zur Gültigkeit des von ihr erklärten Schulderlasses der schriftlichen Form nicht bedurfte.

Es ist daher in dieser Beziehung überall nichts zu vermuthen, sondern davon auszugehen, daß derjenige, welcher eine bestimmte Erklärung abgiebt, auch wirklich dasjenige gerade will, was diese Erklärung besagt, und dasjenige zu verwirklichen beabsichtigt, was diese seine Willenserklärung ausspricht. Demnach können die Gründe, aus welchen die sententia a qua gegen den durch die sententia I dem Beklagten und Widerkläger freigelassenen respective auferlegten Beweis, „daß die ursprüngliche Gläubigerin, verehelichte S., ihm die jetzt eingeklagte Forderung schenkweise erlassen, und er dies acceptirt habe", den Kläger und Widerbeklagten auch noch zu dem Repliken= respective Einredenbeweise zulassen will, „daß nach preußischem Rechte der Erlaß einer Forderung von über 50 Thlr. der schriftlichen Form zu seiner Rechtsgültigkeit bedürfe", nicht für richtig gehalten werden.

—————

24. Ueber die Dispositionsbefugniß Minderjähriger rücksichtlich der von ihnen geschlossenen Dienstverträge.
(Vergl. Bd. V. S. 46.) De 1115/₁₈₅₇.

Die minderjährige B. war unter Zustimmung ihres Vaters von dem Gutsbesitzer M. für die Zeit von Neujahr bis Michaelis 1855 engagirt worden, seiner Tochter Musikunterricht zu ertheilen, wofür sie 60 Thlr. und freie Station erhalten sollte. Schon nach Ablauf des ersten Vierteljahrs erklärte ihr M. indessen, daß sie seinen Erwartungen nicht entsprochen, sich vielmehr zur Erfüllung der übernommenen Verbindlichkeit ganz unfähig erwiesen habe; er zahlte ihr 20 Thlr. und schickte sie dem Vater zurück. Dieser protestirte sogleich gegen die unzeitige Entlassung, indem er die Richtigkeit des dafür angegebenen Grundes bestritt. Nach Beendigung der Contractszeit klagte er auf Zahlung des Honorarrestes und eines angemessenen Kostgeldes. M. blieb nicht bloß dabei, daß die B. die bei einer Musiklehrerin vorauszusetzende Bildung und Erfahrung nicht habe, sondern behauptete außerdem, sie selbst habe sich nach den ersten Versuchen hievon überzeugt und deshalb in ihre Entlassung ausdrücklich eingewilligt. B. wollte weder das Eine noch das Andere zugeben und erbat eventuell Wiedereinsetzung in den vorigen Stand gegen eine von seiner Tochter etwa abgegebene zustimmende Erklärung. Der erste Richter gewährte dieses Restitutionsgesuch, verwarf daher die Einrede, daß Klägers Tochter mit ihrer Entlassung einverstanden gewesen sei, und ließ den Beklagten nur zum Beweise der Einrede des nicht erfüllten Contracts. Diese in zweiter Instanz auf Appellation des Beklagten abgeänderte Entscheidung wurde durch Erkenntniß des Oberappellationsgerichts vom 13. Mai 1867 aus folgenden Gründen wiederhergestellt:

1. Die einheimische Praxis, welche auch in den in mehreren Städten bestehenden Gesindeordnungen Ausdruck gefunden hat, wonach minderjährige Personen in Beziehung auf die Eingehung und Aufhebung keine ungewöhnliche Clauseln enthaltender Dienstverträge und die selbstständige Vertretung der ihnen daraus zustehenden Rechte vor Gericht in einem gewissen Umfange den Großjährigen gleichgeachtet werden, bezieht sich zunächst auf das gewöhnliche Dienstbotenverhältniß, und beruht eines Theils auf der Erfahrung, daß solche Personen, welche durch ihre äußere Lebensstellung darauf angewiesen sind, diesen Beruf zu ergreifen und durch Dienstleistungen dieser Art ihren Unterhalt zu suchen, dergleichen Verhältnisse regelmäßig ohne jede Dazwischenkunft ihrer Eltern und Vormünder eingehen und auflösen, andern Theils auf der Erwägung, daß es bei der Einfachheit dieser Verhältnisse, mit welcher sie von Jugend auf vertraut sind, ihnen ein Leichtes ist, die daraus für sie entspringenden Pflichten und die daraus ihnen zustehenden Rechte so weit zu übersehen, daß sie sich bei Eingehung und Aufhebung derselben, wie bei etwa entstehenden Conflicten mit ihren Herrschaften, die zu gerichtlichen Erörterungen führen können, selbst vor Schaden zu behüten im Stande sind.

2. Eine Ausdehnung dieser Praxis über den Bereich des gewöhnlichen Dienstbotenverhältnisses hinaus, wie solches

durch die verschiedenen Gesindeordnungen überall in be=
stimmter Weise begrenzt ist, auf Dienstverträge aller Art,
insbesondere also auch auf ein solches Dienstverhältniß, wie
hier vorliegt, wodurch ein den gebildeten Ständen angehöriges
junges Mädchen in einer demselben Lebenskreise ange=
hörenden Familie die Stellung einer Lehrerin oder Erzieherin
angenommen hat, läßt sich nicht nachweisen. Auch waltet
die für eine analoge Ausdehnung derselben erforderliche
Gleichheit des Grundes hier in sofern nicht ob, als einmal
die tägliche Erfahrung zeigt, daß junge Leute der besseren
Stände solche Engagements, wodurch sie in dergleichen
höhere Dienstverhältnisse eintreten, nicht ohne den Beirath
und die Zustimmung ihrer Eltern und Vormünder einzu=
gehen pflegen, wenn diese bei dem Abschluß derselben auch
vielfach nicht weiter vermittelnd eintreten, und als anderer=
seits die Beziehungen, in welche sie dadurch zu ihren
Dienstherrschaften treten, nicht so einfach, wie das ge=
wöhnliche Dienstbotenverhältniß, vielmehr häufig von
Verwickelungen und Schwierigkeiten mancher Art begleitet
sind, so daß es oft nicht leicht ist, in denselben die richtige
Stellung zu finden und zu behaupten. Demgemäß kommt
es daher auch nicht vor, daß bei entstandenen Conflicten,
die zum rechtlichen Austrag gedeihen, minderjährige Personen
dieser Art, ohne Beistand ihrer Väter und Vormünder,
selbstständig handelnd vor Gericht auftreten. Mag es jedoch
dessenungeachtet immerhin gestattet sein, die solchen minder=
jährigen Personen von Seiten ihrer Eltern und Vormünder
ertheilte Ermächtigung zur Eingehung derartiger Dienst=
verhältnisse dahin auszudehnen, daß, wo sie das betreffende
Engagement ohne deren äußere Mitwirkung abgeschlossen
haben, sie auch unter gewöhnlichen Verhältnissen für sich
allein zu dessen Auflösung befugt gehalten werden, die
Wohlthat der Wiedereinsetzung in den vorigen Stand läßt
sich ihnen in keiner Weise versagen, wenn sie dabei nach
der einen oder der anderen Seite hin aus jugendlicher
Unerfahrenheit und Schwäche nicht mit der nöthigen Umsicht

und Festigkeit zu Werke gegangen und durch einen über-
eilten Verzicht auf die ihnen zustehenden Rechte zu Schaden
gekommen sind.

3. Im vorliegenden Fall war aber zugleich die Lage der
klägerischen Tochter um deswillen noch eine besonders
schwierige, weil die Aufhebung des bestehenden Dienstverhältnisses von Seiten des Beklagten aus dem Grunde
begehrt ward, daß sie zur Erfüllung der von ihr übernommenen Leistungen nicht gehörig befähigt sei. Nur wenn
diese Behauptung begründet war, erschien dieses Verlangen
überall gerechtfertigt und war sie genöthigt, auf dasselbe
einzugehen. Nun wäre es allerdings denkbar, daß sie ein
so bestimmtes Bewußtsein von ihrer wirklichen Unfähigkeit
hatte, daß sie um deswillen sich gedrungen fühlte, sich jenem
Verlangen zu fügen. Ebenso nahe liegt es aber auch
andererseits, daß sie sich zu schwach fühlte, dem unter solchen
Vorwande an sie gerichteten Begehren ihres Abgangs den
erforderlichen Widerstand entgegenzusetzen, zumal ihr die
Mittel fehlten, jene Behauptung von sich aus auf eine
den Behauptenden überzeugende Weise zu widerlegen, und
so in jugendlicher Unerfahrenheit und Uebereilung sich zur
Aufgebung der ihr zustehenden Rechte bestimmen ließ.

4. Unter diesen Umständen mußte es daher für gerechtfertigt
gehalten werden, wenn die sententia J. ihr die für sie erbetene in integrum restitutio gegen die von Seiten des
Beklagten behauptete Einwilligung in ihre sofortige Entlassung gegen eine Zahlung von 20 Thlr. sofort ertheilte,
ohne den Beklagten zum Beweise der hierauf gegründeten
Einrede zuzulassen, und die Entscheidung des obschwebenden
Rechtsstreits lediglich davon abhängig macht, ob und in
wieweit die Behauptung begründet sei, auf welche der Beklagte
sein Recht zur einseitigen Aufhebung des bestandenen
Dienstverhältnisses gestützt hatte, auch ihm dieserhalb die
Beweislast zutheilte.

25. Zur Auslegung der Verordnung vom 12. Mai 1855 betreffend die Einführung kurzer Verjährungsfristen für mehrere Arten persönlicher Klagen.

Ba 1065/₁₈₆₅.

Aus dem Bescheide des Oberappellationsgerichts vom 20. Februar 1865:

Im § 5 sub 1 der Verordnung vom 12. Mai 1855 wird ganz allgemein vorgeschrieben, daß die Wiedereinsetzung in den vorigen Stand gegen den Ablauf der durch diese Verordnung eingeführten Verjährungsfristen nach Maßgabe des bestehenden Rechtes zulässig sei. Im § 5 sub 2 wird hieran nichts geändert, sondern nur die Regel festgestellt, welche für unmündige, minderjährige und andere eines Vertreters bedürftige Personen hinsichtlich des Laufes der neu eingeführten Verjährungsfristen und der Wirkung ihrer Vollendung gelten soll, und es kann aus der Aufhebung der hierauf bezüglichen früheren Begünstigungen der genannten Personen, wobei es vorzugsweise auf die Beseitigung eines Stillstandes der Verjährung abgesehen war, keineswegs eine Ausnahme von der sub 1 rücksichtlich der Wiedereinsetzung in den vorigen Stand bestätigten allgemeinen Geltung des bisherigen Rechtes abgeleitet werden.

----

26. Zur Auslegung der Verordnung vom 31. Januar 1861 betreffend die Verjährung der Injurienklage.

Ee: 11/₁₈₆₅. Strel.

Aus den Gründen des Erkenntnisses des Oberappellationsgerichts vom 22. Mai 1865:

Wie in der Theorie des gemeinen Rechtes, so steht auch in der Praxis der Mecklenburgischen Gerichte der Grundsatz fest, daß, von den besonderen Ausnahmsfällen der l. 2 C. de annali exceptione (7, 40) abgesehen, die Unterbrechung einer laufenden Klageverjährung erst dadurch

bewirkt, mithin auch der Eintritt derselben nur dadurch
verhindert wird, daß die betreffende Klage schon vor dem
Ablaufe der gesetzlichen Verjährungszeit nicht bloß bei Gericht
angebracht, sondern auch dem Beklagten gerichtsseitig in=
sinuirt ist, weshalb auf die abgedruckten Entscheidungen
des Oberappellationsgerichts II. Seite 44 ff. verwiesen
werden kann, und es ist kein Grund anzunehmen, daß
der Gesetzgeber, indem er von dem Bestreben geleitet die
Uebelstände zu beseitigen, welche die zahlreichen Meinungs=
verschiedenheiten über die gemeinrechtliche Verjährung der
Injurienklagen und die zum Theil unangemessene lange
Dauer der betreffenden gemeinrechtlichen Verjährungsfristen
hervorgerufen hatten, in der Verordnung vom 31. Januar
1861 für die Verjährung aller Privatklagen wegen Injurien
neue feste Bestimmungen getroffen hat, ohne alle ersichtliche
äußere Nöthigung, zum Theil im Widerspruche mit dem
Bestreben, die Dauer der Injurienklagen in engere Grenzen
als die bisherigen einzuschließen, von dieser gemeinrechtlichen,
auch hinsichtlich der Injurienklagen bis dahin befolgten
Regel abgewichen sein sollte. Eine solche Abweichung von
der bisher geltenden Regel hätte eines klaren und bestimmten
Ausspruches bedurft. An einem solchen fehlt es aber, und
aus der Fassung der bezüglichen Bestimmungen des § 1
dieser Verordnung, daß diese Klagen nur binnen Jahres=
frist oder innerhalb der nächsten vier Jahre von dem
für den Beginn der Verjährung nach Verschiedenheit
der Fälle festgesetzten Zeitpunkte an zulässig sein sollen,
läßt sich um so weniger folgern, daß diesen Klagen hin=
sichtlich der Unterbrechung der Verjährung dadurch eine
Begünstigung habe gewährt werden sollen, daß schon ihre
bloße Anbringung bei Gericht vor Ablauf dieser Zeit zur
Abwendung der Verjährung genüge, als in der Sprache
des gemeinen Rechts ganz unbedenklich der gleiche oder ähnliche
Ausdrücke zur Bezeichnung der Verjährungsfristen gebraucht
werden, ohne daß Jemand daraus diese Folge zieht, da es
Jedermann bekannt ist, unter welchen Voraussetzungen die

vor Ablauf der Verjährungsfrist erfolgte Anstellung der
Klage allein im Stande ist, den Ablauf der Verjährung zu
hindern.

— — — — —

27. Zur Lehre vom unvordenklichen Besitz.
Wa: 754/₁₀₀₀. (vergl. Bd. 5. S. 54.)

Aus den Gründen des vom Oberappellationsgerichte
unterm 26. Juni 1865 erlassenen Erkenntnisses:

Zum Begriffe der Unvordenklichkeit im Rechtssinne ist
es erforderlich, daß der Besitz, um welchen es sich handelt,
während des letzten Menschenalters bestanden hat, und keine
Erinnerung an einen entgegengesetzten Zustand aus dem
vorletzten Zeitalter vorhanden ist.

v. Savigny, System, Bd. 4. §§ 199 und 200,
Puchta, Pandecten § 77,
Arndts, Pandecten § 91,
von Keller, Pandecten § 77, Seite 158,
Windscheid, Pandecten Bd. 1 § 113,
Beseler, System des gemeinen deutschen Privatrechts Bd. 1 § 52, vergl. auch die bei Pfeiffer,
practische Ausführungen Bd. 7 Seite 193 ff. angeführten Schriftsteller.

Ergiebt sich nun freilich aus der Natur alles processualischen Verfahrens als Regel, daß das Vorhandensein
der zur Begründung eines Klagerechtes gehörenden thatsächlichen Bedingungen nicht für den Zeitpunkt der Beweisführung, sondern nur für denjenigen der die Klage ver-
anlassenden Verletzung darzuthun ist, und daher in dem
Falle, wo Jemand aus einem unvordenklichen Besitze
entsetzt worden ist, die Fortdauer des letzteren nur bis zu
dem Momente hin erwiesen zu werden braucht, wo die
zum Gegenstande der Klage gemachte Besitzesentsetzung
Statt gefunden hat, so kann doch überhaupt nicht mehr

von einem unvordenklichen Besitze die Rede sein, wenn bereits länger als ein Menschenalter ein entgegengesetzter Zustand obgewaltet hat. Zwar will das Oberappellationsgericht zu Jena in dem bei Seuffert (Archiv für Entscheidungen der obersten Gerichte Bd. 11 Seite 13 ff.) abgedruckten Erkenntnisse die rechtlichen Wirkungen des unvordenklichen Besitzes auch dann anerkannt wissen, wenn dieser als solcher in älterer Zeit bestanden hat, und das durch denselben begründete Recht nicht später auf irgend eine rechtlich nachweisbare Art — insonderheit durch einen neueren entgegengesetzten unvordenklichen Besitz — aufgehoben worden ist. Allein das angeführte Erkenntniß gelangt zu diesem Resultate nur dadurch, daß es dem unvordenklichen Besitze die Wirkung eines in sich abgeschlossenen Rechtserwerbes beilegt und für den Beweis desselben die abstracte Forderung stellt: es müsse für ein Menschenalter positiver Beweis des Besitzes, und für eine weiter rückwärts liegende Zeit der negative Beweis geführt werden, daß kein Gedächtniß eines entgegengesetzten Zustandes vorliege; während nach der bereits hervorgehobenen allgemein herrschenden Ansicht über den Begriff des unvordenklichen Besitzes gerade das Bestehen desselben in dem von der Erinnerung der jetzigen Generation umfaßten Zeitraume, so wie die Nichtexistenz einer entgegengesetzten Erinnerung der jüngst voraufgegangenen Generation das Entscheidende ist, und schon hieraus folgt, daß ein Recht um des unvordenklichen Besitzes willen nur dann als ein rechtmäßig erworbenes zu behandeln ist, wenn der Besitz sich seit unvordenklicher Zeit bis zur Gegenwart hin erhalten hat.

28. Unvordenkliche Ausübung eines regalen Gewerbes.
Re 696/....

Auf dem Gute K. besteht eine Frohnerei, deren Pächter nicht bloß auf dem eigenen Gebiete seines Verpächters, sondern auch auf andern umliegenden Gütern sein Gewerbe treibt. Gegen die Gutsherrschaft zu K. wurde deshalb fiskalische Anlage erhoben, damit ihr der fernere Frohnereibetrieb in hiesigen Landen bei namhafter Strafe untersagt werde; denn die Frohnerei sei ein regales Gewerbe, welches von Privatpersonen nur auf Grund einer, der Angeflagten nie zu Theil gewordenen landesherrlichen Concession ausgeübt werden dürfe. Die Angeflagte bestritt die Regalität und machte außerdem geltend, daß ihre Frohnerei bereits seit unvordenklicher Zeit bestehe. Nach verhandelter Sache forderte das erstinstanzliche Erfenntniß zur Elidirung der an sich begründeten und liquiden Anlage einen Beweis der vorgeschützten Einrede, welcher durch das Urtheil des Oberappellationsgerichts vom 8. April 1867 folgende veränderte Fassung erhielt:

daß sie, (Angeflagte) seit unvordenklicher Zeit in K. einen eigenen Frohner angestellt und gehalten, auch durch denselben das Gewerbe der Abdeckerei habe betreiben lassen.

Gründe.

1. Wie im ganzen übrigen Deutschland, so war auch in Mecklenburg die Abdeckerei bis in die neuere Zeit ein Nebengewerbe der Scharfrichter, welches dieselben für ihre Rechnung durch ihre Knechte betreiben ließen. Der ausschließliche Betrieb fiel ihnen auch ohne besonderes Privilegium von selbst zu, weil den dazu gehörigen Verrichtungen ein so starker Ehrenmatel anhaftete, daß Niemand sonst mit gefallenem Vieh sich befaßte und überdies den Scharfrichterknechten die wirksamsten Mittel zu Gebote standen, jede Contravention durch die empfindlichste Beschimpfung sofort selbst zu strafen.

Beneke, Bon unehrlichen Leuten S. 118 ff.
Für das Vorhandensein eines zum Scharfrichterdienst
tauglichen „Meisters" zu sorgen, war natürlich die Pflicht
und das Recht eines jeden Inhabers der peinlichen Juris=
diction. Da indessen ein solcher Diener der strafenden
Gerechtigkeit trotz der mannigfachen Functionen, welche
ihm ehemals oblagen, in einem einzigen Gerichtsbezirke
keine ausreichende Beschäftigung und trotz der lohnenden
Beihülfe jenes Nebengewerbes keine gesicherte Existenz
finden konnte, so würde es, abgesehen von anderen in der
Geschichte der einheimischen Gerichtsverfassung liegenden
Gründen, erklärlich sein, daß die meisten Patrimonial=
gerichtsherrn einen eigenen Scharfrichter nicht hielten, sondern
bei vorkommendem Bedürfniß sich durch Requisition eines
fremden Meisters halfen. Seit die Tortur abgeschafft ist,
und die von Henkershand auszuführenden Leibesstrafen
nicht mehr angewendet werden, sind die Scharfrichter, die
nur noch zur Vollziehung der selten vorkommenden Todes=
strafe dienen, aus den inländischen Frohnereien nach und
nach verschwunden, und lediglich die Abdecker übrig geblieben,
die nunmehr aller Hülfsleistungen im Dienste der peinlichen
Gerichtsbarkeit ganz entheben sind, aber gleichwohl immer
noch den darauf hinweisenden Namen Frohner führen.

2. In Mecklenburg hat es mindestens seit dem Anfange
des vorigen Jahrhunderts als anerkannte Regel gegolten,
daß für das ganze Land die erforderlichen Frohner, also
die Scharfrichter, deren Knechte das Abdecken verrichteten,
vom Landesherrn bestellt wurden, jedoch erhellt aus der
kaiserlichen Resolution vom 23. März 1733 sub 4 ad grav.
VII. des zweiten Sternberger Landtags von 1723, daß
jene Regel nicht ganz ohne Ausnahme gewesen ist. Es wird
hier besonders hervorgehoben, daß die Anerkennung des
Landesherrlichen Bestellungsrechtes „ohne Abbruch der
einigen Städten und andern Orten desfalls competirenden
und wohlhergebrachten Befugniß" erfolge, und wenn auch
diese Clausel nur dadurch veranlaßt sein mag, daß bei den

Vorverhandlungen einer bestimmten einzelnen ritterschaft=
lichen Frohnerei, welche damals in anerkannter Wirksamkeit
bestand, Erwähnung geschehen war, so ist doch deutlich
ausgesprochen, daß nicht bloß eine bestimmte, sondern über=
haupt jede ausnahmsweise etwa vorhandene, zu Recht
bestehende, ständische Frohnerei Bestand behalten sollte. Im
Uebrigen hatten sich die Stände, wie schon aus dem durch
die Landesherrliche Resolution vom 16. Juli 1701 begründet
befundenen grav. Spec. Suerin. 10 hervorgeht, nicht darüber
beschwert, daß der Landesherr die erforderlichen Scharfrichter
bestelle; sie hatten nicht etwa begehrt, auch ihrerseits
vermöge ihrer peinlichen Gerichtsbarkeit ganz nach Belieben
und ohne Rücksicht auf eine von jedem Einzelnen dieserhalb
wohlhergebrachte Befugniß eigene Frohnereien anlegen zu
dürfen; sie wollten nur daß den Landesherrlichen Frohnern
das willkürliche und maßlose Sportuliren untersagt, auch
den ständischen Obrigkeiten und deren Unterfassen die freie
Wahl unter den vorhandenen Frohnern gelassen werde.
Beides ward zugestanden, namentlich wurde dieser letztere
Punct durch die citirte kaiserliche Resolution dahin ent=
schieden, daß das den bestellten Frohnern für einen gewissen
Bezirk beigelegte Bannrecht nur auf die fürstlichen Aemter,
die darin wohnenden fürstlichen Bedienten und Cammer=
unterthanen sich beziehen, dagegen denen von der Ritter=
und Landschaft, sowie deren Unterfassen unter den „i m
Land etablirten — Scharfrichtern, sowohl zu Execu=
tionen, als zur Abdeckung des verreckten Viehes" nach
eigenem Ermessen zu wählen, gestattet sein solle.

3. Diese kaiserliche Resolution ist mit Recht stets als
ein entscheidendes Zeugniß dafür angeführt worden, daß
die Frohnereigerechtigkeit in Mecklenburg regal sei. Die
Regalität ist damals nicht erst eingeführt oder auf Grund
voraufgegangener Streitigkeiten von Reichswegen anerkannt,
sondern als ein durchaus streitloser Punct hingestellt. Es
soll dabei sein Bewenden behalten, daß der Herzog in seinen
Landen die erforderlichen Frohner bestelle, und wenn da=

neben nur die einigen Ortsobrigkeiten competirenden
Befugnisse vorbehalten werden, so ist damit deutlich genug
nicht auf einen einfachen Besitz, sondern auf ein ausnahmsweise besonders erworbenes Recht hingewiesen, und
für das erläuternd hinzugefügte Beiwort „wohlhergebracht"
paßt in diesem Zusammenhange ganz dessen gewöhnliche
Bedeutung, nach welcher es einen den Nachweis des
Rechtserwerbes ersetzenden unvordenklichen Zustand postulirt.
Die Frohnereigerechtigkeit stand also nunmehr hier zu Lande
unter dem für alle niederen Hoheitsrechte durchgreifend
geltenden Rechtssatze, daß sie von Unterthanen zwar erworben werden könne, aber nur auf Grund einer Landesherrlichen Verleihung, deren Beweis durch einen unvordenklichen Besitzstand entbehrlich werde. Das galt, wie sich
von selbst verstand, für die Zukunft ebenso wohl, wie für
die Vergangenheit. Zwar meint der Ankläger aus den
Vorverhandlungen zum L.G.G. ErbVergleich und dessen
§§ 343. 344 entnehmen zu können, daß, da die Stände
sogar vergebens bemüht gewesen seien, die Aufnahme der
in der erwähnten kaiserlichen Resolution ihre wohler-
worbenen Befugnisse garantirenden Clausel zu erlangen,
um so weniger ein später erst zur Unvordenklichkeit ge-
steigerter Besitzstand auf Anerkennung Anspruch haben
könne; indessen rechtfertigt der Umstand, daß die Stände
das Wegbleiben jener salvatorischen Clausel zuletzt sich
haben gefallen lassen, offenbar für sich allein nicht den
daraus gezogenen Schluß, daß sie damit stillschweigend auf
damals ganz unbestrittene Rechte hätten verzichten wollen,
deren wiederholte specielle Anerkennung durch die Landesherrschaft sie im Hinblick auf § 3 des Vergleichs füglich
für überflüssig halten durften, da jedenfalls nicht gesagt
werden konnte, daß der Vergleich in diesem Betreff eine
positiv abändernde Bestimmung enthalte.

4. Zur Elibirung der erhobenen Anlage, welche in der
Regalität der Frohnereigerechtigkeit ein ausreichendes und
liquides Fundament hat, genügt es hienach freilich nicht,

daß die K.'er Frohnerei, deren Bestand nach der bestrittenen
Angabe der Angeklagten seit 1690 urkundlich nachweisbar
ist, im Jahre 1733 schon vorhanden war, da nicht behauptet ist, daß dieselbe damals schon auf eine im Sinne
vorstehender Erörterung „wohlhergebrachte" Befugniß basirt
gewesen sei; dagegen ist es allerdings von Bedeutung,
wenn diese Frohnerei nun auch seitdem ununterbrochen
weiter bestanden und also wenigstens zur Zeit der Eröffnung
des gegenwärtigen Rechtsstreits über Menschen Gedenken
hinaus existirt hat. Der Beweis dieser relevanten Thatsache hat daher der Angeklagten nicht versagt werden können
Das Verlangen des Anklägers, darüber zu dem indirecten
Gegenbeweise gelassen zu werden, daß das von seiner
Gegnerin beanspruchte Recht während der letzten beiden
Menschenalter auf dem einzig möglichen Wege eines Landesherrlichen Privilegs nicht habe erworben werden können,
ist ungewährlich. Nach richtiger Ansicht ist die unvordenkliche
Verjährung allerdings kein selbständiger Erwerbstitel, sondern
begründet nur die Vermuthung, daß ein solcher vorhanden
sei, auch ist die Möglichkeit einer gegenbeweislichen Widerlegung dieser Präsumtion nicht in Abrede zu stellen, aber
was der Ankläger in dieser Richtung vorgebracht hat, ist
unerheblich. Er beruft sich darauf, daß die gegenwärtig
das Fideicommiß bildenden Güter, zu denen K. gehört,
von Seiten der Landesherrschaft schon seit unvordenklicher
Zeit zum Districte einer bestimmten Landesherrlichen Scharf-
richterei gerechnet und seit der im Jahre 1718 erfolgten
Vererbpachtung der letzteren in der den Erbpachtcontracten
beigefügten Designation der dahin gehörenden Ortschaften
stets mit aufgeführt seien. Daraus würde indessen höchstens
zu schließen sein, daß die Landesherrschaft während des
Zeitraums, welchen die vom Ankläger beigebrachten
historischen Notizen umfassen, eine besondere ritterschaftliche
Frohnerei in K. schwerlich privilegirt haben werde; es
bleibt aber immer möglich, daß eben diese Frohnerei, wenn
sie unter so ungünstigen Verhältnissen gleichwohl während

5

der beiden letzten Menschenalter und darüber hinaus un=
unterbrochen bestanden hat, zu einem in noch fernerer Ver=
gangenheit liegenden Zeitpuncte einen rechtlichen Anfang
genommen habe. Daß dieselbe überhaupt erst seit 1690
existire, hat die Angeklagte nicht zugestanden; sie hat nur
angegeben, daß die älteste urkundliche Nachricht von der zu
einer noch früheren unbekannten Zeit begründeten K.'er
Frohnerei aus jenem Jahre stamme.

5. Rücksichtlich des von der Angeklagten zu führenden
Einredebeweises muß ihr zuvörderst zugegeben werden, daß
„ein ungestörter Besitz" nicht zu den unerläßlichen Re=
quisiten der unvordentlichen Verjährung gehört, wenn der
bestehende und aufrecht zu haltende Zustand seit Menschen=
gedenken nur keine wirkliche Unterbrechung erfahren hat.

Savigny, System Bd. 4. S. 526.

Es ist aber ferner anzuerkennen, daß die Angeklagte zur
Beseitigung der ganzen Anklage nur den im gegenwärtigen
Urtheile vorgeschriebenen Beweis zu erbringen braucht, also
nicht noch außerdem wie das vorige Erkenntniß verlangte,
darzuthun hat, ihr K.'er Frohner habe seit unvordentlicher
Zeit auch außerhalb ihrer Begüterung auf bestimmten
anderen Rittergütern sein Gewerbe betrieben. Es ergiebt
sich dies aus folgender Betrachtung. Da die in Rede
stehende Gerechtigkeit eine regale ist, dieselbe mithin für
die seit unvordentlicher Zeit ununterbrochen vorhanden ge=
wesenen ständischen Frohnereien auf eine in Vergessenheit
gerathene Landesherrliche Verleihung zurückgeführt werden
muß, so sind nach allgemeiner Rechtsregel und abgesehen
von besonders erweislich zu machenden Concessionsbeschrän=
kungen die von einer dazu privilegirten ständischen Orts=
obrigkeit berufenen Frohner den unmittelbar vom Landesherrn
bestellten gleich zu achten. Beschränkungen eines an sich
berechtigten unzünftigen Gewerbebetriebes auf einen bestimmt
begrenzten geographischen Bezirk sind durchaus ungewöhnlich,
und selbst bestehende Bannrechte sind bekanntlich nicht gegen
den fremden Concurrenten, sondern gegen die dem Banne

unterworfenen Consumenten gerichtet. Ueberdleß stehen, wie sich gezeigt hat, die Mitglieder der Ritter- und Land= schaft nebst ihren Unterfassen nicht unter dem Banne be= stimmter Frohner, auch ist ein solches Bannrecht durch die kaiserliche Resolution von 1733 nicht etwa erst abge= schafft, sondern als überall nicht begründet anerkannt, und den Ständen die freie Wahl unter den im Lande etablirten Frohnern, also ohne Beschränkung auf die vom Landesherrn unmittelbar bestellten, gelassen Durch den L.G.G.Erb=Vergleich ist in diesem Puncte nichts geän= dert. Was der Antläger aus den Vorverhandlungen mitge= theilt hat, läßt nicht erkennen, daß über die angeführte Bestimmung der kaiserlichen Resolution Contestationen Statt gefunden haben oder irgend welche Aenderung erstrebt sei. Von den beiden hieher gehörenden §§ 343, 344 des Ver= gleichs selbst wiederholl der erste nur die Versicherung, daß das Bannrecht, welches den vom Landesherrn in den Domanialämtern und Städten bestellten Frohnern beigelegt war, die Ritterschaft nicht binde, wogegen im zweiten ge= fordert wird, daß die Ritterschaft wenigstens keine aus= wärtigen Frohner gebrauche, sondern dergleichen Leute aus den einheimischen und Landeseingesessenen nehme. Zu diesen gehören die auf ritterschaftlichen Gütern rechtmäßig etablirten Frohner doch ganz gewiß, und es würde gegen den ganz constanten Sprachgebrauch verstoßen sein, wenn hier nur die vom Landesherrn unmittelbar concessionirten Personen, und nicht vielmehr in Ueberein= stimmung mit der Resolution von 1733 alle im Lande etablirten gemeint sein sollen. Hienach kann die restrin= girende Auslegung des § 344 für zulässig nicht geachtet werden. Das einzige dafür gellend gemachte Argument besteht darin, daß die beiden citirten §§ als eine Periode gefaßt sind, in welcher man auf den im § 343 enthaltenen, durch das Wort zwar gekennzeichneten Vordersatz allerdings hinter dem Worte jedoch, womit der § 343 anhebt, einen Nachsatz zu finden erwartet, durch welchen das Wahlrecht

5.

der Ritterschaft auf den Kreis der im Vordersatze ge=
nannten Personen beschränkt werde. Der Nachsatz sagt
nun mehr als der Vordersatz erwarten ließ, steht aber seinem
vollen wörtlichen Inhalte nach mit dem damals auf Grund
der kaiserlichen Resolution von 1733 unbestritten geltenden
Rechte in Einklang, und unter diesen Umständen ist denn
entschieden statt einer beschränkenden Deutung nur die An=
nahme gerechtfertigt, daß jeder der beiden §§ eine selb=
ständig für sich bestehende Bestimmung enthalte, und daß
der durch die Satzverbindung zwischen beiden anscheinend
hergestellte logische Zusammenhang in der That nicht vor=
handen, die gewählte Fassung vielmehr eine nicht ganz
correcte sei.

Der Ankläger legte hiegegen das Rechtsmittel der Resti=
tution ein, weil der Angeklagten der im erstinstanzlichen
Erkenntnisse geforderte Beweis, daß ihr Frohner auch
außerhalb ihrer Begüterung auf bestimmten andern Ritter=
gütern sein Gewerbe seit unvordenklicher Zeit betrieben habe,
nicht hätte erlassen werden sollen. Diese Beschwerde wurde
indessen vom Oberappellationsgerichte durch Bescheid vom
26. August 1867 verworfen.

Denn die unvordenkliche Verjährung ist kein selbständiger
Erwerbstitel, die in der Vergangenheit liegenden Aus=
übungshandlungen gewähren nicht erst, wie bei der ordent=
lichen und außerordentlichen Ersitzung, das Recht, sondern
begründen nur die Vermuthung, daß dasselbe rechtsbestän=
diger Art früher einmal entstanden sei. Wann und in
welchem Umfange der ursprüngliche Erwerb erfolgt sei, ist
völlig ungewiß, und Sache des Gegenbeweises ist es, einen
bestimmten Anfang darzulegen. Der Angeklagten ist auch
nicht der Beweis auferlegt worden, daß der gegenwärtige
Zustand schon in den Jahren 1733 oder 1755 seit unvor=
denklicher Zeit bestanden habe, sondern der Beweis erstreckt
sich allgemein auf die Zeit vor Anstellung der gegenwärtigen
Klage, so daß derselbe sich nur auf einen Zeitraum zu
richten braucht, welcher noch nach jenen Zeitpuncten beginnt.

Sollte deshalb auch die Behauptung des Imploranten richtig sein, daß das dem Landesherrn zustehende Frohnerei= regal bis 1733 darin bestanden habe, Frohner mit einem bestimmten, geographisch abgegrenzten Gewerbebezirke, unter welchen auch das ritterschaftliche Landesgebiet gefallen sei, zu bestellen, so würde doch daraus und aus der Angabe der Angeklagten, daß sie schon seit 1722 ununterbrochen zu K. einen Frohner gehalten habe, nichts dafür folgen, daß der letzteren das Privileg nur mit der durch die Exclusivität jenes Regals bedingten Beschränkung habe verliehen werden können und wirklich verliehen sei. Für das Privileg ent= scheidet die Zeit während der beiden letzten Menschenalter, und zur Beseitigung der hiedurch begründeten Vermuthung genügt nicht der Nachweis der Thatsache, daß in der vor derselben liegenden frühern Zeit einmal ein anderer Zustand bestanden habe, sondern es ist darzulegen, daß ein solcher sich in ununterbrochenem Zusammenhange bis in die während der zwei letzten Menschenalter geschehene Ausübung erstreckt habe.

Savigny, System Bd. IV. pag. 533, 534.

Jene Exclusivität des Regals bestand aber seit dem Jahre 1733 rücksichtlich des ritterschaftlichen Gebietes entschieden nicht mehr, und es steht mithin hieraus der An= nahme nichts entgegen, daß seitdem bis auf die Neu= zeit ein vom Landesherrn muthmaßlich verliehenes Pri= vileg sich auch auf dieß letztere Gebiet erstrecken konnte, so lange nicht eine ausdrückliche Verleihung desselben mit beschränkter Wirkung nachgewiesen werden kann. Nur dann müßte man das Gegentheil zugeben, wenn die Natur und das Wesen des Regals dessen Uebertragung in anderer, als einer so beschränkten Art ausschlösse, was jedoch nicht der Fall ist. — Aber jene Behauptung des Imploranten erscheint auch nicht begründet. Aus den gra, und nibus de 1684 ist nicht zu erkennen, daß die Stände die Exclusivität des Regals in der Richtung, daß auch ihr Gebiet dem= jenigen Frohner, in dessen Bezirke dasselbe liege, ausschließlich

unterworfen fei, als rechtlich beftehend angenommen, und
nur die Wiederaufhebung eines ihnen entgegenftehenden
Rechts begehrt haben: vielmehr geht aus der Faffung
deutlich hervor, daß ihre Befchwerde gegen das Verfahren
der Frohner geht, welche ihnen die Wahl „verwehren
wollen", worin, namentlich in Beihalt des vorhergebrauchten
Wortes „unterftanden", deutlich ausgedrückt liegt, daß fie
daffelbe als einen ungerechtfertigten Uebergriff bezeichnen.
Ward auch in der darauf erfolgenden Refolution diefer
Befchwerde nicht vollftändig abgeholfen, fo beruhigten fich
doch Stände dabei nicht, fondern wiederholten diefelbe, und
wurde nunmehr durch die kaiferlichen Refolutionen vom
23. März 1733 zwar das Regal des Landesherrn anerkannt,
zugleich aber auch das Wahlrecht der Stände zwifchen den
im Lande etablirten Frohnern ausgefprochen. Diefelben
haben danach diefe Berechtigung nicht erft neu erworben,
fondern es ift ihnen folche auf ihre Befchwerde, gerichtet
auf Befeitigung eines von ihnen beftrittenen Zuftandes,
gewährleiftet. — Die Argumentationen des Imploranten,
hergenommen aus dem rechtlichen Zuftande vor 1733, geben
deßhalb einen Anhalt für die Annahme, daß das Privileg
der Angeklagten nur mit der Befchränkung der Ausübung
für deren eigene Güter erworben fein könne, nicht, und es
ift von ihm nicht behauptet worden, wann eine ausdrückliche
Verleihung deffelben erfolgt, und daß eine folche nur mit
diefer Befchränkung gefchehen fei.

Steht aber vermöge einer Ausübung während unvor=
denklicher Zeit feft, daß das betreffende Privileg rechtmäßig
erworben fei, und läßt fich nicht mehr nachweifen, in welchem
Umfange daffelbe verliehen worden, fo können die einzelnen
Ausübungshandlungen für die Beurtheilung diefes Umfanges
nicht fchlechthin maßgebend fein, da fie nicht den Erwerbs=
grund des Rechtes bilden. Derfelbe ift vielmehr zu be=
urtheilen nach dem regelmäßigen Inhalte eines folchen
Rechts, und nur wenn eine über den letzteren hinausgehende
Befugniß behauptet werden follte, ift diefe zu erweifen,
Befchränkungen deffelben find aber von demjenigen darzu=

legen, welcher fie für fich geltend macht. In diefer Be=
ziehung ift mit dem vorigen Erkenntniffe daran feftzuhalten,
daß feit dem Jahre 1733 der Ritterfchaft das freie Wahl=
recht unter den Landesherrlich beftellten Frohnern unbeftritten
gebührte, und daß dies Recht durch den LGGErbVergleich
nicht aufgehoben ift; alle Privilegien für folche Frohner
hatten alfo regelmäßig den Inhalt, daß fie rückfichtlich der
Ritterfchaft auf den beftimmt ihnen zugetheilten Bezirk
nicht befchränkt waren, fondern daß fie das Gewerbe auch
auf dem außerhalb des letzteren belegenen ritterfchaftlichen
Gebiete üben konnten; follte dies nicht der Fall fein, fo
mußte das befonders ausgefprochen fein. Es läßt fich nicht
abfehen, warum dies bei denjenigen Frohnern, welche ein
Rittergutsbefitzer vermöge des ihm übertragenen Regals
anftellte, anders fein follte, es müßte denn behauptet und
bewiefen werden, daß diefe Uebertragung nur mit einer
folchen befchränkenden Wirkung gefchehen fei. Der Umftand,
daß einem Landesherrlich beftellten Frohner das Privileg
gegeben wird, um daffelbe als fein Gewerbe zu betreiben,
daß aber eine ftändifche Obrigkeit die Frohnerei nicht als
ein Gewerbe ausübt, ändert daran nichts. Der Sinn einer
folchen Uebertragung an die betreffende Obrigkeit ift über=
all nicht der, daß diefe nunmehr die Frohnerei betreiben
könne, fondern geht dahin, daß diefelbe vermöge der Er=
werbung des Regals für ihre Güter die Berechtigung
erhält, einen Frohner zu beftellen, und diefem ein Privileg
zur Ausübung des Gewerbes zu geben. Ift es freilich
felbftverftändlich, daß diefelbe nicht die Befugniß enthält,
dem Frohner zu geftatten, daß er auch in den Bezirken
fungire, für welche die direct vom Landesherrn beftellten
Frohner bereits ein ausfchließliches Privileg erhalten haben,
fo fteht dem nichts entgegen, daß derfelbe von der ihm
verliehenen Befugniß allenthalben da Gebrauch machen
könne, wo das Regal des Landesherrn eine folche Ausübung
nicht ausfchließt, vielmehr denjenigen Perfonen, welche ihn,
requiriren, die freie Wahl zwifchen allen im Lande

etablirten Frohnern ausdrücklich zugeſichert iſt. Daß der
Ritterſchaft das Wahlrecht nur rückſichtlich der Landesherrlich
beſtellten Frohner zugeſtanden ſei, hat zwar Implorant
mit Bezugnahme auf die §§ 343, 344 des L.G.G. Erb-
vergleichs wiederholt zu begründen verſucht; allein es ſind
dadurch die bereits in der vorigen Sentenz für die gegentheilige Annahme ausgeführten Gründe in keiner Weiſe
widerlegt worden, ſo daß auf dieſelben hier Bezug genommen
werden kann.

Es iſt freilich richtig, daß dieſe Befugniß der Ritterſchaft
nicht unmittelbar dem Frohner ſelbſt eine von dem etwa-
nigen beſchränkten Inhalte ihres Privilegs abweichende
und demſelben widerſprechende Berechtigung giebt, und
daß diejenigen unter ihnen, welche dem entgegen ihr Privileg
überſchreiten, dieſerwegen belangt werden mögen, und es
ſteht weiter nicht zur Frage, ob und in wie weit die Ritterſchaft aus jener ihr zugeſicherten Befugniß etwa ein Recht
der Beſchwerde und des Widerſpruchs dagegen herleiten
könnte, daß durch ſolche Beſchränkungen der Frohnerei-
privilegien ihr Wahlrecht ihr thatſächlich entzogen werden
würde. Aber die gegenwärtige Entſcheidung hat auch hierauf
nicht zu fußen. Es kommt nur darauf an, daß auch ein
regales Gewerbe allenthalben da ausgeübt werden kann,
wo weder die Regalität noch ſonſt verbietende Beſtimmungen entgegenſtehen; und daß diejenige Gutsherrſchaft,
welche das Recht zur Haltung eines eigenen Frohners erworben hat, demſelben auch den Betrieb der Abdeckerei auf
anderen ritterſchaftlichen Gütern geſtatten kann, iſt um ſo
mehr anzunehmen, als eben der Ritterſchaft die Zuziehung
eines jeden Frohners im Lande zuſteht, der berechtigte
Gutsbeſitzer alſo mit Recht annehmen darf, daß, wenn ein
anderes nicht beſtimmt worden, ſein Frohner den an ſich
begründeten und völlig erlaubten Requiſitionen ſeiner Mit-
ſtände Folge leiſten dürfe. — Daß damit, wie Implorant
meint, ausgeſprochen ſei, ſolche Frohner hätten die Berechtigung, auch in den Städten des Landes ihr Gewerbe

zu betreiben, erhellt aus den Rationen der vorigen Sentenz in keiner Weise, um so weniger, als sogar in dem aufgehobenen Beweissatze des erften Erkenntnisses ausdrücklich nur auf des ritterschaftliche Landesgebiet Bezug genommen war. —

29. Dem Pächter steht die exceptio spolii ebenso wenig wie die actio spolii zu. Be 149/₁₈₆₄. Strel.

Aus den Gründen des vom Oberappellationsgerichte unterm 27. März 1865 erlassenen Erkenntnisses:

Die exceptio spolii steht dem Pächter wegen Entsetzung aus seinem Pachtbesitze nicht zu. Wenn zwar die ältere gemeinrechtliche Praxis den Begriff des Spoliums so weit ausdehnte, daß sie auch dem Detentor die actio spolii gab, so ift dies doch gegenwärtig in der Theorie allgemein als unhaltbar anerkannt, und hat sich in der neueren Zeit auch die Praxis der Medlenburgischen Gerichte gegen eine so weit gehende Ausdehnung des Besitzschutzes entschieden. Die exceptio spolii kann aber ihrem Begriffe nach nur demjenigen gewährt werden, welchem die actio spolii zusteht.

30. Ueber das beneficium cessionis bonorum
Lu : 582/₁₈₆₃.

Zur Beilegung des M. schen Debitwesens war den convocirten Concursgläubigern vom Gerichte ein Vergleich vorgeschlagen, für deffen Erfüllung die Ehefrau des Cridars sich verbürgte. Dabei war ausdrücklich hervorgehoben, daß wenn die Activmasse nach accordmäßiger Befriedigung aller Creditoren nicht völlig erschöpft sein sollte, der Ueberschuß

dem Gemeinschuldner verbleibe. Ehe die Verhandlungen über
diesen demnächst zu Stande gekommenen Vergleich ganz zu
Ende geführt waren, erklärte ein mit bedeutender Summe
betheiligter Wechselgläubiger, daß er an dem Concursprocesse
nicht länger Theil nehmen werde, indem er auf Befriedigung
aus der Concursmasse verzichte. Er erhob hienach sofort
Klage aus den liquidirt gewesenen Wechseln unter Hinweisung
auf seinen Austritt aus dem Corps der an dem noch schwe=
benden Concurse betheiligten Gläubiger und mit der Be=
merkung, daß es ihm zunächst nur auf Unterbrechung der
Klageverjährung ankomme und daß er sich lediglich an
dasjenige Activvermögen zu halten gedenke, welches sein
Schuldner in Folge des Vergleichs etwa aus dem Concurse
retten, oder später noch erwerben möchte. Zur Begründung
dieses Anspruches führte er aus, daß dem Cridar das bene=
ficium cessionis bonorum bisher nicht ausdrücklich ertheilt
sei, und demselben als einem leichtsinnigen Schuldenmacher
entschieden abgesprochen werden müsse. Das Oberappellations=
gericht wurde hiedurch zu folgendem, in dem Bescheide vom
9. October 1865 enthaltenen Ausspruche veranlaßt:

Da der Wille Desjenigen, welcher die Abtretung seiner
Güter an seine Gläubiger erklärt, dahin gedeutet werden
muß, daß er die cessio bonorum zum Zwecke der Herbei=
führung aller der günstigen Rechtsfolgen, welche gesetzlich
mit dieser Handlung verknüpft sind, vorgenommen haben
wolle, so wird sofort vom Beginn des durch eine solche
Erklärung des Cridars herbeigeführten Concurses an die
Frage rechtshängig, ob demselben das beneficium cessionis
bonorum zu bewilligen sei, und steht, während diese Frage
schwebt, keinem Gläubiger, dessen Forderung aus der Zeit
vor der Eröffnung des Concurses herrührt, das Recht zu,
den Cridar außerhalb des noch fortdauernden Concursver=
fahrens mit Specialklagen zu verfolgen, durch deren Zu=
lassung der Cridar als ein der Rechtswohlthat der Güter=
abtretung Unwürdiger behandelt, und von dem Schutze
dieser Rechtswohlthat in der hier fraglichen Zeit ausge=

schlossen sein würde, obwohl der Anspruch auf das beneficium für den Berechtigten unmittelbar durch die Abtretungserklärung begründet wird, und eben deswegen die Wirkungen des beneficium nicht vor der Aberkennung desselben ignorirt werden dürfen. Eine Verhandlung und Entscheidung über das Recht des Cridars auf diese Wohlthat ist aber nur innerhalb des Concursverfahrens, nicht aber in einem Specialprocesse mit einem Gläubiger statthaft, welcher seine Liquidation im Concurse zurückgenommen hat.

31. Zur Lehre von der Selbsthülfe. Ja 230/₁₈₆₃.

Der Kossat J. zu P. bewirthschaftete seine Bauerstelle auf Grund eines mit Johannis 1863 zu Ende gehenden Zeitpachtcontractes und der Gutsherr, der eben im Begriff war eine längere Reise anzutreten, beauftragte deshalb am 24. Juni jenes Jahres sein Patrimonialgericht im Laufe des Johannistermins die Stelle einer bestimmten andern Person zu tradiren, auch wegen Unterbringung des bisherigen Pächters dem Rechte entsprechende Einleitungen zu treffen. In dem zu solchem Zwecke angesetzten Termin verweigerte jedoch J. die Rückgabe der Wirthschaft und Hofwehr mit der Erklärung, daß er nur der Gewalt weichen werde und der Gutsherr den Rechtsweg beschreiten möge. Gleichwohl wurde ihm vom Patrimonialgerichte eröffnet, daß ihm die Wirthschaft auf der Kossatenstelle abgenommen sein solle und er das Superinventar von der Hofstelle zu entfernen habe, ihm aber einstweilen seine bisherige Wohnung verbleiben solle.

J. folgte dieser Weisung und klagte sodann gegen den Gutsherrn wegen gewaltsamer Dejection mit der Bitte:
1. den Beklagten zu verurtheilen, daß er ihn völlig in integrum restituire und entschädige.
2. den Beklagten des Rechts, aus welchem er die Entsetzung hergeleitet, wegen der Selbsthülfe für verlustig zu erklären.

76

Das erste Erkenntniß verurtheilte den Beklagten ad 1. wies aber das zweite Klagegesuch angebrachtermaßen ab. Diese Entscheidung wurde auf beiderseitige Appellation durch oberappellationsgerichtliche Sentenz vom 16. October 1865 im Uebrigen bestätigt, jedoch wurde auf Beschwerde des Beklagten ad 2 reine Abweisung ausgesprochen.

Gründe.

1. — — — — — — — — — — — —.
2. — — — — — —. Ist auch nicht wahre Gewalt gegen die Person des Klägers verübt, so ist ihm doch wider seinen erklärten Willen die Stelle abgenommen, und deren Bewirthschaftung einem Anderen übertragen. Er solle exmittirt sein, und es unterblieb die Auswerfung aus der Wohnung nur, weil er einstweilen untergebracht werden mußte. Sich mit Gewalt zu schützen, war bei der Macht des Gerichts, welches ihm entgegentrat, völlig unangemessen. Hatte das Gericht als bloßer Mandatar des Beklagten gehandelt, so konnte Kläger lediglich durch Klage Aufhebung und Wiedereinsetzung erlangen. Hatte es aber auf Antrag des Beklagten administratives Verfahren eingeleitet, so macht der vom Kläger ergriffene Recurs, in Folge dessen dasselbe durch das Rescript des Ministeriums des Innern vom 5. August 1863 als unzulässig gemißbilligt, und dem Beklagten aufgegeben wurde, dem Verfahren keine weitere Folge zu geben, klar genug, wie wenig Kläger sich demselben freiwillig unterworfen hat. Demnach ist ohne Zweifel eine solche Gewalt gegen den Kläger geübt, als nach l. 13 D. quod metus causa (4, 2) u. l. 7 D. ad legem Juliam de vi privata (48, 7.) zum Thatbestande unerlaubter Selbsthülfe gehört.
3. Was sodann die Verhaftung des Beklagten für die Procedur seines Patrimonialgerichts anlangt, so ging der Auftrag, welchen ersterer, wie er selbst anführt, dem letzteren gemacht hat, kurzweg dahin, daß es die Stelle dem Fr. tradire und die klägerische Familie anderweitig unterbringe. Es war damit nicht einmal gesagt, daß es sich vom Kläger

die Stelle zurückgeben laſſen ſolle, vielmehr lautet der
Auftrag ſo, daß die Tradition an Fr. und die Unterbringung
des Klägers ohne ſolche Rückgabe zu geſchehen habe. Dem
entſpricht die Procedur des Patrimonialgerichts, und Be=
klagter kann nicht einwenden, daß daſſelbe über den wört=
lichen Inhalt des Mandats hinausgegangen iſt. Dennoch
muß zugegeben werden, daß ſich von einem Gerichte ein
ſolches tumultuariſches Vorgehen nicht erwarten ließ, und
Beklagter daher entſchuldigt war, wenn er daſſelbe ſofort,
als er davon Kunde erhalten, gemißbilligt, und durch als=
baldige Reſtitution thatſächlich an den Tag gelegt hätte,
daß die Ausführung unter den obwaltenden Umſtänden
ſeinem Willen nicht entſprochen. Allein hieran hat Be=
klagter es fehlen laſſen. Die Antwort, welche das Mini=
ſterium des Innern ihm auf ſeine Erklärung vom 21. Juli
1863 unterm 5. des folgenden Monats giebt, zeigt, daß
er ſchon am 21. Juli von den Vorgängen Kenntniß gehabt,
und ſie in Schutz genommen hat. Ferner war ihm die
Klage mit den weiteren Vorträgen und Anſchlüſſen bereits
am 12. September 1863 zu Händen gekommen. Er re=
ſtituirte auch jetzt noch nicht. Erſt am 6. Februar 1864
erfolgte die Reſtitution, ohne ſeine Verbindlichkeit dazu
anzuerkennen, und noch gegenwärtig vertheidigt er ſich gegen
ſolche Verbindlichkeit und beantragt die Abweiſung der
Klage. Durch alles dieſes iſt ſeine Genehmigung der
geſchehenen Entſetzung des Klägers und ſein Einverſtändniß
mit dem Verfahren des von ihm beauftragten Patrimonial=
gerichts genugſam zu Tage getreten, ſo daß ihn die volle
Verantwortung trifft.

4. Kein wohlgeordneter Staat kann Eigenmacht dulden.
An der Spitze der angeführten Geſetze und ebenſo in l. 176
D de regulis juris (50, 17), l. 9 C. soluto matrimonio
(5, 18) ſteht die allgemeine Vorſchrift, daß ein Jeder, der
Anſprüche zu haben vermeine, ſich nicht ſelbſt Befriedigung
zu verſchaffen, ſondern den Richter anzugehen habe, und ſie
iſt ſowohl im Canoniſchen Rechte, als in den Reichsgeſetzen mit

größtre Schärfe wiederholt sanctionirt. Dieses generelle
Verbot erleidet dadurch keine Beschränkung, daß daran
Bestimmungen für gewisse Fälle geknüpft werden, mag auch
in dieser Gestalt die Selbsthülfe gegen persönliche Schuldner
gewöhnlich auftreten. Das Verbot wird hier und in andern
Gesetzen nur im Einzelnen angewandt und durch Bedrohung
mit einer Privatstrafe verschärft, so wie denn auch aus der
Generalverordnung, daß Niemand sich Richter sein dürfe
(l. 10 D de jurisdictione (2, 1), l. un. C. ne quis in
sua causa (3, 5), die Unstatthaftigkeit jedes selbstrichterlichen
Verfahrens eines Privatmannes von selbst folgt. Land=
und Hofgerichts=Ordnung II., 39 § 1. Sogar die Landes=
herren haben im Art. 3 der Reversalen von 1572 zugesagt,
daß, wenn Sie Jemanden ihrer Unterthanen zu belangen
hätten, wider dieselben mit Citation zum Verhör und
Erkundigung der Sachen verfahren werden solle, wie
solches in göttlichen, natürlichen und beschrie=
benen Rechten versehen, damit eines Jeden Einrede
und Entschuldigung angehört, Beweis aufgenommen, und
ordentlich darüber erkannt werde.

6. Zu Gunsten des Verpächters, Commodanten oder De=
ponenten wird nirgends eine Ausnahme gemacht und in
ihrem Verhältnisse zum Schuldner liegt Nichts, welches
ein Aufgeben der Rechtsordnung räthlich machen könnte.
In den Fällen der ll. 12 und 18 D. de vi (43, 16) hätte
es sogar nahe gelegen, dem Verpächter, oder in dessen
Vertretung dem Käufer, welchen der Pächter nicht in den
Besitz des Pachtstücks einlassen will, die Befugniß der so=
fortigen gewaltsamen Hinauswerfung des Pächters zuzu=
gestehen. Aber Dies ist nicht geschehen, und hielt davon
wahrscheinlich die Erwägung ab, daß regelmäßig in solchen
Fällen der Pächter sich auf bestimmte Rechtsgründe be=
rufen wird, wegen deren er nicht zu räumen braucht, ebenso
meistens nur verlangen wird, in dem bisherigen Pacht=
besitze zu bleiben, ohne sich selbst juristischen Besitz anzu=
maßen, und daß alsdann der Gesichtspunct einer heimlichen

ober gewaltjamen invasio rei alienae, deren joforlige
Zurüdtreibung unter Gewaltanwendung erlaubt ift, nicht
zutrifft, wie auch in der l. 6 und l. 20 D. de acquirenda
vel omittenda possessione (41. 2) und l. 12 in fin. D.
devi (43, 16) angedeutet wird. Auch die ftrenge Straf=
beftimmung der l. 10 C. unde vi (8, 4) und l. 34 C. de
locato (4, 65) fpricht gegen die Annahme foicher Befugniß
des Verpächters und fcheint eben wegen des Verbotes der
Selbfthülfe gegeben zu fein. Ebenfo wenig hat der § 327
des Landesgrundgefetzlichen Erb=Vergleichs für das Ver=
hältniß der Gutsherrfchaft zu den Bauern an dem Grund=
fatze etwas geändert; im Gegentheil beftätigt er auch rüd=
fichtlich diefes Verhältniffes das beftehende Verbot aus=
brüdlich. Zunächft ward im § 325 feftgeftellt, daß die
Bauersleute das Pachtftüd, welches fie von der Guts=
herrfchaft Inne haben, derfelben, wie lange fie folches auch
befeffen haben mögen, auf gefchehene Loskündigung un=
weigerlich und ohne Proceß=Weitläufiglelt abzutreten
und einzuräumen fchuldig find, daferne fie keine Erb=
zins= oder andere Gerechtigkeit erweifen können. Sie find
alfo fonftigen Pächtern gleichgeftellt, und das ihrer Ver=
bindlichkeit entfprechende Recht der Gutsherrfchaft geht
lediglich auf Reftitution der Sache. Davon, daß es einer
folchen nicht bedürfe und der Verpächter fie im Weigerungs=
falle ohne Weiteres vertreiben könne, ift nicht die Rede.
Im Gegentheil zeigt die ganze Faffung, daß ordnungs=
mäßiges Gehör des Bauern und ein kurzes Verfahren mit
Abfchneidung derfür unftatthaft erklärten Einreden voraus=
gefetzt ift, und der § 327 beftätigt dies, indem er das
weitere Verfahren für den Fall, daß fich die Bauersleute
auf rechtliche Weigerungsgründe berufen haben, regulirt.
Der Gutsherr durfte derzeit die Jurisdiction in Perfon
ausüben. War er bei der Sache intereffirt, fo normirten
hinfichtlich der freien Leute die §§ 412 und 413 des Landes=
grundgefetzlichen Erb=Vergleichs, wogegen der § 327 den
Punct in Anfehung der fraglichen Klagen gegen die leib=

eigenen Bauern etwas anders, immer aber so regelte, daß die Entscheidung nur von den Landesgerichten ergehen durfte, und die eigenmächtige Vertreibung der Bauersleute als den Rechten zuwider der Gutsherrschaft untersagt wurde. So wird das allgemeine Verbot auch für dies Verhältniß zu den Leibeigenen als geltend erklärt, und wenn es an den Fall geknüpft wird, daß der Verklagte sich in dem eingeleiteten Verfahren auf eine Erbzins- oder andere Gerechtigkeit berufen habe, so erklärt sich dies genügend daraus, daß nach Annahme des Gesetzes andere Einreden unzulässig sind und die Execution nicht aufschieben. Wie wenig das Verbot auf jenen Fall beschränkt ist, ergiebt sich auch daraus, daß die Pflicht, zu weichen und das Grundstück abzutreten, von zeitiger Aufkündigung abhängig gemacht ist, und diese bestritten, oder wegen eines persönlichen Versprechens unstatthaft sein kann. Unter allen Umständen kann seit der Patent-Verordnung vom 18. Januar 1820, wegen Aufhebung der Leibeigenschaft, nr. 11 und 19, und der Patrimonialgerichts-Ordnung vom 21. Juli 1821, §§ 3 und 6, von der dem Gutsherrn in Sachen dieser Art früher zuständigen Jurisdiction nicht mehr die Rede sein, und hat er solche Sachen beim Patrimonialgerichte anzubringen, so daß das allgemeine Verbot hier selbst dann wirksam sein würde, wenn der betreffenden Stelle des § 327 ein engerer Sinn untergelegt werden dürfte.

6. Was gegen die Prohibitivgesetze unternommen wird, kann nicht aufrecht erhalten werden, und so wie bei Rechtsgeschäften, welche denselben zuwider laufen, Nichtigkeit (l. 5 C. de legibus 1, 14) die natürliche Folge ist, so nehmen derartige einseitige Handlungen die Delicts-Natur an, und müssen sie dergestalt aufgehoben werden, daß sie als nicht geschehen erscheinen. Nemo ex suo delicto meliorem suam conditionem facere potest — l. 134 § 1 D. de regulis juris (50, 17) —. Die selbstverständliche Folge der Eigenmacht ist daher durchgängig Wiederherstellung des Zustandes vor derselben, und es ist gleichgültig, welche Klage man zu

solchem Zwecke für begründet hält. Die bis zur Zeit von
J. H. Böhmer verbreitete Ansicht, welche dem Detentor
die Spolienklage gab, ließ sich freilich von dem unrichtigen
Gedanken leiten, daß die Detention nach Analogie des
Besitzes geschützt werden müsse. Aber practisch richtig war
die aus der Deilcisnatur abgeleitete Folge, und wo nicht
nach der Beschaffenheit des Falles schon andere bestimmte
Klagen zur Wiederherstellung des gekränkten Rechtes gegeben
sind, greifen die allgemeinen zur Aushülfe dienenden Klagen,
die condictio ex lege nach l un. D. h t (13, 2), oder
in factum actiones nach l. 11 D. de praescriptis verbis
(19, 5) ein. Mit der Römischen Theorie über das interdictum unde vi läßt sich das Gesagte sehr wohl vereinigen,
da der detinirende Pächter, welcher auf einen Rechtsstreit
provocirt, die possessio des Verpächters nicht verletzt
und daher nicht als Dejicient anzusehen ist. Auch ward
gegen die von Rechtswegen verbotenen Thathandlungen nach
den Reichsgesetzen durch mandata sine clausula eingeschritten,
und speciell ist dies auf der Bauern Klage im § 328 des
Landesgrundgesetzlichen Erb=Vergleichs für zulässig erklärt,
wenn zugleich ganz unerlaubte Thathandlungen und Um=
stände mit bescheinigt sind. Die Statthaftigkeit einer auf
Restitution gerichteten Klage des Pächters, welchem der
Verpächter, wenn auch nach beendeter Pachtzeit, eigenmächtig
das Pachtstück abgenommen hat, kann daher keinen Zweifel
leiden.

Vergl. Seuffert, Archiv Bd. 10. nr. 5.

Demnach beschwert Beklagter sich mit Unrecht darüber,
daß er verurtheilt worden, den Kläger in die ihm abge=
nommene Kossatenstelle wiederum einzusetzen und demselben
allen durch die geschehene Entziehung der Stelle erweislich
verursachten Schaden zu erstatten. Ob er dieser Auflage
inzwischen genügend nachgekommen ist, steht gegenwärtig
nicht zur Frage.

7. Das weitere Klagegesuch anlangend, so folgt daraus, daß
die meisten Arten der Selbsthülfe mit Privatstrafen bedroht

find, keineswegs die allgemeine Anwendlichkeit derselben. Die Ausdehnung über die Fälle hinaus, für welche sie angeordnet sind, ist unstatthaft nach der Natur der Strafen. Nun ist die Sache, aus deren Detention Beklagter den Kläger gesetzt hat, eine eigene des ersteren, und paßt daher die l. 13 D. quod metus causa (4, 2) auf diesen Fall nicht, so weit sie ins Specielle geht. Die l. 7 C. unde vi (8, 4) setzt — wie in den Rationen zum vorigen Urtheile zutreffend ausgeführt worden — juristischen Besitz des durch die unerlaubte Selbsthülfe Lädirten voraus, während Kläger nicht juristischer Besitzer der Kossatenstelle, sondern lediglich Zeitpächter gewesen ist. Demgemäß war derselbe mit dem Gesuche, daß Beklagter des ihm an jener Stelle zustehenden Rechtes verlustig erklärt werde, nicht bloß angebrachter Maßen, sondern rein abzuweisen.

B. Sachenrecht.

82. Die noch nicht vollendete Verlassung eines städtischen Grundstücks gewährt in der Executionsinstanz und im Concurse kein Vorzugsrecht.
Ru 647/₁₈₄₂.

Auf Antrag des obsiegenden Klägers war gegen den Beklagten Execution erkannt und es sollte ein ihm gehöriges Grundstück subhastirt werden. Die Kinder des Beklagten intervenirten mit der Behauptung, daß das Grundstück eigentlich ihrer verstorbenen Mutter gehört habe und nur versehentlich auf den Namen des Beklagten verlassen sei, daß letzterer dieß schon vor längerer Zeit anerkannt und die zur Verlassung des Grundstücks auf sie erforderliche Erklärung abgegeben, in Folge dessen die Verkündigung des Grundstücks stattgefunden habe, und die Verlassung nur durch ein vom Kläger damals erwirktes Inhibitorium verhindert sei. — Das Oberappellationsgericht, welches annahm, eine Besitzübertragung sei nicht nachgewiesen, und die Behauptung, daß das Grundstück nur versehentlich auf den Beklagten verlassen worden, nicht genügend circumstantiirt, wies die Intervention durch Erkenntniß vom 16. December 1865 aus folgenden Gründen ab:

1. Nach § 5 der Stadtbuchordnung vom 21. December 1857 kann das Eigenthum städtischer Grundstücke nur durch Verlassung übertragen und erworben werden, und ist dabei der Begriff der Verlassung noch specieller durch den Zusatz: **Eintragung des neuen Eigenthümers in die erste Rubrik**, definirt, so daß also der Eigenthumsübergang erst durch die Eintragung bewirkt wird. Daraus folgt, daß, wenn auch mit den von dem bisherigen Eigenthümer und dem neuen Erwerber abgegebenen Erklärungen, das Eigenthum aufzlassen und resp. erwerben zu wollen, die Thätigkeit der Contrahenten beendigt ist, und es nur noch der Eintragung des neuen Eigenthümers bedarf, doch die Wirkung dieser Erklärungen erst mit der Umschreibung eintritt, und der Uebertragungsact erst durch letztere vollendet wird. Es bedarf daher auch im vorliegenden Falle keiner weiteren Untersuchung, ob die von den Interessenten zu dem amtsgerichtlichen Protocolle vom 20. Juli 1861 abgegebenen Erklärungen den Erfordernissen des nr. 39 der revidirten Instruction in Anlage IV. der Stadtbuchordnung entsprechen, weil jedenfalls die intendirte Verlassung durch jene Erklärungen nur eingeleitet wurde, in Folge des dagegen erwirkten Inhibitoriums aber nicht vollendet worden, und Beklagter, ungeachtet der von ihm abgegebenen Erklärung, vorläufig noch Eigenthümer des fraglichen Grundstücks geblieben ist.

2. Aus dem Vorstehenden folgt auch zugleich daß, wenn nach Abgabe der beiderseitigen Erklärungen, das Eigenthum auflassen und resp. erwerben zu wollen ein Ereigniß eintritt, wodurch der bisherige Eigenthümer die Dispositionsbefugniß über das betreffende Grundstück verliert, wie dies nach § 18 nr. 1 und § 20 der Executionsordnung

bei der Verfügung der Subhaftation der Fall ist, die intendirte Verlaffung als ein noch nicht zur Perfection gekommener Rechtsact behandelt werden muß, und die von dem Eigenthümer bereits abgegebene Erklärung, das Eigenthum auflaffen zu wollen, jede Bedeutung verliert, weil nach § 32 nr. 1 und § 48 nr. 3 der Stadtbuchordnung nach Eingang der betreffenden gerichtlichen Acquifition die Umfchreibung nicht mehr stattfinden kann, und die Creditoren jedenfalls nur die bereits vollzogenen und in rechtliche Wirksamkeit getretenen, nicht aber auch die erst begonnenen, jedoch zur Perfection noch nicht gelangten Handlungen des Schuldners anzuerkennen verpflichtet sein können.

33. Zur Auslegung der Revidirten Stadtbuchordnung vom 21. December 1857. Do 370/₆₀.

Die an einander stoßenden, nur durch eine einfache Zwischenwand getrennten Wohnhäufer der Parteien hatten früher als ein Ganzes dem Vater und Erblaffer des Klägers gehört. Nach einer von demfelben getroffenen baulichen Einrichtung war ein Theil des unter dem Haufe des Klägers befindlichen Kellerraums von dort aus unzugänglich gemacht, dagegen nach dem andern Haufe, welches einem jüngeren Bruder des Klägers vom Vater hinterlaffen wurde, mit einem Zugange verfehen. Nach ausdrücklicher väterlicher Bestimmung hatten die Söhne diese Einrichtung beibehalten, ohne darüber im Stadtbuche etwas vormerken zu laffen. Das Haus des jüngeren ging hernach durch mehrere Hände, wurde bei jedem Besitzwechfel mit dem erweiterten Kellerraum tradirt und kam so endlich an die Bellagte, von welcher der Kläger nun Herausgabe des Kellers bis an die durch die Mitte der Scheidewand bezeichnete Hausgrenze mit der actio negatoria forderte. Die Bellagte behauptete indeffen, fie fei Eigenthümerin des streitigen Raumes, da die vom Erblaffer des

Klägers im Keller, also unmittelbar auf der Erdoberfläche gezogene Grenze als die Eigenthumsgrenze zwischen den beiderseitigen Grundstücken zu betrachten sei, mithin dem Kläger an dem über der streitigen Grundfläche belegenen Oberbau seines Hauses höchstens ein superficiarisches Recht zustehen könne. Das Oberappellationsgericht bestätigte durch Bescheid vom 27. Mai 1867 die in zweiter Instanz ausgesprochene Abweisung der Klage aus folgenden Gründen:

Vom Standpuncte des Civilrechts aus kann es in Beihalt der l. 6 pr, § 1, l. 8 D. communia praediorum (8, 4) nicht wohl einem begründeten Zweifel unterliegen, daß, wenn des Klägers Vater, wie von ihm zugestanden ist, bei der von demselben vorgenommenen Theilung seines Hauses in selbständige Grundstücke und deren Zuweisung an seine Kinder dem jetzt von der Beklagten besessenen, den unter des Klägers seitlich belegenes Grundstück theilweise sich erstreckenden Keller, welcher nur von dem ersteren Grundstücke aus seinen Zugang hat, beilegte, er dadurch für dieses an jenem, von einer im gegenwärtigen Processe nicht weiter behaupteten und geltend gemachten persönlichen und zeitlichen Beschränkung abgesehen, eine Prädialservitut bestellte, welche nach den Grundsätzen des Civilrechts mit dem Eigenthume des herrschenden Grundstücks zugleich auf jeden späteren Erwerber überging.

Nun können freilich nach der Revidirten Stadtbuch = Ordnung vom 21. December 1857. § 1 nr. 1, wie schon die ältere Stadtbuchordnung vom 22. December 1829 § 3 vorgeschrieben hatte, seit dem 1. Februar 1830 dingliche Rechte aller Art an städtischen Grundstücken nur durch Eintragung in die Stadtbücher entstehen, respective nach § 11 nr. 3 des erstgenannten Gesetzes vollen Rechtsbestand erlangen. Zugleich aber gesteht die Revidirte Stadtbuch= Ordnung § 11 nr. 5 den civilrechtlichen Entstehungsgründen dieser Rechte selbst vom 1. Februar 1830 an in so fern eine bestimmte rechtliche Wirksamkeit zu, als dieselben, jedoch unter der hier nicht interessirenden Einschränkung des

§ 37 nr. 1 ein Klagerecht auf Eintragung begründen. Die Zuständigkeit und Wirksamkeit dieses Klagerechtes auf den ersten Erwerber des herrschenden Grundstücks zu beschränken, für welchen zunächst die fragliche Servitut civilrechtlich gültig constituirt war, bietet aber einerseits die bezügliche Bestimmung des § 11 nr. 5 der Revidirten Statkbuch-Ordnung überall keine Veranlassung dar. Andererseits führen die Grundsätze des Civilrechts über die exceptio rei venditae et traditae cfr. l. 3 pr. D. h. tit. — deren Analogie hier völlig zutrifft, darauf hin, die Einrede, welche der erste Erwerber der Servitut hier dem Kläger durch Berufung auf das Klagerecht ex § 11 nr. 5 cit. würde haben entgegenstellen können, wenn er auf Grund seines Eigenthums demselben die Ausübung der Servitut hätte verwehren wollen, auch dessen Rechtsnachfolgern zuzugestehen, auf welche mit dem herrschenden Grundstücke selbst auch das durch den betreffenden Bestellungs-Act factisch begründete Servitutverhältniß mit übertragen war, indem es im Falle einer solchen Uebertragung, welche selbst hier unbestritten geschehen ist, einer besonderen Cession des mit dinglicher Wirksamkeit bekleideten obligatorischen Anspruches, auf dem diese Einrede mit gegründet ist, nicht bedurfte.

Es kann sich daher nur noch fragen, ob die sententia a qua, obwohl die Beklagte selbst aus jener zu ihrer Vertheidigung vorgetragenen Thatsache, in Verfehlung des richtigen rechtlichen Gesichtspunktes, nicht die Folgerung gezogen, daß dadurch ihrem Grundstücke nach Grundsätzen des Civilrechts eine Servitut constituirt worden, sondern das bestehende rechtliche Verhältniß falsch aufgefaßt hat, befugt war, ihrer Entscheidung das aus den vorgetragenen Thatsachen sich ergebende wirkliche Rechtsverhältniß zu Grunde zu legen. Diese Frage mußte aber bejaht werden, weil es an sich Aufgabe des Richteramtes ist, die zur Begründung oder Zurückweisung einer Klage von den Parteien vorgetragenen Thatsachen unter die einschlagenden Rechtsnormen zu subsumiren, und die unrichtige Auffassung dieser

Thatsachen von Seiten einer Partei derselben nicht zum Nachtheil gereichen kann, sobald sich, wie hier, klar erkennen läßt, daß solche bloß auf Rechtsirrthum beruht, und die Anwendung des richtigen Gesichtspunctes mit ihrem bewußten Willen nicht in Widerspruchsteht.

- - - - -

34. Hand muß Hand wahren. Fo 490/₁₀₀₀.

In einem Appellationserkenntnisse vom 17. December 1866 hat das Oberappellationsgericht ausgesprochen, daß diese im Rostocker Statutarrechte geltende Regel die Vindication von Hypothekenscheinen (Stadtbuchschriften) nicht ausschließe. In dem gegebenen Rechtsfalle hatte der vindicirende Kläger selbst angeführt, er habe die libellirten Documente dem Dritten, von welchem der Beklagte dieselben gekauft und tradirt erhalten zu haben behauptete, zu Pfand gegeben und nach Tilgung der Pfandschuld nicht zurück empfangen.

Auf das vom Beklagten eingewandte Rechtsmittel der Restitution bestätigte das Oberappellationsgericht durch Urtheil vom 25. November 1867 seinen früheren Ausspruch, obwohl die in dieser Instanz zu Rathe gezogene Juristenfacultät sich dagegen erklärt hatte.

Gründe.

1. In der Wissenschaft herrscht völliges Einverständniß darüber, daß die Regel, „Hand muß Hand wahren" nur bei beweglichen Sachen Anwendung findet. Der Sachsenspiegel II. 60 § 1., die Quelle des Satzes, sagt solches geradezu, die spätere Rechtsbildung hat hieran nichts geändert und das Lübsche und Rostocksche Recht läßt keine andere Auslegung zu. Damit ist die ausschließliche Beziehung auf Körper gegeben. Freilich macht die Interpretation eines Rechtsgeschäfts mitunter nöthig, zu bestimmen, welche res incorporales als bewegliche, welche als unbewegliche zu bezeichnen sind. Aber bei einem Rechtssatze, der, wie der vorliegende, gerade an das Weggeben der

Detention geknüpft ist, kann man auf solche Untersuchung gar nicht kommen. Die Anwendung auf unkörperliche Dinge, insbesondere auf Forderungen ist unmöglich, weil bei ihnen der Fall, für welchen die Regel gegeben ist, überhaupt nicht vorkommt.

2. Wäre dies aber auch zur Zurückweisung derselben wirklich nicht ausreichend, hätte man vielmehr wegen jener Regel Forderungsrechte unter die Eintheilung der Sachen in bewegliche und unbewegliche zu bringen, so würde es doch keinen Zweifel leiden, daß dingliche Belastungen der hier fraglichen Art letzteren zuzuzählen seien, wie es in Ansehung der Renten gradezu im Rostockschen Stadtrechte bestimmt ist. Die Belege hiefür sind in Art. 2. III. 6. Art. 8. III. 5. Art. 15. I. 7 enthalten, und der Artikel 13. III. 6. des hiesigen Stadtrechts (Lübsch. Recht Art. 8) schwächt sie nicht ab. Der Artikel handelt lediglich von dem Rechte des Rentenläufers, die Rente — nicht den Rentenbrief — zu veräußern. Er soll sie nur an hiesige Bürger (cf. I. 2. Art. 5.) vergeben, versetzen oder verkaufen, sonst aber damit thun und handeln dürfen, als mit anderen Kaufmannswaaren. Von der Fiction, welche der Rente die Natur einer Waare beilegt, liest man nichts. Zunächst bedeutet Kaufmannswaare, Kaufmannsgut, im Verkehre nicht schlechthin Waare, sondern gute, empfangbare.

Grimm, Deutsch. Wörterbuch Bd. 5. Lief. 2.

S. 341 u. 343,

sodann ist das Wort, „andere" nicht zu betonen, es steht hier lediglich statt „sonsten", welcherhalb auf den Ausdruck im Lübschen Recht I. 5. Art. 8: „als sonsten Kaufmannswaaren" zu verweisen ist. Dem Rentner wird — von einer Beschränkung abgesehen — über die Hebungen ein ebenso freies Dispositionsrecht eingeräumt, wie man solches über Kaufmannswaaren hat. Darin liegt so wenig eine Hinweisung auf unsere Regel, als die Andeutung, daß das Recht den beweglichen Sachen angehöre.

3. Aber es werden hier Stadtbuchschriften, welche für sich

betrachtet, unzweifelhaft bewegliche Sachen sind, vindicirt
und das eingeholte Facultätsgerachten hat der hierauf gegründeten Ausführung des Imploranten beigestimmt. Dasselbe geht davon aus, daß die Regel, so weit sie überhaupt gelte,
für alle beweglichen Sachen zur Anwendung komme, und
deducirt weiter, daß — obgleich die fraglichen Hypotheken-
posten als selbständige dingliche Belastungen des Grund-
besitzes zu den unbeweglichen Sachen zu zählen seien —
doch die Urkunden um deswegen, weil sie sich auf Rechte
beziehen, nicht mit denselben identificirt werden dürften,
vielmehr die selbständige Bedeutung körperlicher Sachen
behaupten, und nicht aufhörten, unabhängig von ihrem
Werthe und ihrer Beziehung zu bestimmten Rechtsver-
hältnissen als Vermögensobjecte den allgemeinen Regeln
des Sachenrechts unterworfen zu sein.

4. Zur Lösung der Streitfrage sind die Grundsätze über
Inhaberpapiere nicht verwendbar. Sie werden freilich mitunter mit unserer Parömie in Verbindung gebracht, sind
aber nicht daraus abzuleiten und in mehrerem Betreff abweichend, gelten auch an Orten und in Ländern, wo dieselbe
keinen Boden hat. Sie bezeichnen den Inhaber als den
Forderungsberechtigten und sind keine bloßen Beweisdocumente für einen außer ihnen bestehenden Anspruch, sondern
repräsentiren das Forderungsrecht und binden dasselbe an
das Papier, in welchem es allein seine rechtliche Existenz
hat. Demgemäß werden über die Papiere (cf. Einführ.
Ges. § 37 nr. 3 zum Teutsch. Handelsgesetzbuch) die Geschäfte abgeschlossen und durch Tradition derselben die durch
sie existirenden Forderungen übertragen. Indem somit das
Papier als Gegenstand des Verkehrs hervortritt, ward es
möglich, in diesem Betreff, so lange es an anderen gesetzlichen Bestimmungen fehlte, an Orten, wo die Parömie
gilt, darauf Bezug zu nehmen. Aber unsere Hypothekenscheine sind lediglich Beweisurkunden über die in das
Hypothekenbuch eingetragene Belastung des Grundstücks;
sie geben den Namen des Berechtigten an, die Uebertragung

des Rechts geschieht durch dessen Cession, und der in dem Scheine nicht benannte Inhaber hat sich durch die Nach= weisung, wie die Forderung auf ihn übergegangen, rechts= gehörig zu legitimiren.

5. Ferner kann für die Entscheidung unserer Frage aus Particularrechten nichts gewonnen werden, welche die Regel auf öffentliche Urkunden gewisser Art ausdehnen. Es muß deßhalb von demjenigen, was das Bremische Recht hin= sichtlich der Handvesten statuirt, hier abgesehen werden, und was die Autoritäten anlangt, auf welche Implorant sich beruft, so steht dem bei Mevius Comment. III. 2. Art. 2. nr. 16 allegirten Lübeckschen Erkenntnisse das Rostocker Stadtrecht III. 4. Art. 19. so direct entgegen, daß die Vermuthung nahe liegt, die Vorschrift sei zur Beseitigung jenes Präjudices eingeschaltet. Heineccen spricht sich zwar so aus, wie Implorant in der Rechtfertigung bemerkt hat, fügt aber hinzu, daß der dritte Erwerber durch den bloßen Besitz des Chirographum zur Sache nicht legitimirt sei, vielmehr zu erweisen habe, die Forderung sei ihm vom Gläubiger cedirt oder auf andere Weise übertragen. Damit ist deutlich ausgesprochen, daß da, wo es sich um die Frage nach rechtsbeständiger Cession einer Forderung handelt, der angebliche Cessionar wegen seines Besitzes gegen die Ansprüche des dominus durch die Rechtsregel qu. nicht geschützt ist, sondern seine Legitimation erbringen muß.

6. Daß der Stoff, auf welchen geschrieben worden, dem Gläubiger nicht gehört habe, sondern Eigenthum eines Andern gewesen sei, und dieser über die Materie contrahirt habe, ist nicht angeregt und liegt daher hier außer der Betrachtung. Wäre der Anspruch des Beklagten hierauf beschränkt, so würde dem Kläger kaum eine Verlegenheit entstehen. Beklagter will aber vermöge der gedachten Parömie nicht bloß im Besitze der Stadtbuchschriften ge= schützt, sondern auch der rechte Gläubiger geworden sein und verweigert deßhalb die Herausgabe der Papiere. Es ist jetzt näher zu untersuchen, wie es hiemit steht.

7. Wer eine Schuldverschreibung, oder das Attest über eine zu Hypothekenbuch geschriebene Belastung verkauft oder verpfändet, schließt über die darin ausgedrückte Forderung das Geschäft ab.

L. 44 § 5 D. de leg. 1; L. 59 de leg. 3; L. 2. C. quae res pignori (8. 17.)

Das Schuldbocument tritt also selbst in diesem Falle ganz zurück. Lautet der Verkaufscontract auf das nomen so folgt die Urkunde dem neuen Creditor. Sie ist nur der Forderung wegen da, ihr Eigenthum ist an die Gläubiger= schaft geknüpft und der Besitz wird nur des Anspruchs halber verfolgt und vertheidigt. Die Papiere können zwar einem Anderen zur Aufbewahrung übergeben, zur Vorlegung commobirt und einem Mandatar zur Ausführung eines Geschäfts zugestellt und somit als selbstständige Sachen zu Gegenständen derartiger Verträge gemacht werden. Aber würden sie von demjenigen, dem sie so anvertrauet worden, verschenkt, verkauft oder verpfändet, so hat er entweder das bezügliche Geschäft über die Forderung, die er nicht inne hatte, und ihm nicht anvertrauet war, geschlossen oder gar kein ernstliches Geschäft gewollt. Im ersten Falle mangelt es zur Anwendung unserer Regel an der Bedingung, daß der Commodatar ıc. die ihm übergebene Sache veräußerte; er contrahirte über etwas wesentlich Verschiedenes. Ebenso verhält es sich, wenn der Gläubiger unter Anschließung der Schuldurkunde das nomen verpfändet. Dadurch ent= steht kein Faustpfand an der Urkunde, diese ist ihm nur eingehändigt als Beweismittel für das Bestehen des nomen und zur Verhinderung weiterer Disposition des Pfand= schuldners. Verkauft Ersterer das Papier, so veräußert er das nomen. In allen solchen Fällen ist die Behauptung des dritten Erwerbers, er sei der Eigenthümer des Schuld= instruments, völlig gleichbedeutend mit der Behauptung, er sei der rechte Gläubiger, ihm sei die Forderung gültig übertragen, und wenn der frühere Creditor dem widerspricht und ein besseres Recht auf das Intabulat geltend machen will, so haben diese beiden Prätendenten den Streitpunct im Proceßwege gegen einander auszumachen. Die Zuläffig=keit eines solchen Rechtsganges ist heutigen Tages kaum noch bestritten. Die zu entscheidende Frage ist dann, wer der besser Berechtigte zu dem Intabulat sei, und wer als solcher erkannt wird, hat das ausschließliche Recht auf die bezüglichen Hypothekenscheine, so daß sich daran, wenn der Unterliegende in deren Besitze ist, die Verbindlichkeit zur Herausgabe knüpft. Ist ihm die Gläubigerschaft und dem Geschäfte, aus dessen Veranlassung er die Urkunden erhielt, die Rechtswirkung abgesprochen, so hat das fernere Behalten der Beweisdocumente für ihn nicht das geringste rechtliche Interesse mehr und wird es schon deshalb unmöglich, von der zum Schutze eines solchen Interesses gegebenen Regel „Hand muß Hand wahren" Gebrauch zu machen. Ganz in gleicher Art stellt sich das Verhältniß, wenn der Kläger, wie hier, mit seiner Legitimation sofort die Vindication verbindet. Nach allen Seiten hin liegt also die Unan=wendlichkeit jenes Satzes zu Tage.

33. Ueber die Verpflichtung des Usufructuars zur Bestellung einer Realcaution.

si 150¼ ....

Der Besitzer eines Erbpachtgehöfts hatte seiner Wittwe testamentarisch das Recht eingeräumt, „die Wirthschaft auf seinem Gehöfte und mit seinem gesammten Inventar für ihre Rechnung und zu ihrem Vortheil unverändert fortzusetzen, jedoch natürlicher Weise mit der Verpflichtung, daß sie alles in gutem Stande erhalte." — Der älteste Sohn, als Sub=stantialerbe, begehrte die Bestellung der usufructuarischen Caution, und zwar einer Realcaution, unter dem Nachtheile des Verlustes des Nießbrauchs; die Wittwe, welche unbe=stritten zur Bestellung einer genügenden Sicherheit aus eigenen Mitteln nicht im Stande war, erbot sich zur juratorischen

Caution und war der Ansicht, daß eventuell nicht Entziehung des Nießbrauchs, sondern nur Sicherstellung durch Sequestration oder Verpachtung des Gehöfts eintreten könne. — Die beiden ersten Erkenntnisse verurtheilten die Beklagte zur Bestellung einer Caution durch Bürgen oder Pfand unter dem Präjudiz der Sequestration oder Verpachtung des Gehöfts; durch Erkenntniß vom 17. September 1866 ward jedoch in der aus den nachstehenden Gründen ersichtlichen Weise reformirt:

1. Es unterliegt allerdings keinem Zweifel, daß der Usufructuar nach den Bestimmungen des römischen Rechts für die Erfüllung seiner Verpflichtungen Sicherheit und zwar durch die Gestellung von Bürgen zu leisten verpflichtet ist, und das Verlangen einer Cautionsbestellung erscheint auch durch den Umstand gerechtfertigt, daß für den Eigenthümer aus einem Mangel an Diligenz des Usufructuars Schäden entspringen können, deren Erstattung, wenn der Eigenthümer dieserhalb nur einen persönlichen Anspruch an den Usufructuar hat, nicht genügend gesichert ist. Die Vorschrift, daß die usufructuarische Caution durch Bürgen bestellt werden solle, beruhte aber auf der Voraussetzung, daß abgesehen von besonderen Ausnahmsfällen, diese Sicherheitsleistung Jedem möglich sein werde, und es werden daher, da es der bona fides widersprechen würde, wenn die Forderung der satis datio dazu gemißbraucht werden sollte, dem Berechtigten sein Recht zu entziehen, schon im römischen Rechte nicht nur bei Proceßcautionen, wo die Nov. 112 cap 2 die juratorische Caution substituirt, sondern auch in anderen Fällen, wo das Recht eine satisdatio verlangt, der Cautionspflichtige dazu aber nicht im Stande ist — wie z. B. l. 6 § 1 Cod. de secund. nupt. (5, 9); Nov. 22 cap. 44 § 5 und 7; l. 5 § 2, 5 Dig. de Carboniano edicto (37, 10), l. 6 Dig. si cui plus (35, 3), l. 2 Cod. de usuris et fruct. leg. (6, 47) — anderweitige Auskunftsmittel zugelassen.

Unter diesen Umständen würde ein strenges Festhalten der Regel in Bezug auf die usufructuarische Caution sich

nur dann rechtfertigen, wenn in dem Verhältnisse des
Usufructuars zum Eigenthümer besondere Gründe dazu
vorhanden wären. Dies läßt sich aber um so weniger
behaupten, als das einheimische Recht bei den ihm eigenthümlichen Fällen eines Nießbrauchs wie z. B. bei dem
Erbjungfernrecht (vergl. v. Kampß, Civilrecht S. 280 not.
34, Roth, Mecklenb. Lehnrecht, S. 237 not. 60) und bei
dem nach Art. 27 der Reversalen von 1621 demselben in
dieser Beziehung gleichgestellten Witthum — eine Verpflichtung zur Bestellung einer cautio usufructuaria nicht
statuirt, eine solche auch nach deutschem Rechte beim Witthum, wenigstens wo dieses in dem Nießbrauch an Immobilien besteht, nicht angenommen wird (vergl. Eichhorn,
Deutsches Privatrecht § 306), und es verdient daher die
Ansicht derjenigen Rechtslehrer, welche die obenerwähnten
Bestimmungen auch auf die usufructuarische Caution anwendlich erklären, wie

> Donellus, Comm. ed. Bucher, Vol. 6, p. 138,
> tit. 10 cap. 14, § 9.
> Meier, Coll. Argentor. Lib. 7. tit. 9 § 6.
> Lauterbach, Coll. Pand. eod. § 10.
> Voet, Comm. VII, 9 § 8.
> Glück, Pandecten, Bd. 9 § 657.

den Vorzug, wie denn auch nach der hiesigen Praxis der
obervormundschaftlichen Gerichte in denjenigen Fällen, wo
der Wittwe ein Nießbrauch hinterlassen ist, eine Satisdation
nicht unbedingt gefordert, sondern unter Umständen auch
eine Aufsicht des Vormundes und eine Nachweisung der
gehörigen Conservation der Substanz für genügend gehalten wird.

2. Unter diesen Umständen kann auch im vorliegenden Falle,
wo die Unfähigkeit der Beklagten zur Bestellung einer ausreichenden Realsicherheit nicht bestritten wird, zur Zeit und
so lange nicht vorliegt, daß die Beklagte durch Nichterfüllung
der ihr obliegenden Verpflichtungen die Rechte des Klägers
gefährdet, die Bestellung einer solchen nicht verlangt, und

eben so wrnig eine Sequestration oder Verpachtung des Erbpachtgehöfts für angemessen gehalten werden, da eine solche der Intention des Erblassers, welcher der Beklagten nur das Recht zur eigenen Bewirthschaftung legirt hat, nicht entsprechen würde, und der Wille des Testaters möglichst aufrecht zu erhalten ist. Es durfte daher das Erbieten der Beklagten zur juratorischen Caution nicht zurückgewiesen, zugleich aber muß dieselbe auch verpflichtet geachtet werden, dem Kläger daneben diejenige Sicherheit zu gewähren, zu der sie im Stande ist, und die dem vorliegenden Verhältnisse entspricht, also einer Seits demselben ihr Vermögen für die Erfüllung der ihr obliegenden Verpflichtungen zu verpfänden und anderer Seits eine auf ihre Kosten zu beschaffende alljährliche Revision namentlich der Gebäude und des Inventars durch Sachverständige vornehmen zu lassen.

-----

36. Ersitzung von Prädialservituten durch Handlungen des Pächters. De 355/1843.

Die Frage, ob zu einer solchen Ersitzung die Ausübung der Servitut durch den Pächter genüge, oder noch der Beweis gefordert werden müsse, daß diese Ausübung mit Wissen und Willen des Eigenthümers geschehen sei, war von der Justiz-Canzlei dahin entschieden, daß dieser Beweis zwar für die ordentliche und außerordentliche Ersitzung, dagegen nicht für den unvordenklichen Besitz erforderlich sei. Das Oberappellationsgericht bestätigte dies durch Entscheidung vom 14. Januar 1867 und bemerkte:

Der unvordenkliche Besitz unterscheidet sich von der ordentlichen und außerordentlichen Ersitzung grade dadurch daß durch die letzteren das in Frage stehende Recht erworben wird, der erstere aber eine Praesumtion des rechtmäßigen Erwerbes begründet. Kann hieraus auch nicht mit der sententia a qua gefolgert werden, daß bei dem unvordenklichen Besitze der Beweis der factischen Ausübung genüge, und es dabei auf den animus juris exercendi nicht ankomme; so bedarf es doch bei dem unvordenklichen Besitze der besonderen Behauptung und des Beweises, daß die Pachtbesitzer der fraglichen Bauerstelle die in Rede stehenden Servituten mit Wissen und Willen der Großherzoglichen Kammer ausgeübt hätten, nicht, weil sich dies, wenn die letztere jene Servituten auf rechtmäßige Weise erworben hatte, von selbst versteht, und durch die seit unvordenklicher Zeit Statt gefundene Ausübung grade diese Praesumtion begründet wird, zumal die Kammer, wenn sie die fragliche Bauerstelle nicht für eigene Rechnung bewirthschaften ließ, die in Rede stehenden Servituten nur durch die Pächter derselben ausüben konnte.

---

37. Begründung einer Weideservitut als eines einheitlichen Rechtes an einer zwischen mehreren Eigenthümern reell getheilten Wiesenfläche. — Beeinträchtigung einer Weideservitut durch Torfstich.

Si 120/1852. Strel.

Der Gutsbesitzer S. auf T. klagte wegen Beeinträchtigung einer angeblich seinem Gute T. zustehenden Weideservitut durch Torfstich gegen den Eigenthümer einer dieser Servitut unterworfenen — zur Feldmark der Stadt N. gehörenden — Wiese und bat, den Beklagten zu verurtheilen, daß er die auf der fraglichen Wiese durch Torfstich entstandenen Wassergruben wieder ausfüllen und als Weidenfläche wiederherstellen lasse, sich auch des Torfstiches ferner bei namhafter Strafe enthalte. Nachdem diese Klage durch das erste Erkenntniß angebrachter Maaßen abgewiesen war, legte das Oberappellationsgericht in dem auf Appellation des Klägers erlassenen Urtheil vom 18. Mai 1855 diesem den Beweis auf:

daß seit unvordenklicher Zeit die, zwischen den T. schen und P. schen Grenzgräben und der T. belegenen nach N. gehörigen Wiesen, insbesondere diejenige aus 57 Wiesen= stücken bestehende Wiesenfläche, welche längs des sogenannten - Köulgswalls sich erstreckt, alljährlich während der Zeit von Michaelis bis zum alten Walpurgistage, den 13. Mai des folgenden Jahres, als ein Ganzes von den Besitzern des Gutes T. mit der T. er Viehheerde behütet und beweidet worden.

Gründe.

1., — — — — —

2., — — — — —

3., Kläger will die gegenwärtig von ihm geltend gemachte Hut und Weidegerechtigkeit an der speciellen Wiese des Beklagten nur darum behaupten, weil an der ganzen in der Klage bezeichneten Wiesenfläche, als solcher, wovon die Wiese des Beklagten jetzt einen Theil bilde, die Hut= und Weidegerechtigkeit seit unvordenklicher Zeit aus= geübt sei und erleidet es keinen Zweifel, daß die in dieser Behauptung enthaltenen Thatsachen, unter Voraussetzung ihrer factischen Richtigkeit auch in rechtlicher Beziehung zur Begründung der libellirten Gerechtigkeit an sich wohlgeeignet sind.

4., Das vorige Urtheil geht freilich von dem Gesichtspuncte aus, daß bei dem eigenen Zugeständnisse des Klägers, nach welchem die im Klaglibelle erwähnten 57 Wiesenstücke eben so vielen verschiedenen Eigenthümern gehören, zur Be= gründung der Klage annoch die weitere Behauptung er= forderlich gewesen, daß zur Zeit der Erwerbung der libellirten Gerechtigkeit jene gesammte Wiesenfläche ein, unter Einem Eigenthümer verbundenes, Ganzes ausgemacht habe. Indeß erledigt sich dies Bedenken durch die in

ll. 18, 23 § 3, ll. 31, 38 D. de servitutibus praedior. rusticorum (8, 3),

l. 7 § 3 D. Communia praediorum (8, 4),

l. 6 § 1, l. 15. D. quemadmodum servitutes amittantur (8, 6) enthaltenen Bestimmungen, Inhalts deren Serviluten der hier fraglichen Art, wenn die Ausübung derselben sich auch auf mehrere verschiedenen Eigenthümern gehörige Grund= stücke erstreckt, doch in Bezug auf das praedium dominans als Eine Berechtigung aufgefaßt werden, deren Erwerb in keiner Weise dadurch bedingt ist, daß auch die mehreren dienenden Grundstücke als ein Ganzes unter einem und demselben Eigenthümer verbunden sind.

5., Allerdings zergliedert sich eine, derartig gegen mehrere benachbarte Grundstücke gemeinschaftlich erworbene Servitut, ungeachtet dieser ihrer Einheit, in ihrem Verhältnisse den einzelnen dienenden Grundstücken gegenüber wiederum in eben so viele einzelne Servituten, so daß da, wo von dem Einen oder Anderen der Eigenthümer der dienenden Grundstücke eine Beeinträchtigung oder Bestreitung derselben eintritt, sich nunmehr gegen diesen eine Geltendmachung der Servitut, als einer diesem speciellen Grundstücke gegen= über selbständig bestehenden Berechtigung, vernoth= wendigt, jedoch wird dadurch in der thatsächlichen Be= gründung der Entstehung des Rechtsverhältnisses keinerlei Veränderung herbeigeführt

6., — — — — — — —

7., Statt der durch die sententia a qua erkannten Abweisung der Klage angebrachtermaßen ist daher, in Folge der vom Beklagten in Bezug auf jene. für den Erwerb des fraglichen Rechts vorgebrachten, Thatsachen überall geschehenen nega= tiven Litiscontestation, auf Beweis (des behaupteten unvor= denklichen Besitzes) zu erkennen.

8., Auf der anderen Seite bedarf es dagegen hinsichtlich der in Bezug auf die Statt gehabte Beeinträchtigung der libellirten Weidegerechtigkeit vom Kläger zur weiteren Substantiirung der Klage angegebenen, Thatsache des Torf= stichs — welche der Natur der Sache nach eine Schmä= lerung des Weiderechts mit sich bringt und daher zu den vom Eigenthümer nicht vorzunehmenden, die Servitut benachtheiligenden Handlungen gehört —

— Gerber, Deutsches Privatrecht § 145 —
eines zuvorigen Beweises nicht, indem der Beklagte es
ausdrücklich zugestanden hat, daß er im Jahre 1850 auf
seiner Hauswiese Torf habe stechen lassen.

Das vorstehende Erkenntniß wurde vom Oberappellations=
gerichte unter Verwerfung des vom Beklagten dagegen er=
griffenen Rechtsmittels der Restitution durch den Bescheid
vom 30. Aug. 1855 bestätigt, und in dessen Gründen noch
Folgendes bemerkt:

Es ist schon (in den Gründen) des vorigen Erkenntnisses
hervorgehoben worden, daß Servituten der hier fraglichen
Art auch dann, wenn die Ausübung derselben sich auf
mehrere — verschiedenen Eigenthümern gehörige — Grund=
stücke erstreckt, in Bezug auf das praedium dominans als
Eine Berechtigung aufgefaßt werden. Der Einwand, daß
die hiefür angeführten Gesetzesstellen nur von Wegege=
rechtigkeiten und der Wasserleitungsservitut sprechen, ist
unstichhaltig, da es überhaupt nicht auf die von den
Römischen Juristen gewählten Beispiele ankommt, sondern
vielmehr die Consequenz die gleiche Entscheidung in allen
Fällen erfordert, in welchen die Servitut ihrem reellen
Inhalte nach (ohne Rücksicht auf eine etwanige Theilung
des Eigenthums) ein bestimmtes Stück der Erdoberfläche
als ununterbrochenes Ganzes zum Objecte hat, und that=
sächlich nur an diesem, als solchem, zur Ausübung gelangt.
Allerdings vollzieht sich der Erwerb einer solchen Servitut
immer nur einzeln den einzelnen Eigenthümern von Ab=
schnitten der gesammten dienenden Fläche gegenüber. Allein
wo die Zuständigkeit des Rechtes aus der fortgesetzten
Ausübung hergeleitet wird, ist nur der Nachweis erforderlich,
daß die Letztere an den sämmtlichen dienenden Grund=
stücken, als an einem Ganzen, Statt gefunden habe,
indem dadurch die Servitut zugleich jedem einzelnen Eigen=
thümer gegenüber zur Ausübung gelangt. Demgemäß
brauchte der Kläger zur Begründung seiner Weidegerechtig=
keit an des Beklagten Wiese nicht zu behaupten, daß er

7*

und seine Vorgänger jedes Jahr speciell diese Wiese behütet haben, sondern es genügte schon, wenn er sich darauf berief, daß die in der Klage näher bezeichnete Wiesenfläche, von welcher des Beklagten Wiese einen Abschnitt bildet, seit undenklicher Zeit als ein Ganzes behütet worden sei.

---

38. Ueber das jus compascolationis reciprocum. Verhältniß des possessorium zum petitorium.
Ge 40⅟₁₁₁. Strel.

In den nachstehenden Entscheidungsgründen des Erkenntnisses vom 16. Mai 1863 ist eine für das Verständniß der Rechtsausführungen genügende Darstellung der thatsächlichen Voraussetzungen des Rechtsstreits gegeben. Es mag daher hier nur noch bemerkt werden, daß das Oberappellationsgericht die in erster Instanz erkannte Abweisung der Klage in angebrachter Art wieder aufhob und dahin entschied, daß

1. das dem F. er Bauhofe auf dem F. er Stadtfelde zustehende Weiderecht, so weit das Verhältniß zum Beklagten in Frage stehe, als eine auf gesammten Bauäckern lastende Servitut anerkannt werde, Beklagter könne und wolle denn binnen drei Wochen, (Gegenbeweis vorbehältlich, rechtlicher Art nach darthun: daß die zwischen den städtischen Ackerbesitzern und dem Bauhofsbesitzer auf den Stadt- und Bauhofsfeldern ausgeübten reciproken Weidegerechtsame auf einer bis zum Widerrufe von der einen oder anderen Seite ertheilten Concession beruhen.

II. Was die angefochtene Besaamung der im Mittelfelde belegenen, zusammen 3709 ☐Ruthen enthaltenden Ackerstücke Nr. 322 und 326 des städtischen Katasters, so wie des zum L. schen Felde gehörigen Ackerstücks Nr 327 von 1006 ☐Ruthen betreffe, so habe Kläger binnen drei Wochen, reprobatione salva, zu erweisen:

1. daß die Weide auf dem Bauhofsacker und der Feldmark der Stadt J., soweit darauf dem Bauhofe die Mithut zustehe, mit Einschluß des Stadtforstes und bei Berücksichtigung der Buschweide, sowie in der Voraussetzung, daß gesammte Aderstücke den im Art. 42 der F. er Baugewerks-Ordnung vom 11. September 1790 bestimmten Grundsätzen der Dreifelder-Eintheilung gemäß bestellt werden — ohne die städtischer Seits angelegten Schonungen und die dadurch von der Weide etwa abgeschnittenen Stücke — zur Ernährung der bestehenden städtischen Schaafheerden und von 500, eventualiter 700 Stück Schaafen des Bauhofes zu offenen Zeiten, oder doch in der Zeit von Bestellung der Sommersaat bis zur Ernte unzulänglich sei; ferner:

2. wie groß die Stückzahl der jetzigen städtischen Schaafheerden sei; und

3. daß für die gedachten Heerden die Weide auf den bezeichneten Nr. 322, 326 und 327 unter der sub 1 erwähnten Voraussetzung Werth habe; sowie, wenn der Beweis ad 1 nur die Unzulänglichkeit der Weide für 700 Schaafe außer den städtischen Heerden ergeben sollte,

4. daß Kläger mit dem auf seinem Bauhofe zu erzielenden Futter 700 Schaafe durchwintern könne.

Führe Kläger diese Beweise, so sei ihm die Weide auf den bezüglichen Aderstücken wieder zu restituiren. Im Uebrigen ergehe nach absolvirtem Beweis- und Gegenbeweisverfahren sowohl in der Hauptsache, als wegen der Kosten der ersten Instanz weiter was Rechtens.

Gründe.

1. Die Klage hat zu ihrer Grundlage das Recht des Klägers, als Besitzer des F. er Bauhofes, gesammte städtische Aderstücke mit den Schaafheerden des Bauhofes zu offenen

Zeiten zu beweiten, unt resp. ten Quasibesitz dieser Gerechtigkeit. Das Mithutrecht der städtischen Einwohner auf dem städtischen und dem Bauhofs-Felde ist unbestritten, so daß ein jus compascualionis reciprocum auf dem zur Stadtfeldmark und zum Bauhofe gehörigen Ackerlande behauptet wird. Anscheinend befindet sich der größte Theil des städtischen Ackers in den Händen der Ackerbau treibenden Einwohner, und mit diesen besteht keine Differenz, Prozeßgegner ist allein der Magistrat, als Vertreter des Stadtvermögens, in welches mehrere Aecker durch Kauf übergegangen sind. In dem gegenwärtigen Prozesse kann also auch nur dem Magistrate gegenüber das Verhältniß endlich festgestellt werden.

2. Die nächste Veranlassung zu dem Streite gab die Zuschlagung der von der Stadt angekauften Ackerstücke Nr. 322 und 326 des städtischen Katasters zum dortigen Forste. Der Magistrat hatte dieselben mit Kienen besäumen lassen, und dem Kläger davon unterm 22. Mai 1857 mit dem Ersuchen die Anzeige gemacht, seinen Hirten dahin zu instruiren, daß er die bezeichneten, in Schonung gelegten Ackerstücke fortan nicht hüte. Als der Kläger dennoch die Hut ausüben ließ, ward er durch das, auf Recurs bestätigte Conclusum des Magistrats vom 30. September 1857 wegen Weidefrevels condemnirt, binnen vierzehn Tagen eine Strafe von 60 -f einzubezahlen, oder binnen gleicher Frist den Nachweis zu erbringen, daß er wegen seines vermeintlichen Rechtes den Rechtsweg gegen den Magistrat beschritten habe. Dieses Vorfalles halber wird petitorisch auf richterliche Anerkennung des Weiderechtes an Nr. 322 und 326 c. a. geklagt.

Ferner veranlaßte die theilweise Ansaamung des vom Beklagten angekauften Nr. 327 mit Kienen eine gleiche Klage, und die auf Schutz im Quasibesitze der Weide auf diesem Terrain, und endlich wird, mit Bezug darauf, daß der Beklagte die Existenz des vom Kläger beanspruchten Weiderechts ganz bestreite, das Petitum hinzugefügt,

demselben die Störung des klägerischen Quasibesitzes der
Weidegerechtigkeit an der städtischen Feldmark zu verbieten,
und die Anerkennung dieses Rechtes selbst aufzugeben.

3. Das letzte Petitum generalisirt Dasjenige, was schon in
Anwendung auf die Parcelen 322, 326 und 327 festzustellen
ist, da das Recht, hier zu hüten, ganz allein aus der,
sämmtliche Ackerstücke der Feldmark ergreifenden Berechtigung
hergeleitet wird, und so hierüber immer zunächst zu ent=
scheiden ist. Das Judicat hat natürlich nur inter partes
Wirkung, und auf diejenigen Felder Bezug, welche die
Stadt innerhalb ihrer Mark besitzt.

Das Petitorium absorbirt aber im vorliegenden Falle
das Possessorium vollständig. Denn wenn auch das
Canonische Recht eine Verbindung des interdictum uti
possidetis mit der Vindication zur gleichzeitigen Verhandlung
erlaubt, so ist doch wesentliche Voraussetzung, daß die
Decision über die Proprietät, falls der Kläger als Besitzer
anerkannt wird, zurückgestellt werden kann.

Vergl. Heffter, System des Civilprocesses, § 128
der zweiten Aufl.

Wetzell, System des ordentlichen Civilprocesses
§ 64 Seite 801 ff. der 2. Ausg.

Hier steht es anders. Denn das Interdict ist mit der
actio confessoria dergestalt cumulirt, daß eine Decision
über letztere, wie es sich auch mit dem Quasibesitze verhält,
stets nöthig bleibt, und da die Entscheidung über das
Dasein der Servitut den Rechtsbestand definitiv ordnet,
so kann daneben nicht noch das Interdict in Frage kommen,
indem der Kläger durch dasselbe nicht mehr, als im Wege
des Petitoriums, erlangt, und anderer Seits, wenn ihm
die Servitut abgesprochen, also die Freiheit des Eigen=
thums anerkannt wird, keinen Anspruch auf Schutz im
Besitze behält.

Vergl. Seuffert, Archiv Bd. 5 Nr. 66.

Interimistische Verfügungen aber stehen hier nicht zur
Frage.

Ist dem zufolge von dem Possessorium ganz abzusehen, so hat sich die Untersuchung auf die Existenz des vom Kläger geltend gemachten Rechtes und die dieserhalb vorgeschützten Einreden zu beschränken, und eventualiter ist in Bezug auf die Ackerstücke 322, 326 und 327 noch zu erörtern, ob deren Ansaamung eine Verletzung des klägerischen Rechts enthält.

4. Kläger stützt den Rechtserwerb auf außerordentliche Ersitzung von 30 Jahren, eventualiter auf Rechtsausübung seit unvordenklicher Zeit, und es leidet keinen Zweifel, daß die Servitut so entstehen kann. Auch sind die thatsächlichen Behauptungen genügend, indem Kläger anführt, daß die Besitzer des Bauhofes die nicht bestellten städtischen Ackerstücke weit über Menschengedenken hinaus, jedenfalls aber ununterbrochen 30 Jahre vor dem in rat. 2 angegebenen Vorfalle des Jahres 1857, mit ihren Schaafheerden behütet hätten, er auch dieses noch jetzt in der Ueberzeugung seiner Berechtigung täglich thue, wenn nicht Naturereignisse das Hinaustreiben des Viehes verbieten.

Nur von den Ackerstücken der Feldmark redet die Klage, und wenn freilich die Replik mit der Behauptung des Weiderechts gegen die städtische Feldmark beginnt, so fügt sie doch die Erläuterung hinzu: d. h. gegen sämmtliche zum Ackerbau bestimmte, zu Stadtrecht liegende Flächen, und ergänzt Letzteres noch durch Aeußerungen, wonach das Weiderecht auch auf den niemals bebauten Aeckern geübt wird, und es sich hier nicht um Sachen der Stadt, sondern um Acker im Privatbesitze der Stadteinwohner handelt. Die allgemeineren Ausdrücke in dem Klagegesuche und der Appellations-Rechtfertigung sind hienach zu deuten, so daß die Servitut an allen solchen Realitäten, welche zu den Aeckern zu rechnen und von Privaten besessen sind, den Streitgegenstand bildet, namentlich also Wiesen, Brüche, Hölzungen und Stadtfreiheiten von dem eingeleiteten Processe ausbeschieden sind.

5. Beklagter leugnet, daß die Besitzer des Bauhofes die

geuannte Zeit hindurch die städtischen Ackerstücke haben
bearbeiten lassen. Er leugnet dieses, weil einige der letzteren
1813, 1826 und in späteren Jahren angesäamt worden,
oder sich selbst besäamt haben, und daher nicht hätten be=
hütet werden können. Implicite ist hiemit zugestanden,
daß, soweit nicht durch diese Vorfälle die Hütung ausge=
schlossen worden, solche in dem behaupteten Umfange und
Zeitraum Statt gefunden hat. Die nachgegebene oder
geduldete Herausnahme kleiner Parcelen aus dem großen
Weideraume ist aber für die Frage, ob die Servitut an
der ganzen übrigen Realität durch Verjährung erworben
worden, ohne alle Erheblichkeit. Auch geht aus dem, was
Beklagter darüber vorgetragen, wie sich im Laufe der Zeit
das Sachverhältniß so gestaltet habe, daß gegenwärtig
zwischen den F. er Ackerbesitzern einer Seits und dem Bau=
hofsbesitzer anderer Seits reciproke Weidegerechtsame an der
städtischen Feldmark und dem Bauhofsacker bestehen, mit
Sicherheit hervor, daß Beklagter bei jenem Leugnen nicht
die Zeitdauer allgemein im Auge hatte, sondern nur die
Ungenauigkeit hinsichtlich der angesäanten Flächen hervor=
heben wollte, wie er denn auch in der Vernehmlassung auf
die 1860 erhobene Klage selbst angeführt hat, daß dem
Bauhofsbesitzer von den städtischen Ackerbesitzern die Mithut
auf ihren Ackerstücken eingeräumt sei, und jener dagegen
ihnen die Mithut auf den Bauhofsfeldern gewährt habe.
Noch mehrere Bestätigung erhält dies durch die Anerkennung,
welche die libellirten Weidebefugnisse in den aus Anlaß
neuer Ansäamungen vom Beklagten an den Kläger er=
gangenen Zuschriften gefunden haben.

Wenn Beklagter dennoch die Existenz einer Servitut in
Abrede nimmt, so bezieht er sich hiefür theils darauf, daß
die gegenseitigen Weiderechte der städtischen Ackerbesitzer,
zu denen Kläger mit gehöre, nur als Nutzungsbefugnisse
an dem sogenannten Almendengute der Commüne aufgefaßt
werden dürften, theils darauf, daß der städtische Acker mit
den Bauhofsfeldern im Gemenge liege, und daher die

Präsumtion für ein prekäres Verhältniß streite. Allein
Ersteres ist ganz unzutreffend, weil hier weder von Ge=
meindegründen die Rede ist, noch Kläger, als Bauhofs=
besitzer, zu den Gliedern der städtischen Gemeinde gehört,
und was das Andere betrifft, so ist zwar, wo eine reciproke
Weidebefugniß aus der untermischten Lage der Ländereien
hervorgegangen, mitunter die Präsumtion für ein bloßes
Precarium aufgestellt worden. Aber mit Recht verwirft
die gemeine Meinung solche Vermuthung. Denn wenn
die Nothwendigkeit und der eigene Vortheil zu wechsel=
seitigen Concessionen drängt, so ist eine rein nachbarliche
Gefälligkeit nicht zu erblicken, und hat man, zumal wenn
sich zwei verschiedene Ortschaften solche Concession ertheilen,
anzunehmen, daß sie, so lange die Felder im Gemenge
bleiben, gelten soll. Hier ist die langjährige ununterbrochene
Uebung und das Bestehen der beiderseitigen Gerechtsame
außer Zweifel, und die Behauptung des Beklagten, daß
dieselben auf einem Precarium beruhen, kann nicht veran=
lassen, vom Kläger noch den Beweis der Dienstbarkeit zu
verlangen. Vielmehr hat Beklagter sein Vorbringen, welches
nur dahin verstanden werden kann, daß das Verhältniß als
ein jedem Theile beliebig widerrufliches constituirt worden,
wahr zu machen,und dazu ist er zu lassen.
Vergl. H o l z s ch u b e r, Theorie Br. 2 Abth. 1 Seite 278,
zu 14, und die dortigen Citate.

6. —— ·— —— ··· — Daß das Recht nicht zu Stadtbuch
versichert ist, relevirt nicht. Denn es bedürfen die vor
Publication der Stadtbuch=Ordnung vom 6. Januar 1830
entstandenen Realservituten nach § 78 dieses Gesetzes und
§ 11 nr. 2 der revidirten Stadtbuch=Ordnung vom 21.
December 1857 der Eintragung in die zweite Rubrik des
Stadtbuches nicht, und außerdem besteht kein Buch, in
welches die auf einer ganzen Stadtflur lastenden Dienst=
barkeiten eingeschrieben werden könnten, womit die Unan=
wendbarkeit der Stadtbuch=Ordnung auf das vorliegende
Verhältniß von selbst entschieden ist.

7. Daß die Servitut hinsichtlich der Bauäcker aufhöre, sobald dieselben nicht mehr zum Ackerbau benutzt werden, folgt eben so wenig aus den Verhältnissen, als daraus, daß in früherer Zeit einige Male ohne Widerspruch der Interessenten, oder gar mit ihrer Zustimmung einzelne Parcelen in Schonung gelegt worden. Dabei kann die Entbehrlichkeit derselben leitend gewesen sein, und, daß jemals eines klägerischer Seits erhobenen Widerspruchs ungeachtet mit Ansaamungen vorgeschritten sei, wird vom Beklagten nicht einmal behauptet. Seine allgemeine Aeußerung, daß die Ackerbesitzer seit undenklicher Zeit solche Freiheit gehabt, ist daher nicht genügend substantiirt.

Desgleichen hängt das klägerische Weiderecht nicht davon ab, ob der Besitzer des einen oder anderen Stückes die Mithut ausübt, und ist es in Behalt der Baugewerks= Ordnung nicht einmal wahr, daß beim Uebergange einzelner Aecker an die Stadtkämmerei die Zahl des städtischer Seits auf die Weide gebrachten Viehes sich nothwendig mindere.

Gleich unbeachtlich ist das Gesuch um Restitution gegen die Verjährung, weil es sich hier nur um Ländereien, die im Eigenthume von Privalpersonen stehen oder gewesen sind, handelt, und die Kämmerei die beim Ankaufe darauf ruhenden Lasten anzuerkennen hat, wie sehr auch ein Anderes im Interesse der Stadt liegen mag.

8. Was nun speciell die in lite befangenen Besaamungen der Nr. 322, 326 und 327 anlangt, so ist der Bauhofs= besitzer als solcher nicht dem Magistrate unterworfen, und können ihm durch Rath= und Bürgerschluß keine Rechte entzogen oder geschmälert werden. Es ist daher irrelevant, daß die Ansaamungen auf solchen Beschlüssen beruhen.

Wenn ferner Kläger nicht so viel zur Weide liegen läßt, als ordnungsmäßig geschehen müßte, so werden dadurch Repressalien nicht gerechtfertigt, sondern kann städtischer Seits nur auf Abstellung der Ordnungswidrigkeit gedrungen werden.

9. Dagegen ist es richtig, daß die Servitut mit möglichster

Schonung der Rechte des Grundeigenthümers ausgeübt
werden muß. So gewiß sich nun auch der Berechtigte
nicht gefallen zu lassen hat, daß der bisher freie Hütungs-
platz ganz in Forst umgewandelt werde, weil ihm dadurch,
wenigstens auf längere Zeit, die Hütung unmöglich gemacht
wird, so gewiß darf er anderer Seits das belastete Revier
nicht weiter, als es für das Bedürfniß des herrschenden
Gutes nothwendig ist, beschränken wollen, und der Einhegung eines kleinen Theils der großen hutbelasteten Fläche
nicht anders Widerspruch entgegensetzen, als wenn ihm
dadurch die Befriedigung eines Bedürfnisses verkümmert
wird.

Pfeiffer in der Zeitschrift für Deutsches Recht
Bd. 13 Abhdlg. VI, insbesondere Seite
177 ff. und 202 nr. II.

Denn nicht schlechthin wird wegen der Servitut dem
Grundbesitzer die anderweitige Benutzung eines Theils
beträchtlicher Weideflächen untersagt, sie muß nur in so weit
zurücktreten, als sie mit dem berechtigten Interesse des
herrschenden Gutes collidirt, und hat Solches daher Kläger,
welcher die angelegte Schonung nicht dulden will, im
Streitfalle darzutbun.

10. Kläger hat nun nicht allein behauptet, daß sein Bedürfniß die fernere Behütung der im Mittelfelde belegenen
zusammen 3709 ☐Ruthen enthaltenden, Nr. 323 und 326
und des im L.'schen Felde liegenden Nr. 327 von 1006
☐Ruthen erheische, sondern sich auch auf die Dürftigkeit
der F. er Feldweide überhaupt, und insonderheit in der
Zeit von Bestellung der Sommersaat bis zur Ernte hin,
bezogen, und daneben geltend gemacht, daß die angesaamten
Nr. 322 und 326 große Flächen, namentlich das dem Bäcker
S. gehörige Ackerstück von 4055 ☐Ruthen, zur wesentlichen
Erschwerung der Beweidung desselben und Verkümmerung
des Triftrechts, von der Verbindung mit dem Ackerlande
abschlössen. Ferner fehlt es nicht an einer eingehenden
Verbreitung über die bestehenden Verhältnisse, und wird

die Zahl der diversen städtischen Heerden und der Bauhofs-
heerden mit Einschluß der Lämmer zu 2600 angegeben.
Somit hat Kläger vorläufig genug gethan, und demjenigen,
was die hiesige Entscheidung vom 8. April 1861 vermißte,
so abgeholfen, daß der Richter um so weniger Grund hat,
seine Darlegungen als ungenügend zurückzuweisen, als die
Beurtheilung der Frage, ob das verneinte Bedürfniß existirt, ein Erachten Sachverständiger erfordert.

Beklagter räumt zwar ein, daß die Feldweide im Allgemeinen, und besonders in der Zeit von Bestellung der
Sommersaat bis zur Ernte, schlecht sei, weist aber auf
die desto bessere Buschweide und den Stadtforst hin, und
bestreitet im Uebrigen — abgesehen von der Größe der
fraglichen Parcelen — die Richtigkeit der klägerischen Darstellung. Ueber die Zahl der weidenden Schaafe erklärt
er sich, mit Verschweigung der Anzahl der Stadtschaafe,
ignorando, weil er nicht weiß, wie viele Kläger hält, und
übergeht demnächst den Punct, nachdem letzterer hierauf
in der Replik geantwortet, daß er 700 Schaafe habe.

Außerdem beruft Beklagter sich ausdrücklich auf die
Werthlosigkeit der fraglichen Flächen für die Weide, und
macht bemerklich, daß Weide genug vorhanden sei, wenn
Kläger, mit Beobachtung der Principien der Dreifelder-
Wirthschaft, Brache halte, und nicht mehr Vieh, a s er
mit dem auf der Bauhofsbesitzung erzielten Futter durch-
wintern könne, hinaustreibe, wie städtischer Seits dieses
Maaß voll eingehalten werde.

11. Daß nun die Thierzahl, für welche Kläger die Mitbut
in Anspruch nehmen darf, nach dem auf dem Bauhofe zu
gewinnenden Winterfutter zu ermessen ist, leidet keinen
Zweifel, und da Beklagter 500 für die dem Hofe entsprechende Zahl hält, so ist bei Erwägung der Ausreichlichkeit der Weide zum Grunde zu legen, daß letztere den
städtischen Heerden, deren zeitiger Bestand das gebührende
Maß nach eigener Versicherung des Beklagten nicht über-
schreitet, und 500 Schaafen des Bauhofes dienen soll,

110

falls Kläger nicht beweist, daß der Bauhof bis zu 700 durch den Winter bringen kann. Seine Behauptung, daß schon seit dem Anfange des gegenwärtigen Jahrhunderts, oder seit undenklicher Zeit, auf seinem Besitze gegen 700 Schaafe gehalten worden, ist nicht geeignet, ihn von jenem Beweise zu befreien, weil die Servitut nicht für eine, der Zahl nach gemessene Heerde erworben ist, und der hut=pflichtige Eigenthümer eine ihm bisher unschädliche Nachsicht üben konnte, ohne dadurch einem Rechtsverluste ausgesetzt zu werden.

Natürlich hat Kläger auch den jetzigen Bestand der städtischen Heerden der noch nicht feststehenden Zahl nach darzuthun, weil sie zur Grundlage des nöthigen Gutachtens wesentlich dient.

Ferner kommt zwar darauf nichts an, wieviel von den Ackerbesitzern in einzelnen Jahren zur Weide hergegeben wurde, und eben so wenig kann verlangt werden, daß Kläger verhältnißmäßig gleichviel liegen lasse. Aber, was die beiderseitigen Interessenten von ihrem Acker ordnungsmäßig unbebauet zu lassen verpflichtet sind, gehört zu den Weide=flächen, auf deren Benutzung Kläger mit angewiesen ist, und ist daher für die Frage, wie viele Schaafe sich auf dem ganzen Weidereviere ernähren können, mit in Betracht zu ziehen. Das Stadt= und Bauhofsfeld ist in drei Schläge getheilt, von denen, Inhalts des Art. 42 der Bauzunft=Ordnung vom 11. September 1780 zwei alljährlich mit Roggen resp. Sommergetraide besäet werden dürfen, während die Besommerung des dritten nur vorn, also nicht ganz zur Hälfte, erlaubt ist. Es muß also von den beider=seitigen Bauäckern des dritten Feldes über die Hälfte brach liegen.

12. Nach diesen Erwägungen und in Berücksichtigung des sonst Vorgebrachten sind die dem Kläger obliegenden Be=weise formulirt, bei deren Führung Beklagter schuldig ist die betreffenden Parcelen dem Kläger wiederum zur Mithut freizugeben, wogegen das weitere Petitum, zu erkennen,

daß die wider den Kläger wegen Weidefrevels ergangene
Forststraffenlenz nicht zu Recht bestehe, nicht Statt findet,
weil dem Prozeßgerichte hierüber keine Cognition zusteht.
Wenn nun auch dem Beklagten in Gemäßheit obiger rat.
5 der Beweis nachzulassen ist, daß die zwischen den städti=
schen Aderbesitzern und dem Bauhofsbesitzer auf den Stadt=
und Bauhofsfeldern ausgeübten reciproten Weidegerechtsame
auf einer bis zum Widerrufe von der einen oder anderen
Seite ertheilten Concession beruhen, so hat doch solcher
Beweis auf das Erkenntniß über den Streitpunct, ob Be=
klagter dem Kläger die Weide auf Nr. 322, 326 und 327
nehmen oder beeinträchtigen dürfe, zur Zeit keinen Einfluß,
weil der Widerruf, wenn er in Betracht kommen soll, das
Verhältniß rücksichtlich aller Theilnehmer aufheben muß,
und daher nicht vom Beklagten allein geschehen kann. Durch
den Beweis wird nur die Statthaftigkeit der Auflösung des
bestehenden Verhältnisses durch einseitigen Widerruf Seitens
der Gesammtheit der städtischen Aderbesitzer constatirt, so daß
erst beim Eintritte dieses Falles dem Weiderechte des Klägers
auf den der Stadt gehörigen Flächen ein Ende gemacht ist.

Auf das vom Beklagten zur Hand genommene Rechtsmittel
der Restitution erfolgte eine bestätigende Sentenz vom 27. Juni
1864, aus deren Gründen noch Folgendes hervorzuheben ist.
1. — — — —
2. — — — ·· — Allerdings präsumirte die ältere ge=
meinrechtliche Doctrin bei gegenseitiger Hütung, auch wenn
sie seit langen Jahren bestanden, für ein precarium. In=
dessen schon zu Anfang des vorigen Jahrhunderts wandte
sich eine immer größere Zahl angesehener Rechtslehrer, und
mit ihnen auch die Praxis der entgegengesetzten Ansicht zu:
Vergl. Emminghaus, ad Cocceji jus controversum,
VIII. 3. qu. 2 n. o.
Balth. a Wernher, select. observ. forenses II pars
6 observ. 356 und supplem.
dazu, und pars 8 observ. 358,
Mevius decis., decis. 261.

112

In noch späterer Zeit, und besonders seit der Schrift von
Joh. Ludw. Eckhardt (Franc. Gul. Friederici) an
de!ur compascuum ex prac-
sumt., quod sit familiaritas.
Jen. 1784,

pflegte man, je nach Beschaffenheit der Fälle, zu unter=
scheiden, ob die Mehreren auf dem Grundstücke eines Dritten
gemeinsame Hütung haben, oder aber die zu behütenden
Grundstücke den Berechtigten selbst gehören; im letzteren
Falle sollte nur bei besonderen Gründen für eine Servitut
präsumirt werden. Als einen solchen besonderen Grund
führt der gedachte Schriftsteller, § 16, die compascua uni-
versitatis an, quae ob agros commixtos naturam mutuae
servitutis facile induere possunt. Dieser Fall liegt hier
vor, da kein Streit darüber ist, daß die Bauhofsäcker und
die städtischen mit einander im Gemenge liegen. Indessen
gehen die neueren Schriftsteller noch weiter. Nach Kind,
quaest. forens., ed. I,tom. III cap. 38, trifft Denjenigen,
welcher sich compascni revocandi causa auf eine precaria
concessio beruft, die Beweislast, und haben damit die
meisten Neueren sich einverstanden erklärt.

Eichhorn, Einleitung in das deutsche Privatrecht § 179,
Walter, System des Deutschen Privatrechts § 135, VI.

Die Thatsache langjähriger Uebung der Koppelhut läßt
Beklagter auch jetzt noch unbestritten.

———

**39. Vereinbarte zeitliche Beschränkungen der Kün-
digungsbefugniß des Gläubigers werden in das
Hypothekenbuch nicht eingetragen.**

Di 372/₁₈₆₇.

Beim Verkaufe eines Rittergutes war bedungen, daß die
nach 75000 Thlr. an letzter Stelle auf den eigenen Namen
des Verkäufers eingetragenen fünf Capitalien von je 5000 Thlr.
während der nächsten zehn Jahre vom Gläubiger gar nicht
und später nur so gekündigt werden können, daß jährlich nur
einer von diesen Posten zurückzuzahlen sei. Hinterher verlangte der Käufer, um auch einem Cessionar gegenüber sicher
zu sein, daß diese Nebenberedung im Hypothekenbuche vermerkt
werde und erhob, da der Verkäufer sich hierauf nicht einlassen
wolle, gegen denselben Klage, wurde jedoch, sofort angebrachter Maßen abgewiesen. Das Oberappellationsgericht
bestätigte diese Entscheidung durch einen Erlaß vom 20. Mai 1867.

Denn zur Eintragung in das Hypothekenbuch eines ritterschaftlichen Gutes eignen sich überall nur solche Privat-
vereinbarungen, welche Bezug haben auf die Bestellung,
Uebertragung oder Tilgung des constituirten dinglichen
Rechts; Vormerkungen können also in demselben nur in
so weit einen Platz finden, als sie den Gläubiger oder
Schuldner in der Befugniß beschränken sollen, Veränderungen
in den rechtlichen Beziehungen des Grundstücks oder des
intabulirten Rechts zum Hypothekenbuche vorzunehmen.
Beredungen, welche das Intabulat selbst und dessen Geltendmachung betreffen, gehören der Urkunde an, welche der
Intabulation untergelegt wird, und sichern, wenn sie in diese
aufgenommen sind, den durch eine solche Beschränkung
Berechtigten und dessen Rechtsnachfolger vollkommen gegen den
ursprünglichen und gegen den späteren Inhaber des Intabulats.
Vergl. Tschierpe, Erörterungen zur revidirten Hypo-
theken-Ordnung vom 18. October
1848 S. 86, 175.

Diejenige Beschränkung, deren Notirung im Hypothekenbuche der Querulant mittels seiner jetzigen Klage erwirken

Entsch. d. O. A. Ger. VI. 8

will, betrifft nun nicht die Uebertragbarkeit der fol. 37, 38,
39, 40 und 41 in das H'er Hypothekenbuch eingetragenen
Forderungen, sondern die Geltendmachung derselben auf
dem Wege der Klage, indem der Gläubiger auf eine Kündigung während einer Reihe von Jahren verzichtet hat;
sollte letzterer deshalb zum Zwecke mehrerer Sicherung des
Querulanten noch zu einer besonderen Thätigkeit in dieser
Beziehung überall verpflichtet sein, so könnte dieselbe doch
nie dahin gerichtet sein, daß derselbe eine Vormerkung
dieserwegen bei der Hypothekenbehörde zu beantragen habe,
und erscheint demnach das hierauf gerichtete Klagegesuch
eben so unzulässig, als des Querulanten weiterer Antrag,
in diesem Betreff ein Inhibitorium an die gedachte Behörde zu erlassen.

---

40. Ueber das Recht der Wildfolge.
Pe 52/₁₀₀, Strel.

Ein von dem Gutsbesitzer P. in seinem Revier ange-
hetzter Rehbock wurde von dem nachsetzenden Windhunde erst
jenseits der Grenze auf dem Gebiete des Gutsbesitzers X. er-
griffen und dort von dem der Spur des Wildes folgenden
Jäger aufgenommen. Auf die Klage des X. wurde dem
Antrage desselben gemäß nach verhandelter Sache P. verurtheilt den Bock herauszugeben oder dessen Taxwerth zu
bezahlen und sich fortan der Wildfolge in das klägerische
Revier bei Hetzjagten auf Rehe zur Vermeidung einer namhaften Geldstrafe zu enthalten. Das Oberappellationsgericht
bestätigte diese Entscheidung durch den Appellationsbescheid
vom 2. Mai 1867.

Gründe.

Das in Mecklenburg unter dem Namen des Jägerrecht
bekannte Recht der Wildfolge (sequela venatoria), dessen

älteste Spuren bis in die Zeit der Volksrechte zurückreichen,

L. Salica tit. 36 cap. 5, 6,

Ll. Rotharis Longob. cap. 317, 319,

 Stieglitz, Geschichtliche Darstellung der Eigen-
thumsverhältnisse an Wild und Jagd,
Seite 27,

besteht im Allgemeinen in der Befugniß des Jagdberechtigten
die im eigenen Reviere begonnene Occupation eines jagdbaren Thieres über die Grenze hinaus fortzusetzen, wobei
er jedoch in dem fremden Reviere sich darauf beschränken
muß, der Spur des Wildes nachzugehen, um dasselbe,
wenn es in Folge der bereits vorgenommenen Occupations-
handlungen in seine Gewalt fällt, aufzunehmen.

 Eichhorn, Deutsches Privatrecht § 285.

Der einfachste Fall ist der, daß das verfolgte Wild den
im Reviere des nachfolgenden Jägers bereits erhaltenen
Wunden erliegt und von demselben, bereits verendet,
sofort aufgefunden wird. Nach der strengeren Ansicht findet
das Recht der Wildfolge überhaupt nur in diesem einen
Falle Statt,

 Runde, Deutsches Privatrecht § 159 b.

Schilling, Lehrbuch des Forst- und Jagdrechts § 206;
es wird jedoch meistens angenommen, daß der dem schwei-
ßenden Thiere nachsetzende Jäger sich dasselbe auch dann
aneignen dürfe, wenn es lebend in seine Hände fällt,
vorausgesetzt, daß er auf dem fremden Reviere von seinen
Schießwaffen keinen Gebrauch macht.

 Pufendorf, Observationes juris universi, tom
III. observ. 192.

 Bülow und Hagemann, Practische Erörterungen,
Bd. I. Seite 92 ff.

An welche Voraussetzungen die Ausübung der Wildfolge
bei der mit Windhunden exercirten Hetzjagd gebunden sei,
ist in der gemeinrechtlichen Doctrin und Praxis streitig.
Während die meisten namhaften Bearbeiter des heutigen
deutschen Privatrechts dabei stehen bleiben, daß nur auf

8*

eigenem Reviere bereits verwundete Thiere über die Grenze
verfolgt werden dürfen,

    Vergl. die Lehrbücher von Gerber § 93,
          Beseler III § 196, Bluntschli § 85,
          Phillips II § 99, Gengler Seite 207,
gestatten Andere,

    Vergl. Mittermaier, § 218 ad not. 10,
das auf eigenem Gebiete blos aufgehetzte und unerreicht
über die Grenze entkommene Wild zu verfolgen, so lange
die Hunde daran bleiben. Für diese Befugniß, welche auch
in Particulargesetzen Anerkennng gefunden hat,

    Preußisches Landrecht § 131, I, 9,
    Hommel, Rhapsodia quaestionum, observ. 68.
kann die bekannte Stelle des Sachsenspiegels

    Landrecht II, 61 § 4
geltend gemacht werden, nach welcher der Jäger seinen
Hunden, die einem außerhalb des Bannforstes aufgetriebenen
Wilde nachsetzen, in den Forst folgen darf und, sofern er
die Hunde dort weder durch Blasen des Horns noch sonst
weiter antreibt, keine Buße verwirkt, wenn sie das Wild
fangen.

    Vergl. Schwäbisches Landrecht cap. 236 — der
        Laßbergischen Ausgabe —.
Nach dem Zeugnisse von Riccius
    Entwurf von der Jagdgerechtigkeit,
        cap. VIII § 1 Seite 136,
ist indessen diese Stelle in der Praxis stets nur auf
schweißend übergetretene Thiere bezogen worden, und auch
Haubold

Lehrbuch des Königl. Sächsischen Privatrechts, § 237,
redet nur von angeschossenem Wilde, wenngleich die von
ihm not. c citirten Schriftsteller zum Theil weiter gehen.

    Im Rechtssysteme stellt sich die bisher beschriebene
Wildfolge als eine auf Herkommen oder Gesetz zurückzuführende Beschränkung eines fremden Jagdrechts dar, indem
sie die Befugniß verleiht, fremdes Jagdgebiet zu betreten,

um dort eine begonnene Occupationshandlung fortzusetzen. Für das heutige gemeine Recht, dem gesetzliche Bestimmungen fehlen, läßt sich auf Grund vorstehender Erörterungen nur sagen, daß jene Befugniß uralt sei und wenigstens in ihrer geringsten Ausdehnung in der Anwendung auf verwundete Thiere anerkannt werden müsse, im Uebrigen aber deren Umfang nur aus den geschriebenen oder ungeschriebenen Quellen der einzelnen deutschen Particularrechte entnommen werden könne.

In dem auf Art. 19 der Reversalen von 1621 beruhenden einheimischen Particularrechte ist nun das Jägerrecht bei der mit Schießwaffen ausgeübten Jagd auf das geringste Maß beschränkt, bei der Hetzjagd aber dahin festgestellt, daß der Jäger den in seinem Reviere angehetzten Hasen, den seine Windhunde über die Grenze verfolgen und auf fremdem Gebiete fangen, dort aufnehmen und ungebunden in der Hand davon zu führen ermächtigt sein soll. Diese Bestimmung darf nach dem, was so eben über die Bedeutung und den Rechtsgrund der Wildfolge gesagt ist, nicht in einer über den Wortlaut hinausgehenden Weise gedeutet werden. Es fehlt aber auch sonst, wie bereits in den Entscheidungsgründen zum vorigen Urtheile überzeugend dargelegt ist, an einem zureichenden Grunde, das ausdrücklich nur für den angehetzten Hasen statuirte Jägerrecht auf alles andere Wildpret zu erstrecken. Hatten die Stände auf dem Güstrower Landtage von 1621 in ihren „Erinnerungen über den Entwurf eines Assecurationsreverses"

— Spalding I Seite 566 —

eine Anerkennung des Satzes begehrt,

> daß, wenn gehetzte Winde mit dem Thier über die Grenze liefen und fingen — — — der Jäger nach Jägerrecht durch Aufnehmung des gefangenen Thieres nicht delinquirte,

und hatten sie darauf eine den Antrag wörtlich wiederholende, zustimmende Erklärung der Landesherrschaft erhalten,

Ebendaselbst Seite 573,

so würde es, wenn dieses Jägerrecht bei allen jagdbaren
Thieren Geltung hatte und behalten sollte, kaum erklärlich
sein, wie man darauf gekommen wäre, dasselbe bei der
endgültigen Redaction der Reversalen lediglich für Hasen
zu sanctioniren. Offenbar viel näher liegend, ja fast un=
abweislich ist vielmehr die Annahme, daß das den Ständen
zu assecurirende Recht schließlich in den Reversalen selbst
den seinem wahren Inhalte genau entsprechenden präciseren
Ausdruck erhalten hat. Der § 294 des Landesgrundge=
setzlichen Erb=Vergleichs steht dem nicht entgegen, da der=
selbe ausdrücklich nur des angeschossenen Wildes gedenkt,
und überhaupt nichts Neues bestimmt, sondern nur im
Allgemeinen den angezogenen Artikel der Reversalen wieder=
holt bestätigt. Es ist mithin ganz unrichtig, wenn Kampß
— Medlenb. Civilrecht II § 72 Anm. 15. Seite 206 —
die von ihm vertheidigte extensive Interpretation auf diese
Stelle des Landesgrundgesetzlichen Erb=Vergleichs stützt.
Auch aus der hiefür außerdem citirten Instruction des
Herzogs Friedrich Franz an den Forstmeister von Both
vom 12. März 1787 (Parchimsche Gesetzsammlung IV.
Seite 171 ff.) ist kein entscheidendes Moment zu entnehmen.
Zwar verdient diese Instruction, obwohl sie, wenigstens
für den Stargardischen Kreis, die Bedeutung einer authen=
tischen Declaration nicht hat, als ein wichtiges Zeugniß
über das beiden Landestheilen gemeinsame Recht die größte
Beachtung; allein es ist darin nirgends geradezu ausge=
sprochen, daß das, was der Art. 19. cit. von Hasen sage,
schlechthin von gehetztem Wild aller Art gelte, insbesondere
kann daraus, daß eine analoge Anwendung des reversal=
mäßigen Jägerrechts auf angehetzte Trappen für statthaft
erklärt ist, kein Schluß auf Rehwild und andere größere
Thiere gemacht werden, bei denen die in der Instruction
noch besonders betonte reversalmäßige Bedingung, daß das
gefangene Thier ungebunden in der Hand fortgeführt werde,
nicht ausführbar ist. Ohnehin hat die Instruction, so
weit sie über den buchstäblichen Inhalt des Art 19 hinaus

geht, im Schwerinschen Landestheile gesetzliche Anerkennung nicht gefunden, vielmehr ist das Jägerrecht im § 2 der Verordnung vom 22. Januar 1859 wiederum ganz nach dem Wortlaute der Reversalen definirt. Weshalb die Strelitzsche Landesherrschaft sich dieser Verordnung nicht angeschlossen hat, kann hier nicht untersucht werden; jeden= falls geht aus dem, was der Appellant darüber vorgebracht hat, nicht mit Bestimmtheit hervor, daß gerade der § 2 sub 2 Anstoß gegeben hätte und mit dem wahren Sinne der Reversalen nicht übereinstimmend gefunden wäre. Die generelle Behauptung, daß die Betheiligung an dem neuen Gesetze deshalb abgelehnt sei, weil dasselbe mit einer con= stanten Praxis, die man habe conserviren wollen, nicht übereinstimme, ist ohne Erheblichkeit, so lange nichts darüber vorliegt, daß und wie diese Praxis mit der Hetzjagd auf anderes Wild, als Hasen, in Zusammenhang stehe. Darüber wären nähere Angaben um so unerläßlicher gewesen, als das gegenwärtig allein in Betracht kommende Rehwild, da es sich nur in Wäldern und deren nächster Umgebung aufzuhalten pflegt, mit Windhunden, die regelmäßig nur auf freiem Terrain eine erfolgreiche Jagd machen, wohl nur ausnahmsweise gehetzt werden wird.

---

41. Die Verpflichtung zur Erstattung des Wild-schadens Ca 1274/₁₀₀₀.

Der Besitzer einer zum Domanium gehörigen Erbpacht=stelle begehrte von der Cammer, welche im Erbpachtcontracte das Jagdrecht reservirt hatte, Erstattung des Wildschadens, der ihm durch Rehe zugefügt war, indem er behauptete, daß in dem betreffenden Jagdgebiete ein übermäßiger Rehstand gehegt werde. — Der beklagte Cammerprocurator bestritt, daß nach einheimischem Rechte eine Verpflichtung zur Erstattung des Wildschadens existire, und behauptete, daß der angebliche Schade durch Streifwild verursacht sei. Das erste Urtheil verwarf diese Einwendungen, und ward dies durch das Erkenntniß des Oberappellationsgerichts vom 13. April 1867 aus nachstehenden Gründen bestätigt.

1. Wenn der Appellant in jetziger Instanz wieder darauf zurückkommt, daß die Grundsätze des gemeinen deutschen Privatrechts nicht als ein in den einzelnen Ländern unbedingt geltendes Recht anzusehen seien und in dieser Beziehung hervorhebt, daß dasjenige Rechtsverhältniß, auf welches sich der in Frage stehende Rechtssatz bezieht, in dem betreffenden Lande vorhanden sein müsse: so ist dies ohne Zweifel als richtig zuzugestehen. Es ist indeß eine unrichtige Anwendung dieses Grundsatzes, wenn der Appellant daraus schließt, daß, wenn eine Verpflichtung des Jagdberechtigten zur Erstattung des Wildschadens auch nach gemeinem deutschen Rechte begründet sei, diese dennoch für das einheimische Recht noch besonders nachgewiesen werden müsse. Denn diese Verpflichtung ist kein selbständiges Rechtsinstitut, sondern nur eine an das Jagdrecht, wie es sich in Deutschland historisch entwickelt hat, sich knüpfende Rechtsfolge, und wenn diese Verpflichtung nach gemeinem deutschen Rechte begründet ist, so kommt es in dieser Beziehung auch nur darauf an, ob das Rechtsverhältniß, an welches sie sich knüpft, also das Jagdrecht, in Mecklenburg in derjenigen Gestalt existirt, welche dabei vorausgesetzt ist, indem es dann nicht noch eines besonderen Beweises bedarf, daß jene sich daran knüpfende Rechtsfolge durch die mecklenburgische Praxis anerkannt ist, dieselbe vielmehr ohne Weiteres auch hier als geltend angenommen werden muß, so lange nicht eine entgegenstehende Gewohnheit und Praxis nachgewiesen werden kann.

2. In Bezug auf das gemeine Recht wird nun zwar eine Verpflichtung des Jagdberechtigten zur Erstattung des Wildschadens seit dem sechszehnten Jahrhundert allgemein angenommen,

Riccius, zuverläffiger Entwurf von der in Deutsch=
land geltenden Jagdgerechtigkeit. S. 161 ff.
Runde, Grundfätze des gemeinen deutschen Privat=
rechts § 160.
v. Bülow und Hagemann, practifche Erörterungen
Bd. 3. nr. 6.
Pfeiffer, practifche Ausführungen Br. 3. nr. 5.
Schilling, Forft= und Jagdrecht § 216.

und in den neueren Lehrbüchern des deutschen Privatrechts
ebenfalls als geltend anerkannt; dagegen herrfcht hinfichtlich
der Begründung und des Umfangs diefer Verpflichtung
Streit. Dem römischen Rechte ist eine solche natürlich
fremd, weil danach das Wild herrenlos ist und von Jedem,
deffen Feld es betritt, gleichviel, ob er Eigenthümer oder
Pächter deffelben ist, getödtet werden kann. Das ältere deutsche
Recht kennt eine solche Verpflichtung ebenfalls nicht, und
fehlte es auch in Bezug auf das Landrecht an der Voraus=
fetzung dazu, weil es, fo lange das Jagdrecht unbeftritten
als ein Ausfluß des echten Eigenthums betrachtet wurde,
jedem Grundeigenthümer freiftand, das auf fein Grundftück
übertretende Wild zu tödten, und das Verhältniß des Jagd=
berechtigten zu denjenigen Perfonen, welche eine unvoll=
kommene Gewere oder nur ein Pachtrecht befaßen, dem
Gebiete der Hofrechte angehörte. Für das Landrecht konnte
daher die Frage, ob der Jagdberechtigte zur Erftattung des
Wildfchadens verpflichtet fei, erft entftehen, als in Folge
der Lehre von der Regalität der Jagd die bisherige Ver=
bindung des Jagdrechts mit dem Grundeigenthum fortfiel,
in Folge davon Jagdrechte an fremdem Grund und Boden
entftanden und dadurch eine Collifion der Interessen und
das Mißverhältniß eintrat, daß die aus einer übermäßigen
Hegung des Wildes entftehenden Nachtheile nicht den Jagd=
berechtigten, fondern andere Perfonen trafen, die weder zur
Tödtung des Wildes berechtigt, noch zu einer genügenden
Abwehr deffelben im Stande waren.

3. Wenn nun aus dem Jagdrechte unbedingt eine Verpflichtnng

des Jagdberechtigten zur Erstattung des Wildschadens nach
Analogie der Actio de pastu und der Actio legis Aquiliae
abgeleitet wurde, so muß allerdings zugestanden werden,
daß das in dem Jagdgebiet des Berechtigten befindliche
Wild sich nicht im Eigenthume desselben befindet. Indeß
erscheint der hieraus hergenommene Einwand nicht als
durchschlagend. Das ältere deutsche Recht erkennt ebenso
wie das römische eine Verpflichtung des Eigenthümers
zum Ersatze des durch seine Thiere verursachten Schadens
an,

Sachsenspiegel II, 40. 62.

und der Sachsenspiegel schreibt im letztgedachten Artikel vor,
daß, wer wilde Thiere außer dem Bannforst hegen will,
sie binnen seinen bewirkten Geweren haben soll. Bezieht
sich dieser Satz nun auch auf bereits occupirte und folglich
im Eigenthume des Besitzers befindliche Thiere und kann
daher eine gleiche Verpflichtung nicht ohne Weiteres in
Bezug auf die im Jagdgebiete umherstreifenden noch nicht
gefangenen Thiere statuirt werden, so läßt sich doch nicht
verkennen, daß der Jagdberechtigte, wenn diese Thiere auch
nicht in seinem Eigenthume stehen, in Bezug auf dieselben
doch ein ausschließliches Recht hat, welches jeden Dritten
hindert, dieselben, so lange sie sich in seinem Jagdgebiete
befinden, zu tödten oder zu verletzen, weshalb denn auch
das schwäbische Landrecht Art. 236 (ed Laßberg) sich des
Ausdrucks bedient, daß ein jeglich Wild eines Mannes mit
Recht sei, so lange es in seinem Gewalte sei und nicht aus
seinem Wildbanne komme, und daß dieses Recht andere
Personen factisch zwingt, sich durch das Wild einen Schaden
zufügen zu lassen, den sie sonst durch Tödtung des Wildes
abzuwenden berechtigt sein würden. Es läßt sich daher die
Analogie der obigen Schadensklagen mit dem Einwande,
daß das noch nicht occupirte Wild nicht im Eigenthume
des Jagdberechtigten stehe, nicht beseitigen, weil derselbe
dasjenige Recht, welches an solchen Thieren überhaupt
denkbar ist, als sein ausschließliches Recht besitzt, dies Recht

aber in Bezug auf dritte, deren Grundstücke das Wild betritt, dieselben Wirkungen äußert, wie das Eigenthumsrecht des Besitzers an zahmen oder gefangenen Thieren, und es muß daher mit Pfeiffer a. a. O. angenommen werden, daß die Verpflichtung des Jagdberechtigten zum Ersatz des Wildschadens in diesem Prohibitionsrechte begründet sei.

4. Dagegen kann es nicht für richtig gehalten werden, wenn hieraus eine unbedingte Verpflichtung des Jagdberechtigten zur Erstattung jedes Schadens gefolgert wird. Zwischen den im Eigenthum eines Menschen befindlichen zahmen oder eingefangenen Thieren und dem noch ungefangenen Wild besteht eben der Unterschied, daß das letztere frei umherstreift und von dem Jagdberechtigten nicht behütet werden kann, der Letztere also eine Beschädigung der Felder durch das Wild nur durch eine Einhegung des Forstes oder durch völlige Ausrottung des Wildes verhindern könne, das Jagdrecht aber eine Verpflichtung zu dem einen oder anderen nicht involvirt. Eine gleiche Haftpflicht des Jagdberechtigten für den Wildschaden, wie die des Eigenthümers durch die in seinem Eigenthume befindlichen Thiere kann daher nicht statuirt werden, vielmehr muß ein solcher Wildschaden, welchen der Jagdberechtigte bei ordnungsmäßiger Ausübung seines Jagdrechts nicht verhindern kann, als ein mit der Existenz wilder Thiere selbst unvermeidlich verbundener Uebelstand von denjenigen, welche er trifft, getragen werden. Der Umstand aber, daß der Jagdberechtigte die Beschädigung fremder Felder durch das in seinem Jagdgebiet umherstreifende Wild nicht hindern kann, giebt demselben um so weniger das Recht, die mit der Existenz des Wildes für die Grundbesitzer unvermeidlich verbundenen Nachtheile nach seinem Belieben zu steigern, als das Jagdrecht grade in der Befugniß, solche Thiere zu jagen und dadurch jene Nachtheile zu mindern, nicht aber in dem Rechte besteht, dieselben in einer gemeinschädlichen Weise zu hegen und durch sie fremde Felder beschädigen zu

124

laſſen. Vielmehr iſt in dieſer Beziehung ſchon der allgemeine Grundſatz entſcheidend, daß Rechte an fremden Sachen pfleglich auszuüben ſind, und es tritt daher die Verpflichtung des Jagdberechtigten zur Erſtattung des Wildſchadens ein, ſobald er durch Hegung eines übermäßigen Wildſtandes von ſeinem Jagdrechte einen ſolchen Gebrauch macht, daß daraus den zur Jagd nicht berechtigten Feldbeſitzern ein Schade erwächſt, der nicht als ein mit der Exiſtenz des Wildes unvermeidlich verbundener betrachtet werden kann. Der Satz, daß dem Rechte eine Verpflichtung zu einer dem Zwecke deſſelben entſprechenden Ausübung dieſes Rechts correſpondirt, und daß ein Gebrauch, durch den Anderen Nachtheile zugefügt werden, ein Mißbrauch des Rechts ſei, iſt dem deutſchen Rechte auch keinesweges fremd, und grade beim Jagdrecht tritt die Nothwendigkeit einer ſolchen Beſchränkung ſo ſehr hervor, daß ein ſolches Recht, wenn daſſelbe die Befugniß involvirte, den Wildſtand beliebig zu erhöhen und dadurch die damit für Andere verbundenen Nachtheile beliebig zu ſteigern, mit den Grundbegriffen des Rechts in Widerſpruch ſtehen würde. — Daß in dem Jagdrechte nicht die Befugniß zur Hegung eines übermäßigen Wildſtandes liegt, iſt auch von den Reichsgerichten wiederholt anerkannt, demnach auch von ihnen den Jagdberechtigten die Minderung des übermäßigen Wildſtandes direct aufgegeben.

vergl. Pfeiffer a. a. O. S. 98. 117.

und wie hieraus die Verbindlichkeit zur Erſtattung des dadurch verurſachten Schadens von ſelbſt folgt, ſo muß dieſelbe auch, da ſie nicht nur von der Jurisprudenz als eine im gemeinen Rechte begründete Verpflichtung hingeſtellt, ſondern auch von der reichsgerichtlichen Praxis als ſolche anerkannt ward, und zugleich einem wirklichen Bedürfniſſe des practiſchen Lebens entſpricht, als ein Satz des gemeinen deutſchen Rechts angeſehen werden.

5. Der Anwendung dieſes Satzes kann auch nicht der Einwand entgegengeſtellt werden, daß das Jagdrecht in

Mecklenburg kein Regal ist. Denn der Grund der Verpflichtung zur Erstattung des Wildschadens liegt, wie gezeigt,
in dem Prohibitionsrechte des Jagdberechtigten, und in
dem Umstande, daß das Jagdrecht die Befugniß zur Hegung
eines übermäßigen Wildstandes nicht involvirt, und es relevirt daher auch im vorliegenden Falle nicht, daß der
Kläger nicht Eigenthümer, sondern nur Erbpächter ist, weil
der jagdberechtigte Grundherr, so ferne der Erbpachtcontract
nicht ein Anderes statuirt, auch dem Erbpächter gegenüber
zur Hegung eines übermäßigen Wildstandes nicht berechtigt
ist, und der vorliegende Erbpachtcontract, wie bereits in der
sententia a qua hervorgehoben, einen Verzicht auf Erstattung des Wildschadens nicht enthält.

6. Auch die eventuelle Beschwerde des Appellanten ist
unbegründet. Denn wenn der Jagdberechtigte auch an sich
nicht verpflichtet gehalten werden kann, den durch Streifwild verursachten Schaden zu erstatten, so kann vom Kläger
doch der Beweis, daß der Schade grade durch das Stand-
wild verursacht werde, um so weniger verlangt werden, als
sich dies in vielen Fällen gar nicht ermitteln läßt, und auch
das Streifwild durch das Prohibitionsrecht des Jagdberechtigten geschützt wird. Der Einwand, daß der Schade
durch Streifwild verursacht worden, würde daher dem
Jagdberechtigten nur dann zur Seite stehen, wenn er
seinerseits nachzuweisen vermag, daß er keinen übermäßigen
Wildstand der fraglichen Art hegt. In diesem Falle würde
auch, da das Halten eines solchen zur Begründung der
Klage gehört, diese letztere wegfallen.

———

**42. Zur Geschichte des Bauernrechts im Fürsten-
thum Ratzeburg bis zur Publication der Erbfolgeordnung vom 9. October 1839. Ra 95/.... Strel.**

Aus einem vom Oberapellationsgerichte am 3. October
1867 gefällten Schiedsspruche.

1. — — — — — — —
2. Die Rechte der regulirten Hauswirthe beruhen auf dem
in den f. g. Versicherungsurkunden enthaltenen, zwischen
der Landesherrschaft und den einzelnen Hauswirthen der
regulirten Dorfschaften abgeschlossenen Vertrage, welchem
letztere nach ihrer Ansicht nicht die Erwerbung sondern
nur die bis dahin versagte Anerkennung ihres nunmehr
unbestritenen vollen Eigenthums an ihren Gehöften verdanken. Die Versicherungsurkunden
vergl. Masch, Gesetze des Fürstenthums Ratzeburg
S. 262 ff.
bestimmen nämlich sub VI gleichlautend, daß das, was
jedem Hauswirthe bei der Regulirung an Ländereien zufalle
und zugeschrieben werde nebst den zur Stelle gehörenden
Gebäuden zu ewigen Zeiten sein unwiderrufliches Eigenthum sein und bleiben solle, womit er nach Willen und
Wohlgefallen walten und schalten könne. Dabei wird jedoch
ausdrücklich bemerkt, daß 1) jede solche Baustelle untheilbar
sei, folglich von mehreren Erben immer nur Einer dieselbe
mit Zubehör bekommen könne, und die übrigen mit der
bisher gewöhnlichen Abfindung zufrieden sein müssen; 2)
bei Veräußerungen der Stellen durch Verkauf oder in sonst
rechtlich erlaubter Art dem Cammer- und Forstcollegium
das Näher- und Vorkaufsrecht verbleibe, auch in solchen
Fällen die Bestätigung des Contracts bei dieser Behörde
nachgesucht werden müsse, und, wenn sie erfolge, der Zehnte
und Zahlschilling zu entrichten sei; endlich 3) die Jagd
reservirt werde. Die hier als übrigens durchgreifende
Regel ausdrücklich anerkannte freie Dispositionsbefugniß
der Hauswirthe unterliegt also gewissen durch den Vertrag
selbst festgestellten Modificationen, deren Bedeutung und
Tragweite hier vor Allem genau zu bestimmen ist. Um
für diese Untersuchung eine sichere Grundlage zu gewinnen,
ist zunächst das Rechtsverhältniß, in welchem die Ratzeburger
Bauern vor der Regulirung zu ihren Gehöften standen,
ins Auge zu fassen und zur Vergleichung heranzuziehen.

3. Unter welcher Rechtsform bei der ersten Besiedelung des
Landes mit deutschen, namentlich westphälischen Einwan-
derern

vergl. darüber Masch, Geschichte des Bisthums
Ratzeburg § 4 S. 61

die neuen Anbauer in die ihnen angewiesenen Stellen Ange-
setzt sind, läßt sich nicht mehr mit Bestimmtheit ermitteln,
da directe urkundliche Nachweise darüber fehlen, und die
aus späterer Zeit über einzelne Rechtsacte erhaltenen Urkunden ein ausreichendes Material zur sichern Lösung der
eben aufgeworfenen Frage nicht liefern. So gewiß und
streitlos es immer gewesen ist, daß die Bauern freie, einer
Leibeigenschaft nicht unterworfene Leute seien, so zweifelhaft
und bestritten war es, ob sie Eigenthümer ihrer Stellen
seien, oder nur ein Colonatrecht daran hätten, bis die
Constitution vom 30 Juli 1776 diese Differenz im Sinne
der zweiten Alternative entschied. Dieses Gesetz hatte den
ausgesprochenen Zweck, das geltende, auf alter Gewohnheit
und bisherigem Gerichtsgebrauche beruhende Recht gemein-
kundig zu machen, ohne Neues einzuführen, und hat seither
bis auf die Regulirungsverträge in anerkannter Wirksamkeit
bestanden, da der gegen Ende des vorigen Jahrhunderts
beim Reichscammergerichte geführte Proceß, dessen Acten
unter den nach der Auflösung des Wetzlar'schen Archivs an
das Oberappellationsgericht abgelieferten nicht aufgefunden
sind, unbestritten nicht auf die Rechtsbeständigkeit jenes
Gesetzes, sondern auf die damals gegen den Willen der
Bauern ins Werk gesetzte Aufhebung der Communion-
wirthschaft sich bezog. Es liegt hier also ein mit Gesetzes-
kraft ausgestattetes Zeugniß über das ältere Recht vor, dem
gegenüber die sonst sich darbietenden Erkenntnißmittel nur
noch zur Interpretation, nicht aber zur Widerlegung seines
Inhalts benutzt werden dürfen. Das Gesetz enthält nun
im § 1 den ganz klaren und bestimmten Ausspruch, daß
nach einem in bekannten alten Rechten begründeten Herkommen die Bauerstellen nur in absteigender Linie vererblich

seien, und bringt damit im § 8 den Satz in Verbindung, daß das Gehöft eines ohne Descendenz verstorbenen Haus= wirths einem durch letztwillige Verfügung nicht abzuwendenden Heimfalle unterliege. Zum Begriffe des vollen Eigenthums gehört auch bei Bauergütern wesentlich unbeschränkte Vererblichkeit,

Eichborn, deutsches Privatrecht § 364

indem die bei untheilbaren Gütern allerdings vorkommende Individualsuccession zwar wohl eine Aenderung der gemeinen Erbfolgeordnung, nicht aber eine Beschränkung des Erbrechts mit sich bringt. Dagegen beruhte nach deutschem Rechte, welchem letztwillige Dispositionen bekanntlich ganz fremd waren, bei allen Arten der Erblehe die Aus= schließlichkeit der Descendenten=Folge auf alter Regel, die sogar bei den eigentlichen Ritterlehen bis zur Reception der fremden Rechte galt, und nach einer richtigen Be= merkung von

Pfeiffer, das deutsche Meierrecht S. 207,

der Eigenthümlichkeit des bäuerlichen Colonat=Verhältnisses in seiner strengsten Form vollkommen entspricht, wenn gleich es schon früh Sitte wurde, bei der Wiederverleibung er= ledigter Colonatgüter auf die nächsten Angehörigen des letzten Besitzers vorzüglich Rücksicht zu nehmen. Das scheint auch im Ratzeburgischen regelmäßig geschehen zu sein, und daß es auch ferner so gehalten werden sollte, ist im § 9 der Constitution ausdrücklich zugesagt. Das Heimfallsrecht ist begrifflich von dem fiscalischen Rechte auf erbloses Gut völlig verschieden, und kann nur bei dinglichen Rechten an fremder Sache vorkommen; denn dasselbe setzt einen Grundherrn voraus, dessen Proprietät oder Obereigenthum durch das Erlöschen des verliehenen Rechts, mag dieses verwirkt, freiwillig aufgegeben oder in Ermangelung eines successionsberechtigten Nachfolgers subjectlos geworden sein, wieder zum vollen Eigenthume sich consolidirt. Bauern = güter, welche dem Heimfalle ausgesetzt sind, stehen daher entschieden nicht im Eigenthume ihrer Besitzer. Freilich sind nach der eigenen Angabe des Regierungsprocurators aus der früheren Zeit nur wenige Beispiele der Ausübung eines Heimfallsrechts und zwar bei derelinquirten, von den Besitzern „verlaufenen" Hufen urkundlich nachweisbar, während sehr häufig Seitenverwandte des letzten Besitzers, der keine Leibeserben hatte, zur Nachfolge gelangt sind; allein darin liegt, wie schon bemerkt, noch kein Beweis einer rechtlich unbeschränkten Vererblichkeit, da die Zulassung von Collateralen auch auf einem, bestehender Üblichkeit entsprechenden, aber doch in jedem einzelnen Falle freiwilligen Verzichte auf das Heimfallsrecht beruhen kann. Daß seit der Constitution bis auf die Regulirungen von solchem Rechte mit Übergehung von Anverwandten, die zur Übernahme der Wirthschaft tauglich und bereit waren, Gebrauch gemacht, und heimgefallene Gehöfte auf Grund des § 9 einer nahe belegenen landesherrlichen Meierei einverleibt wären, liegt nicht vor.

4. Die Uebereinstimmung der in den §§ 2 ff. der Constitution über Anerbenrecht, Abfindungen, Altentheil und Interimswirthschaft gegebenen Vorschriften mit altem, constant befolgten Herkommen haben die jetzigen Beschwerdeführer theils ausdrücklich anerkannt, theils wenigstens nicht bestritten. Danach waren die Ratzeburger Bauerstellen von jeher nicht nur reell untheilbar, sondern auch einer Individualsuccession dergestalt unterworfen, daß von mehreren Descendenten des letzten Besitzers immer nur Einer zur Nachfolge gelangte, die übrigen aber eine landesübliche Abfindung erhielten, welche zwar nach der Größe und Güte der Stelle, der etwaigen Schuldenlast und der Zahl der Kinder verschieden bemessen, aber von der Höhe einer Erbquote und des Pflichttheils unabhängig war, auch erst fällig wurde, wenn die Geschwister selbständig geworden das Gehöft verließen: bis dahin fanden sie als Knechte und Mägde auf der väterlichen Stelle ihren Unterhalt. Den Anerben konnte der Hauswirth selbst unter seinen Söhnen und in deren Ermangelung unter seinen Töchtern

9

wählen; war keine Wahl getroffen, oder war dieselbe auf
eine ungeeignete Person gefallen, so entschied bei beiden
Geschlechtern der Altersvorzug, jedoch blieb unerläßliche
Voraussetzung des Anerbenrechts für die Söhne die persönliche Tüchtigkeit zur Wirthschaftsübernahme und für die
Töchter die Verheirathung mit einem tüchtigen Wirthe,
weshalb denn auch sowohl der vom Vater ausersehene,
als der durch die allgemeine Rechtsregel berufene Anerbe
der obrigkeitlichen Anerkennung seines Successionsrechts
bedurfte. Ein herkömmliches Altentheil erhielt der Hauswirth, welcher schon bei Lebzeiten die Stelle dem Anerben
abtrat, für sich und seine Ehefrau, die auch als Wittwe
darauf Anspruch hatte. Hinterließ ein Hauswirth nur
unmündige Kinder, so konnte die Wittwe unter vormund-
schaftlicher Aufsicht die Wirthschaft fortführen; wenn sie
wieder heirathete, wurde ihr Ehemann als Interimswirth
eingesetzt und empfing nach Ablauf der festgesetzten Maljahre
gleichfalls ein Altentheil. Diese so eben in ihren Grund-
zügen geschilderten Institute eines specifisch bäuerlichen
Familiengüterrechts finden sich zwar in ihrer vollen Aus-
bildung vorzugsweise da, wo die Bauern nur ein un-
vollständiges Besitzrecht an ihren Hufen haben, dienen aber
keineswegs bloß dem gutsherrlichen Interesse, sondern
haben auch eine socialpolitische Seite für das öffentliche
Recht, und sind, wie sich weiter unten ergeben wird, mit dem
vollen bäuerlichen Eigenthume durchaus nicht unverträglich.
Bauergüter sind ihrem historischen Begriffe nach alle diejenigen Grundstücke, welche weder die Privilegien der
Rittergüter haben, noch einer städtischen Feldmark angehören,
deren Besitzer, auch wenn sie keinen Grundherrn haben,
doch der Rechte des echten Eigenthums im Sinne des
alten Landrechts ermangeln, mit ihren Hufen regelmäßig
unter der Vogtei des Landesherrn oder einer andern Person
stehen und deshalb Abgaben zu entrichten und Dienste zu
leisten haben, welche sich zwar durch ihren Rechtsgrund,

nicht aber in ihrer äußeren Erscheinung von denen unterscheiden,
die einem Gutsherrn präſtirt werden.

Eichhorn, a. a. O. § 245.

Bauerngüter aller Art kennzeichnen ſich demnach den Ritter⸗
gütern und ſtädtiſchen Grundſtücken gegenüber regelmäßig
durch die darauf ruhenden beſonderen Reallaſten. Der
hieraus ſich ergebenden Dreitheilung des Grundbeſitzes
entſprechen die drei Perſonenclaſſen, welche ſeit dem 13.
Jahrhunderte mit Verwiſchung der alten Standesunter⸗
ſchiede als ſociale Stände hervortreten: der aus den ſchöffenbar
freien Leuten und aus unfreien Miniſterialen hervorge⸗
gangene niedere Adel, der ſtädtiſche Bürgerſtand, und der
Bauernſtand, der, aus freien und unfreien Leuten beſtehend,
durch den gemeinſamen Beruf der Bebauung des Ackers
mit eigener Hand zuſammengeführt und verbunden wurde.

Eichhorn, Rechtsgeſchichte § 343. 448.
Deutſches Privatrecht § 54.

Es iſt nun bekannt, daß das deutſche Familiengüterrecht,
ſo mannigfaltig auch deſſen particularrechtliche Geſtaltungen
im Einzelnen ſind, ſich doch im Großen und Ganzen für
jede dieſer drei Perſonenclaſſen auf Grund eines durch die
Standesintereſſen bedingten verſchiedenen Rechtsbedürfniſſes
verſchieden entwickelt hat. Stammgüter und Familien⸗
fideicommiſſe gehören weſentlich dem Abelsrechte an, die
Gütergemeinſchaft findet ſich vorzugsweiſe in den Städten,
und ſo bilden denn auch die vorhin erwähnten Inſtitute
des Bauernrechts ein dieſem Stande eigenthümliches
Familiengüterrecht, deſſen Geltung ſich freilich nicht von
ſelbſt verſteht, ſondern ein begründendes Particularrecht
vorausſetzt, aber doch zu allen bäuerlichen Beſitzrechten
paßt.

5. Rückſichtlich des Altentheils der Wittwe, des abtretenden
Bauern und des Interimswirths iſt es ohne Weiteres klar,
daß dergleichen auf eheliches Güterrecht und auf herkömmliche
Verträge zurückzuführende temporäre Belaſtungen dem
Begriffe eines ſeinem Inhalte nach vollen Eigenthums

9*

132

nicht widersprechen. Dagegen fordert das Anerbenrecht nebst
den damit zusammenhängenden Abfindungen noch eine
besondere Betrachtung. Dieses Recht ist nach Anleitung
der Constitution von 1776 oben bereits in allgemeinen
Umrissen geschildert, und daraus ist unschwer zu entnehmen,
daß die von den neuern Schriftstellern lebhaft ventilirte Streit=
frage, ob der Anerbe allein als wahrer Gehöftserbe zu betrachten
sei, oder ob die Abfindungen die Natur eines Erbtheils haben
Pfeiffer, a. a. O. S. 252 ff.
Gengler, Lehrbuch des deutschen Privatrechts
S. 1403. ſſ
vom Standpuncte des römischen und heutigen gemeinen
Rechts mit Eichhorn (Deutsches Privatrecht § 364) im
Sinne der ersten Alternative zu entscheiden sein würde,
aber practisch bedeutungslos ist. Der zu Grunde liegende
Rechtsgedanke ist deutschen Ursprungs. Das Bauergut ist
nicht blos in der Regel das wichtigste Vermögensobject
seines Besitzers, sondern auch die einzig mögliche Basis, auf
welcher eine selbständige Stellung innerhalb des Bauern=
standes sich gründen läßt. Das wesentlichste Standes=
interesse besteht also darin, daß das Gut der Familie er=
halten bleibe, und damit dieser Zweck erreicht werde, muß
dasselbe fort und fort völlig ungetheilt in der Hand eines
Besitzers sein, der als Repräsentant einer selbständigen
Bauernfamilie persönlich die Wirthschaft führt. Stirbt der
Besitzer mit Hinterlassung mehrerer Kinder, so tritt der Anerbe
an seine Stelle als Oberhaupt der auf dem Gute wohnenden
Familie, der auch die noch unversorgten Geschwister ange=
hörig bleiben, bis sie freiwillig das väterliche Erbe verlassen.
Bis dahin behalten sie in der häuslichen Gemeinschaft
dieselbe rechtliche Stellung, welche sie bisher unter der
Herrschaft des Vaters hatten: sie haben das Recht auf
Kosten des Anerben standesmäßig erzogen und verpflegt
zu werden, wogegen sie ihm auf seine Anweisung in einer
ihren Kräften, ihrem Alter und Geschlechte entsprechenden
Weise in der Haus= und Feldwirthschaft helfen müssen.

Dieses auch im Ratzeburgischen stets üblich gewesene geschwisterliche Dienstverhältniß ist dem bäuerlichen Standesbewußtsein durchaus unanstößig. Mit diesem Verhältnisse steht nun die Abfindung, deren rechtliche Bedeutung in den synonym gebrauchten Ausdrücken „Aussteuer", „Brautschatz" klar hervortritt, im genauesten Zusammenhange. Sie wird als eine Mitgift denjenigen Familiengliedern zu Theil, welche aus der auf dem angestammten Gute bestehenden häuslichen Gemeinschaft definitiv ausscheiden, den Töchtern, wenn sie heirathen, den Söhnen, wenn sie sich einen eigenen Heerd zu gründen Gelegenheit haben. Als ein Erbtheil kann die Abfindung nicht aufgefaßt werden, denn obwohl der Gesammtbetrag dessen, was der Anerbe dereinst auf die Ausstattung seiner noch auf dem Gehöfte lebenden Geschwister verwenden soll, sogleich nach des Vaters Tode festgestellt zu werden pflegt, so erwirbt doch jeder Einzelne ein wirkliches Recht auf seinen Antheil erst, wenn für ihn ein Abfindungsgrund eintritt, und kann vorher darüber in keiner Weise verfügen. Ob die Antheile der vor ihrer Abfindung „in der Were" verstorbenen Geschwister dem Anerben verbleiben, oder den übrigen Abfindlingen zu Gute kommen sollen, kann verschieden bestimmt sein, und wird davon abhangen, ob das vom Anerben zu Verwendende im Ganzen oder für jeden Einzelnen von vorne herein figirt ist. Auf keinen Fall ist die ausfallende Abfindung als ein Vermögensobject des Verstorbenen Gegenstand einer Beerbung, vielmehr gestaltet sich die oben aufgestellte Alternative so, daß durch den Todesfall entweder der Anerbe von einer bedingten Schuld frei wird, oder daß die Antheile der Ueberlebenden an der Bestand behaltenden bedingten Gesammtschuld durch die Verringerung der Zahl der Mitberechtigten sich von selbst vergrößern.

6. Sind Bauerngüter, bei welchen für die Succession in absteigender Linie das vorstehend erörterte Anerbenrecht nachweislich gilt, unbeschränkt vererblich, so ist auch bei eintretender Collateralerbfolge die Anerkennung des Princips

der Individualsuccession fast unabweislich. Hätten alle in
einem gegebenen Erbfalle neben einander zur Intestal-
succession berufenen Verwandten ein zu einer s. g. Civiltheilung führendes Miterbrecht an der Hufe, so würde ihr
Recht stärker sein als das der Descendenten, von denen nur
Einer mit Ausschluß der übrigen zur Nachfolge gelangt,
und das Bauergut würde beim Übergange auf die Seitenlinie die Bedeutung, welche es für das bäuerliche Familiengüterrecht hat, verlieren, um zu einem gleichgültigen, nur
seinem Geldwerthe nach in Betracht kommenden Vermögensobjecte herabzusinken. Wird aber, wie es hiernach in
Ermangelung einer unzweideutigen particularrechtlichen
Bestimmung oder einer rechtsbeständigen Privatdisposition
anzunehmen ist, auch von den collateralen Intestaterben
eines verstorbenen Hauswirths nur Einer Gehöftsnachfolger
mit dem Rechte eines wahren bäuerlichen Anerben, so ist
soviel ganz gewiß, daß seine Miterben als solche auf eine
Abfindung keinen Anspruch haben, da nur diejenigen
Familienglieder abzufinden sind, welche noch beim Tode
des Erblassers zu dessen Hausstande gehörten, und dies
Verhältniß, welches sie eventuell lebenslänglich fortzusetzen
befugt sind, lösen wollen. Daher würde z. B. wenn der
Verstorbene Descendenten hinterlassen hätte, die wegen
unheilbarer körperlicher oder geistiger Gebrechen nach dem
bestehenden Rechte nicht zur Succession gelangen sollten,
der aus der Seitenlinie eintretende Anerbe dieselben als
dem überkommenen Hausstande angehörende Pfleglinge
übernehmen müssen, dagegen würde er die außerhalb der
häuslichen Familie des Erblassers stehenden Verwandten
bloß wegen der Gleichheit der Gradesnähe nicht bei sich
aufzunehmen, mithin auch nicht abzufinden brauchen.

6. Das Anerbenrecht hat sich, wie es scheint, nirgends
(namentlich im Ratzeburgischen nicht) zu einer eigentlichen
successio ex pacto et providentia majorum entwickelt.
Nicht bloß die Erbfolgeordnung bestimmt sich nach der
Verwandtschaftsnähe zum letzten Besitzer, sondern der Anerbe

hat auch sein Successionsrecht lediglich von diesem und
nicht von dem Stifter der besitzenden Familie abzuleiten,
er erhält also das Gut nur, wenn und soweit es noch beim
Tode seines Erblassers zu dessen Vermögen gehörte, und
er hat daher alle von demselben durch Geschäfte unter
Lebenden getroffenen übrigens rechtsbeständigen Dispositionen
seinerseits unbedingt gelten zu lassen. Bei Colonaten hängt
die Veräußerlichkeit und Verschuldbarkeit in der Regel vom
gutsherrlichen Consense ab, der Anerbe aber hat weder ein
Einspruchsrecht noch eine Revocationsbefugniß, und die
bäuerlichen Eigenthumsgüter unterliegen daher der freien
Disposition ihrer Besitzer. Das ist ja denn auch für die
regulirten Ratzeburger Hauswirthsstellen in den Versicherungsurkunden ausdrücklich anerkannt. Auch letztwillige
Verfügungen werden durch ein bestehendes Anerbenrecht,
da es kein jus quaesitum ist, keinesweges ausgeschlossen.
So hatte der Hauswirth schon nach der Constitution von
1776 die freie Wahl unter seinen successionsfähigen Descendenten und um so mehr wird ihm bei unbeschränkter
Vererblichkeit der Hufe, so weil nicht das gemeine Noth-
erbenrecht ihn hindert, mit Übergehung seiner nächsten
Intestaterben einen entfernteren Verwandten oder einen
ganz Fremden zu seinem Anerben zu ernennen, unverwehrt
sein. Unbedenklich ist indessen die Anwendung der
römischrechtlichen Grundsätze von der Erbfolge aus einem
letzten Willen nur dann, wenn das Princip der Individualsuccession dadurch nicht verletzt wird. Aus dem Eigen-
thumsbegriffe folgt nicht mit Nothwendigkeit, daß das
Bauergut als Nachlaßobject jedem anderen Vermögens-
gegenstande gleich geachtet werden müsse, und daher durch
eine letztwillige Verfügung wenigstens seinem Werthe nach
theilbar sei. Eine solche Consequenz würde nur aus der
im heutigen gemeinen Rechte für alle veräußerlichen
Nachlaßobjecte als Regel geltenden unbeschränkten Testirfreiheit abzuleiten sein, und dieser gegenüber ist es sehr
wohl denkbar, daß durch exceptionelle Rechtsbestimmung

die Individualsuccession in Bauergüter zu einem Institute
des durch Privatwillkür nicht abzuändernden öffentlichen
Rechts erhoben wäre. —

8. Betrachtet man nun nach Anleitung vorstehender allge=
meiner Erwägungen den Inhalt des sub VI der Ver=
sicherungsurkunden Vereinbarten genauer, so ergiebt sich
zunächst als ganz unzweifelhaftes Resultat, daß die An=
erkennung des Eigenthums der Hauswirthe an ihren
regulirten Stellen einen vollständigen Verzicht auf die von
der Landesherrschaft bis dahin in Anspruch genommenen
gutsherrlichen Rechte enthält. Damit war die ohnehin noch
besonders hervorgehobene freie Veräußerlichkeit von selbst
gegeben, auch verstand sich, da nunmehr von einem Heim=
fallsrechte nicht weiter die Rede sein konnte, die unbeschränkte
Vererblichkeit von selbst. In Betreff des Anerbenrechts
und seiner Consequenzen wurde den Versicherungsurkunden
die oben erwähnte Clausel eingeschaltet, kraft derer die
regulirten Baustellen fortwährend ungetheilt bleiben müssen.
Daß hiemit nicht bloß jede Zerstückelung der Hufen ver=
boten sei, zeigt deutlich die hinzugefügte Bemerkung, aus
der festgesetzten Untheilbarkeit folge, daß nur Einer von
mehreren Erben die Stelle mit Zubehör bekommen könne
und die übrigen mit der bisher gewöhnlichen Abfindung
zufrieden sein müssen. Dieser letzte Zusatz enthält eine
klare Anerkennung des Princips der Individualsuccession,
welches hier verallgemeinert und dem Wortlaute nach auf
alle Erben ohne Unterschied des Delationsgrundes erstreckt
wird. Rücksichtlich der Intestalerfolge kann in diesem
Betreff ein begründeter Zweifel nicht wohl aufkommen,
denn wenn diejenigen, welche neben dem Gehöftsnachfolger
als dessen Miterben in den übrigen Nachlaß succediren,
mit den bisher gewöhnlichen Abfindungen zufrieden sein
müssen, so ist damit bestimmt ausgesprochen, daß ihnen an
der Hufe und deren Zubehör ein weiter gehendes Recht
nicht eingeräumt sein solle, und daß auch nur solchen Mit=
erben, welchen nach dem bisherigen Rechte eine Abfindung

zukam, dieser Anspruch verbleibe. Über die Successions-
ordnung enthalten die Versicherungsurkunden keine Bestimmung, und es blieb daher eine offene Frage, ob der
für die Descendentenfolge· althergebrachte und durch die
Constitution von 1776 anerkannte Grundsatz, daß die
Männer den Weibern vorgehen, und in jeder dieser beiden
Abtheilungen der Altersvorzug entscheide, fortan auch für
die Classe der Ascendenten und Collateralen gelte. Über
testamentarische Erbfolge fehlt es überhaupt an einer speciellen Vereinbarung. Es konnte daher streitig werden,
ob es einem Erblasser gestattet sei, durch letztwillige Verfügung dem von ihm ernannten oder dem nach allgemeiner
Rechtsregel succedirenden Gehöftsnachfolger als solchem
Vermächtnisse aufzulegen, welche nicht die rechtliche Bedeutung von Abfindungen haben, oder deren herkömmliches
Maß so sehr überschreiten, daß das Princip der Individualsuccession verletzt erscheinen würde. Ebenso blieb auch
die sich sogleich aufdrängende wichtige Frage unentschieden,
wie es zu halten sei, wenn etwa ein Erblasser in seinem
Testamente mehrere Personen instituirt, ohne über die
Gehöftsnachfolge irgend eine Verfügung zu treffen.

9. Diese und ähnliche Fragen konnten in vorkommenden
Streitfällen leicht zu großen Weiterungen führen und bildeten
daher zur Sicherung des durch die Regulirungsverträge
begründeten Rechtszustandes eine nahe liegende Aufgabe
für eine declarirende nnd ergänzende Gesetzgebung. Das
dringendste Bedürfniß war eine dem erweiterten Erbrechte
entsprechende weitere Ausgestaltung des alten Familiengüterrechts, dessen fernere Geltung, wie gezeigt, in den
Versicherungsurkunden im Allgemeinen bedungen war. Auf
diesem Gebiete konnte die Gesetzgebung sich ganz frei be-
wegen, ohne mit vertragsmäßigen Rechten der Hauswirthe
in Conflict zu gerathen. Den ersten Versuch einer Lösung
dieser Aufgabe enthält die Verordnung vom 26. October
1824. Nach seinen Eingangsworten ist nun dieses Gesetz
aus der Erwägung hervorgegangen, daß das den Haus-

wirthen zugesicherte Eigenthum zwar die volle Vererblichkei
nach den dafür geltenden gemeinrechtlichen Grundsätzen und
ohne die durch die Constitution von 1776 gezogenen
Schranken von selbst nach sich ziehe, daß aber die in den
Versicherungsurkunden über die Untheilbarkeit der Hufen
über Anerbenrecht und Abfindungen gegebenen Bestimmungen
zur Verhütung von Zweifeln und Rechtsstreitigkeiten eine
specielle gesetzliche Regelung erheischen. Rücksichtlich der
successio ab intestata wird als selbstverständlich angenommen, daß dabei das geltende gemeine Recht oder nach
dem concreten Ausdrucke des Gesetzes „die allgemeine
römische Erbfolgeordnung" zu Grunde zu legen, mithin nur
noch zu bestimmen sei, wer unter mehreren Intestatmiterben
als Anerbe der Hufe und deren Zubehör succedire. Es
wäre wohl das Natürlichste gewesen, die althergebrachte
Rangordnung nach dem Geschlechte und Alter nunmehr
zur allgemeinen Regel für das gesetzliche Anerbenrecht zu
machen. Dies ist jedoch nicht geschehen. Für die Descendenten ist jene Ordnung allerdings beibehalten und auf
die Ascendenten erstreckt, dagegen ist für die Seitenverwandten bestimmt, daß alle Intestaterben dieser Kategorie
ohne Rücksicht auf Geschlecht und Alter „entweder nach
den Köpfen oder nach den Stämmen denjenigen Anspruch
an die Baustelle haben, welcher ihnen nach der gemeinrechtlichen Erbfolgeordnung zusteht". Auf den ersten Blick
gewinnt es hiernach den Anschein, als ob für die Collateralerbfolge das Princip der Individualsuccession ganz aufgegeben wäre. Daß indessen ein solches Resultat, welches
nach den oben angestellten allgemeinen Erwägungen im
höchsten Grade auffallen müßte, nicht beabsichtigt sei, ergiebt sich aus den an obigen Satz sich unmittelbar anschließenden speciellen Normen. Wäre der den sämmtlichen
ab intestato succedirenden Seitenverwandten eingeräumte
Anspruch an die Baustelle von vorne herein ein wahres
Erbrecht, so würden sie durch den Erbschaftsantritt zunächst
auch dem Maße ihrer Erbquote Miteigenthümer werden

und hätten sich sodann nach den für untheilbare Nachlaßobjecte geltenden allgemeinen Regeln auseinander zu setzen.
Die Verordnung beschränkt dagegen jeden Anspruch ausdrücklich auf die Befugniß der collateralen Intestaterben,
den Gehöftsnachfolger aus ihrer Mitte zu bestimmen, ohne
hierüber im Einzelnen weitere Vorschriften zu geben, und
erklärt das Recht, bei dieser „Ausmittelung“ des Successors
mitzuwirken, für ein höchst persönliches, welches auf die
Erben der vor erreichter Einigung sterbenden Interessenten
nicht übergeht. Es kann nicht fehlen, und ist auch un-
verboten, daß bei dieser Art der Ermittelung des Anerben
jeder Theilnehmer sein Mitbestimmungsrecht für sich nutzbar
macht, und daß daher schließlich derjenige die Stelle erhält,
welcher den übrigen das Meiste bietet, allein was diese
erhalten, ist dann eine vereinbarte Gegenleistung, kein
Erbtheil; denn wenn die Einigung nicht innerhalb der gesetzlichen Frist von sechs Wochen nach dem Tode des Erblassers zu Stande kommt, wird der Anerbe unter Leitung
des Gerichts durchs Loos bestimmt, und daß seine Miterben
dann keinen Theil an der Hufe haben sollen, ist nicht
zweifelhaft, da das Gesetz bei dieser Gelegenheit besonders
in Erinnerung bringt, daß eine Abfindung und zwar die
herkömmliche nur den Erben, welche Descendenten des
Erblassers sind, gebühre. Über die Succession aus letztem
Willen stellt die Verordnung in § 1 den Satz auf, daß
jeder Hauswirth unter Einhaltung der in den
Versicherungsurkunden gemachten Bedingungen
von Todes wegen frei verfügen, jedoch seine Descendenten
und Ascendenten nur aus gesetzlichen Enterbungsgründen
zu Gunsten Anderer übergehen dürfe. Daran schließt sich
in § 2 die nicht unwichtige Bemerkung, daß die Intestaterbfolge eintrete, wenn der Hauswirth nicht den Erben der
Baustelle in einem rechtsbeständigen letzten Willen ernannt
habe. Damit ist zwar nur beiläufig, aber doch deutlich
genug gesagt, daß eine generelle Institutirung mehrerer
Personen auf die Gehöftsnachfolge ohne Einfluß bleibe,

und daß eben so die ausdrückliche zu einer Civiltheilung führende Ernennung mehrerer Gehöftsnachfolger unstatthaft sei. Somit erscheint das Princip der Individualsuccession nach allen Seiten hin gewahrt, und die Bestimmung in § 7, daß das Eigenthum ganz nach gemeinrechtlichen Grund= sätzen auf die Erben übergehe, kann in Verbindnng mit den voraufgehenden Detailvorschriften nur auf den Erb= schaftserwerb im Allgemeinen bezogen, also nur dahin verstanden werden, daß auch der Gehöftsnachfolger wie jeder andere Erbe bald ipso jure, bald auf Grund einer vorgängigen Antretung succedire.

10. Die überaus wichtige Frage, ob es den Hauswirthen frei stehe, den Anerben mit ungewöhnlichen Abfindungen zu beschweren, ist direct in der so eben analysirten Verordnung nicht entschieden. Die Clausel der Versicherungsurkunden, daß die nicht ins Gehöft succedirenden Descendenten mit den gewöhnlichen Abfindungen zufrieden sein müssen, besagt unmittelbar freilich nur, daß sie auf ein Mehreres keinen Anspruch haben, ohne dem Erblasser eine weiter gehende Zuwendung zu verbieten, aber daneben kommt in Erwägung, daß nach § 1 der Verordnung alle in den Versicherungsurkunden enthaltenen Bedingungen, zu denen doch unleugbar jene Clausel gehört, auch für letztwillige Verfügungen maßgebend sein sollen. Überdieß zeigt die ganze ad VI der Versicherungsurkunden sub 1 hinzugefügte oben bereits angeführte Bestimmung, daß durch die Ver= leihung oder Anerkennung des vollen Eigenthums weder die Qualität der den Hauswirthen zugewiesenen Stellen, noch auch die für dieselben als Bauergüter geltenden Rechts= grundsätze haben aufgehoben werden sollen, und es ist ihnen danach nur ein solches Dispositionsrecht über die fraglichen Stellen eingeräumt worden, wie es dem Eigenthümer einer freien Bauerstelle an dieser zusteht. Der gedachte beschränkende Zusatz enthält nämlich seinem Wortlaute nach nicht bloß das Verbot der Zerstückelung und Besetzung mit neuen Anbauern, sondern daneben auch den Ausspruch, daß dieß

Eigenthum fortwährend eine untheilbare Baustelle
sein und allemal nur einen Besitzer haben solle; und wenn
daneben am Schlusse gesagt ist, daß nur einer von mehreren
Erben die Stelle mit Zubehör bekommen kann, und die
übrigen mit der bisher gewöhnlichen Abfindung zufrieden
sein müssen, so liegt darin nach der ganzen Satzverbindung
keineswegs bloß eine beiläufig hinzugefügte Bestimmung
über die Intestaterbfolge, sondern zugleich eine Beschränkung
der Dispositionsbefugniß, so daß also nach dem Wortlaut
der Versicherungsbedingungen den Eigenthümern weder die
Befugniß, durch letztwillige Disposition die Stelle mehreren
Erben zu hinterlassen, noch auch das Recht, den Erben mit
bisher nicht gewöhnlichen Abfindungen zu belasten, eingeräumt worden ist. Gleichwohl entstanden bald Zweifel
über diesen Punkt, welche das Justizamt aus Anlaß eines
vorgekommenen Rechtsfalles bewogen, eine declaratorische
Berordnung darüber zu beantragen. Es erfolgte hierauf
indessen durch landesherrliches Rescript vom 26. November
1826 ein ablehnender Bescheid. Die erbetene gesetzliche
Regelung des zweifelhaften Punktes wurde für überflüssig
erklärt, da den Hauswirthen ein nur durch die Untheilbarkeit
des Objects und die bedungenen Reallasten beschränktes
Eigenthum zugesichert sei, mithin denselben auch die Befugniß zustehe, nicht bloß den Gehöftsnachfolger zu ernennen,
sondern auch die Abfindungen der übrigen Descendenten
festzustellen. Diese Begründung des Bescheides steht mit
den Ergebnissen dessen, was oben über die Bedeutung des
Eigenthums und das Verhältniß desselben zur Testirfreiheit
gesagt ist, allerdings nicht im Einklange; allein in diesem
Rescripte ist eine bindende Erklärung des Landesherrn über
seinen den Versicherungsurkunden zu Grunde liegenden
Bertragswillen nicht zu finden. Eine solche Auffassung würde
völlig unberechtigt sein; abgesehen davon, daß dieß Rescript
nicht von dem Urheber der für die Regulirungsverträge
normirenden Versicherungsbedingungen, sondern von Höchst-
dessen Regierungsnachfolger herrührt, mithin als ein

unmittelbares Zeugniß über den Vertragswillen nicht
gelten kann. Die Anfrage war nicht von den Hauswirthen
oder in ihrem Namen gestellt, vielmehr hatte das Justizamt
von Amtswegen über eine ihm zweifelhafte Rechtsfrage
eine gesetzliche Bestimmung erbeten. Der Landesherr war
nicht von seinen Contrahenten um eine genauere Angabe
seines Contractswillens, sondern von einer richterlichen
Behörde um eine allgemeine gesetzliche Bestimmung ange-
gangen; es fehlte ihm daher jeder Anlaß, eine bindende
Entscheidung zu ertheilen, welche ihn hinderte, später einer
veränderten Rechtsansicht in einem neuen Gesetze Raum
zu geben. Sollte daher das fragliche Rescript, obgleich
durch dasselbe der Erlaß eines Gesetzes abgelehnt wird, als
eine authentische Declaration zu betrachten sein, so blieb
diese doch immer ein gesetzgeberischer Act, der durch ein
späteres Gesetz wieder aufgehoben werden konnte, zumal
dieß Rescript niemals publicirt, die Controverse vielmehr
von den competenten Gerichten noch in einem späteren
Falle im entgegengesetzten Sinne entschieden ist, und
dadurch Veranlassung zu einer erneuerten Prüfung gegeben
war.

C. Obligationenrecht.

43. Ueber die proceffualifche Behandlung des Streites über das Gläubigerrecht. A. 26/₁₈₄₇. Strel.

Im Concurse hatten sich zu einer auf ein Grundstück
des Cridars intabulirten Forderung zwei Liquidanten gemeldet.
Der ursprüngliche Gläubiger A. bezog sich auf das Hypothefen-
buch, in welchem die Forderung noch auf seinen Namen stehe;
B. dagegen producirte den Hypothefenschein, dem eine unter

dem Namen des A. ausgestellte Cessionsacte, deren Echtheit
von A. jedoch bestritten wurde, angeheftet war, und knüpfte
daran die gleichfalls urkundlich bescheinigte Behauptung, daß
der Cessionar ihm die fragliche Forderung durch weitere
Cession abgetreten habe. Das Prioritätserkenntniß locirte
diese Forderung, deren Liquidität und Priorität kein Bedenken erregte, verordnete, daß von dem Erlöse des belasteten
Grundstücks der entsprechende Betrag einstweilen bei Gericht
deponirt bleibe und wies die beiden Prätendenten an, ihren
Streit um das Gläubigerrecht in einem besonderen Verfahren
unter sich auszumachen. Bei Gelegenheit dieser Separat=
verhandlung, welche übrigens bis zur Spruchreise durchgeführt
wurde, konnten die Parteien sich nicht darüber einigen, wer
von beiden nun als Kläger, wer als Beklagter anzusehen sei.
Der erste Richter erklärte den B. für den Kläger, da derselbe
dem A. eine in dessen Person begründete Forderung abstreiten
wolle, und legte ihm den Beweis auf, daß die unter dem
Namen des A. ausgestellte Cessionsacte echt sei. Auf Appellation des B. glaubte der zweite Richter die Rechtsbeständigkeit
der processualischen Behandlung dieses Streites beanstanden
und deshalb die Entscheidung über die Appellationsbeschwerden
auf die vorliegenden Acten ablehnen zu müssen, das Oberappellationsgericht erklärte indessen auf Querel beider Theile
durch Bescheid vom 11. März 1867 diese Bedenken für
unbegründet und bemerkte dazu:

Wenn rücksichtlich eines und desselben Obligationsver-
hältnisses, mehrere Personen, die einander als mitberechtigt
nicht anerkennen, das Gläubigerrecht in Anspruch nehmen,
so mag es immerhin zulässig sein, daß die Prätendenten
den Streit sogleich unmittelbar unter sich ausmachen, indem
Einer den Andern mit einer Präjudicialklage, uter creditor
sit, besprich; aber der einzig mögliche Weg, die Sache
zum Austrag zu bringen, ist das gewiß nicht. Jeder Prätendent ist unzweifelhaft berechtigt, unbekümmert um die
Uebrigen, die Schuldklage gegen den Debitor anzustellen.
Es entsteht dann eine Mehrheit von Rechtsstreiten, die

zunächst von einander unabhängig sind; jeder Kläger hat zur Begründung seines Anspruches die Thatsachen, welche den Schuldgrund bilden, und aus denen er seine Activlegitimation herleitet, anzugeben und eventuell zu beweisen. Wenn der Beklagte seine Verbindlichkeit anerkennt, so braucht er dem Kläger, den er für den Berechtigten hält, nur gegen cautio defensum iri zu leisten; er kann auch vor Allen erst den Beweis der Activlegitimation erwarten, und sich inzwischen durch Deposition gegen die Folgen der mora solvendi schützen. In diesem Falle bleiben alle Processe formell gegen ihn gerichtet, werden aber, so fern sie bei demselben Gerichte anhängig sind, zweckmäßig zu einem Verfahren verbunden, und stellen sich dann äußerlich als ein einziger Rechtsstreit dar, den die mehreren Kläger, obwohl sie sämmtlich in dieser Parteirolle bleiben, unter sich über die Activlegitimation auf Kosten der Unterliegenden führen.

Im Concurse vertritt die Liquidation die Stelle der Klage. Ist die von Mehreren prositirte Forderung streitlos, so hat jeder Prätendent dem Cridar und den crebitorischen Stellvertretern gegenüber seine Berechtigung darzulegen, und das Concursgericht hat die Entscheidung zu treffen. Demgemäß ist im vorliegenden Falle verfahren. Nachdem beide Liquidanten gehört sind, ist der erstinstanzliche Bescheid auf völlig spruchreise Acten erfolgt. Das Verfahren leidet mithin so wenig an wesentlichen Mängeln, daß dasselbe nicht einmal als incorrect bezeichnet werden kann.

------

44. Cessio in securitatem. Wa 745/....

Im W. schen Concurse liquidirte R. den Betrag zweier für empfangene Darlehen vom Cridar ausgestellter eigner Wechsel, welche neben der üblichen hypothecarischen Clausel „(sub hypotheca bonorum)" auch die Bemerkung enthielten,

daß der Aussteller seine Rechte aus der Stadtbuchschrift über
eine bestimmte für ihn intabulirte Forderung seinem Wechsel=
gläubiger zu dessen weiterer Sicherheit übertrage, dergestalt,
daß derselbe zur freien Verfügung darüber insbesondere auch
zur Cession berechtigt sein solle, um sich wegen Capitals,
Zinsen und Kosten bezahlt zu machen, sobald der Wechsel zur
Verfallzeit nicht eingelöst sein sollte. Da dieser Fall nun
eingetreten war, hatte R. die ihm zu seiner Sicherung über=
wiesene stadtbuchschriftliche Forderung gekündigt und verlangte
die concursgerichtliche Genehmigung zur Erhebung des Geldes,
indem er sich bereit erklärte, den nach seiner vollen Befriedi=
gung verbleibenden Rest an die Masse herauszugeben. Die
creditorischen Stellvertreter widersprachen diesem Antrage,
und forderten Auslieferung der Stadtbuchschrift um deren
Erlös zur Masse zu ziehen und prioritätsmäßig zur Ver=
theilung zu bringen. Dem R. sei die Forderung in der That
nur verpfändet, jedenfalls sei die Cession an eine Be=
dingung (Nichteinlösung der verfallenen Wechsel) geknüpft,
welche erst eingetreten sei, nachdem der Cridar sich für insolvent
erklärt hatte. Schon deshalb würde es unstatthaft sein den
Eintritt der Bedingung auf den Zeitpunct des Vertragsab=
schlusses zurückzuziehen, überdies finde ein Retrotrahiren bei
Bedingungen, deren Erfüllung von der Willkür des Schuldners
abhange, nicht Statt und sei im vorliegenden Falle von den
Contrahenten auch nicht beabsichtigt gewesen, da der Cridar
berechtigt geblieben sei, die Zinsen des Intabulats zu erheben,
so lange er mit Einlösung der Wechsel nicht im Verzuge sich
befunden habe.

Dieser Streit wurde zu Gunsten des R. entschieden und
das Oberappellationsgericht bemerkte zur Begründung seines
bestätigenden Bescheides vom 1. Februar 1866:

Wenn auch die Hinterlegung der betreffenden Stadtbuch=
schrift und die Uebertragung der dem Cridar daraus zu=
stehenden Rechte nach dem Inhalte der Uebertragungsacte
und des dagegen ausgestellten Pfandscheins ausgesprochener=
maßen nur zur Sicherheit des R. wegen der aus den

148

seinem Wollen, sondern eben so sehr auch von seinem
Können ab und es liegt daher hier keineswegs eine Be=
dingung vor, welche wider den Willen des Schuldners nicht
erfüllt werden kann, so daß es lediglich und allein von
seinem Entschlusse abhängt, ob das von dem Eintritte der
betreffenden Thatsache abhängige Rechtsverhältniß überhaupt
zur Existenz gelangen soll oder nicht, und deshalb die
rechtliche Wirksamkeit dieses Rechtsverhältnisses erst von
dem Augenblicke des Eintritts dieser Thatsache datirt
werden kann.

Auch würde daraus, daß der Schuldner bis zum Verfall
der fraglichen Wechsel zur Zahlung der Zinsen an den
Tridar berechtigt gewesen, keineswegs sich die Annahme
ableiten lassen, daß im vorliegenden Falle nach überein=
stimmender Absicht beider Contrahenten jegliche Rückbe=
ziehung der für die Cession der Stadtbuchschrift aufgestellten
Bedingung habe ausgeschlossen sein sollen, da es einmal
bei bedingten Uebertragungsarten immer quaestio facti,
und von der Bestimmung der Contrahenten abhängig ist,
wer in der Zwischenzeit die Früchte des zu übertragenden
Gegenstandes ziehen soll, sodann aber auch der Schuldner
nach § 38, 3 der revidirten Stadtbuch=Ordnung, so lange
ihm der Uebergang der stadtbuchschriftlichen Forderung auf
einen anderen als den ursprünglichen Gläubiger nicht
angezeigt war, die Zinsen an diesen mit befreiender Wirkung
für sich zahlen konnte.

45. Ueber die Lösung einer Obligation durch gerichtliche Hinterlegung der Schuldsumme.
Oe 119/₁₈₄₄.

Der Eigenthümer eines Landgutes, auf welches ein
unkündbares Fideicommißcapital radicirt ist, war nach dem
Tode des bisherigen Fideicommißinhabers darüber zweifelhaft,

welchem Mitgliede der berechtigten Familie nunmehr der Zinsgenuß zustehe, da die Stiftungsurkunde die Successions=ordnung in der That nicht klar und bestimmt genug vorschrieb. Er deponirte deshalb die fälligen Zinsen in der erklärten Absicht, damit seine Schuld zu lösen und dem Gerichte die Bestimmung zu überlassen, wer unter den mehreren Präten=denten der nunmehrige Gläubiger sei. Das Oberappellations=gericht erkannte aber dieser Deposition liberirende Wirkung nicht zu, sondern bemerkte in den Entscheidungsgründen zu dem Appellationsbescheide vom 22. November 1866:

Das Schuldverhältniß wird durch Hinterlegung nur aufgelöst, wenn diese für einen bestimmten Gläubiger, welcher die fällige Schuld nicht annehmen will, oder nicht gültig annehmen kann, oder abwesend ist, geschieht. Von derartigen Fällen sprechen namentlich l. 19. C. de usuris (4, 32) und l 9 C. de solutionibus (8, 43). Ganz anders steht es, wenn die Deposition geschieht, weil der Debitor Zweifel darüber hat, wer der Forderungsberechtigte sei. Das Gericht ist weder ermächtigt, noch verpflichtet, sich der Prüfung, in wie weit die demnächst sich Meldenden für legitimirt zu halten, selbständig zu unterziehen. Es bleibt dies Sache des Schuldners, gegen den die Prätendenten sich allein zu wenden und, wenn er ihre Legitimation bestreitet, zu klagen haben. Er kann die Prüfung nicht ablehnen mit Bezug auf die Deposition, sondern muß die Ausantwortung aus=drücklich bewilligen.

---

46. Ueber die Verpflichtung der Contrahenten in den verabredeten förmlichen Contract Puncte aufzu=nehmen, welche in der Punctation nicht enthalten sind. l. 217/₁₈₆₆.

Ueber den Verkauf einer Büdnerei war eine Punctation aufgesetzt und der Abschluß eines förmlichen Contracts vor dem Amtsgerichte vereinbart; es entstand jedoch unter den Contrahenten ein Streit darüber, ob Käufer eine auf dieser Bübnerei ruhende Verpflichtung zur Gewährung eines Alten= theils mit übernommen habe, und ob, wie Verkäufer verlangte, dies in die Contractsurkunde aufzunehmen sei. — Das vorige Erkenntniß fand dieß Verlangen des Verkäufers berechtigt, wenn er beweise, entweder daß der Käufer den Altentheil ausdrücklich mitübernommen, oder sich doch vor Vollziehung der Punctation von dem ganzen Umfange dieses Altentheils durch eigene Anschauung überzeugt habe.

Das Oberappellationsgericht strich jedoch in seinem Erkenntnisse vom 11. Juni 1867 die zweite Alternative aus nachstehenden Gründen.

1. Muß es auch anerkannt werden, daß die erhobene Klage in Beziehung auf die Ausreichlichkeit ihrer Begründung nach mehreren Seiten hin Stoff zu den verschiedensten Ausstellungen darbietet, so läßt sich doch bei dem Zusammen= hange, in welchem dieselbe zu den darin in Bezug genom= menen früheren unter den gleichen Parteien in den Jahren 1861 und 1863 verhandelten Processen, deren Acten junglrt worden sind, insofern steht, als danach der gegenwärtige Proceß gewissermaßen nur eine Fortsetzung jener früheren ist, soviel mit genügender Sicherheit erkennen, daß der eigentliche Kern und Schwerpunct des jetzt zu entscheidenden Rechtsstreits in der Frage liegt, ob der Beklagte verbunden ist, in den Contract, zu dessen förmlicher Ausfertigung in Grundlage der am 31. Mai 1861 abgeschlossenen Punctation in geeigneter Weise mitzuwirken, der Kläger ihn verurtheilt wissen will, diejenige bei dem Abschluß dieser Stipulation angeblich mündlich getroffene Nebenberedung mit aufnehmen zu lassen, durch welche er nach der Behauptung des Klägers diesem gegenüber sich ausdrücklich verpflichtet haben soll, den auf der verkauften Bübnerei damals ruhenden, den P.'schen Eheleuten zustehenden Altentheil mit zu übernehmen.

2. Zuvörderst darf nun mit der sententia a qua unbe= denklich angenommen werden, daß der sogenannte Verkaufs=

contract vom 31. Mai 1861 seiner höchst unvollkommenen
und mangelhaften Fassung ungeachtet, da die darin ent=
haltenen Bestimmungen alle wesentlichen Bedingungen eines
Kaufcontracts erfüllen, als eine nach Maßgabe des § 2
der Verordnung vom 1. Juni 1847 an sich vollkommen
rechtsverbindliche Punctation anzusehen ist, indem darin
weder über diese Rechtsverbindlichkeit etwas anderes bestimmt,
noch auch einer oder mehrere Puncte ausdrücklich einer
künftigen weiteren Einigung vorbehalten sind. Ferner
ist nach den dem gegenwärtigen Processe voraus=
gegangenen processualischen Verhandlungen, worüber die
jungirten Acten aus den Jahren 1861 und 1863
Auskunft geben, als ausgemacht zu betrachten, daß durch
die im § 2 dieser Punctation enthaltene Bestimmung beide
Contrahenten sich verpflichteten, dieser vorläufigen schriftlichen
Aufzeichnung des unter ihnen vereinbarten Contracts eine
förmliche Ausfertigung in einer vor dem Amtsgerichte
- abzufassenden Urkunde nachfolgen zu lassen. Folglich hat
jeder der beiden Contrahenten diesem nach ein klagbares
Recht gegen den anderen auf Erfüllung der so über=
nommenen Verpflichtung zu dringen und dessen Mitwirkung
für das Zustandekommen einer solchen förmlich ausgefertigten
Contractsurkunde zu verlangen. Wäre demnach, wie die
sententia a qua zutreffend hervorgehoben hat, die Klage
zweifellos begründet, wenn Kläger nur verlangt hätte, daß
der Contract lediglich in Grundlage der Bestimmungen der
gedachten Anlage vollzogen werde, und verdient auch der vom
Beklagten gegen die Fassung des Klagpetitums jetzt nach
der Seite hin erhobene Einwand, daß die Anfertigung des
förmlichen Contracts vor dem Amtsgericht in einem vom
Kläger zu diesem Behuf auszubringenden Termine geschehen
soll, keine Beachtung weiter, so handelt es sich, da der
Beklagte wider die in der sententia a qua hinsichtlich der
von ihm vorgeschützten Einreden getroffene Entscheidung
keine Einwendungen machen zu wollen erklärt hat, nur
noch um die Frage, ob und unter welchen Voraussetzungen

daß in rat. I erwähnte weiter gehende Verlangen des Klägers begründet ist.

3. Die sententia a qua hat bleß nämlich unter der Voraussetzung annehmen zu müssen geglaubt, daß entweder der Beklagte bei den über den fraglichen Kaufcontract am 31. Mai 1861 gepflogenen Verhandlungen außer den in die Punctation aufgenommenen Bedingungen den den P.'schen Eheleuten zu entrichtenden Altentheil ausdrücklich mitübernommen, oder doch vor Vollziehung der Punctation von dem ganzen Umfange des den P.'schen Eheleuten zu entrichtenden Altentheils sich durch eigene Anschauung überzeugt habe, indem sie zur Begründung des von dem Kläger in der fraglichen Beziehung erhobenen Verlangens schon das bloße Interesse genügend betrachtet, welches derselbe dabei habe, in den Contract eine Bestimmung eingeschaltet zu sehen, welche ihn gegen die etwaigen Regreßansprüche sichern, die der Käufer möglicher Weise auf Grund der Behauptung erheben könnte, daß er von dem Verkäufer vor oder bei Abschluß des Contracts mit der fraglichen Belastung des gekauften Grundstücks nicht bekannt gemacht sei.

4. Allein wie erwünscht es auch immerhin für den Verkäufer einer Sache sein mag, über den von ihm abgeschlossenen Contract eine Urkunde ausgestellt zu erhalten, durch welche der ganze Vorgang bis zum Abschlusse des Handels in solcher Weise festgestellt wird, daß er danach die begründete Erwartung hegen darf, gegen alle Weiterungen, welche etwa der Käufer wegen der Beschaffenheit des Kaufobjects oder aus anderen Gründen erheben könnte, im Voraus gesichert zu sein, so giebt ihm doch dieses Interesse allein überall noch kein Recht, von dem Käufer zu verlangen, daß der mündlich beredete Kaufcontract schriftlich abgefaßt werde. Ebenso kann er, wenn die Anfertigung eines schriftlichen Contracts in bindender Weise verabredet ist, die Aufnahme solcher sein Interesse sichernden Bestimmungen in denselben nur dann begehren, wenn dieselben einen Bestandtheil derjenigen mündlichen Beredungen selbst bilden,

in welchen der Abschluß des Handels sich vollzogen hat.
Ist also im vorliegenden Falle wegen der Uebernahme des
fraglichen Altentheils vor oder bei dem Abschlusse des
Geschäfts nichts ausgemacht worden, so mag immerhin der
Beklagte mit der auf der verkauften Büdnerei in dieser
Beziehung ruhenden Last bekannt gewesen sein, dieß allein
würde dem Kläger kein Recht geben, die Aufnahme einer
Contractsclausel zu verlangen, durch welche derselbe sich
zur Uebernahme dieser Last ausdrücklich verpflichtet erklärte,
und war deßhalb die zweite Alternative des vom Kläger
auferlegten Beweises auf die vom Beklagten darüber erhobene Beschwerde zu streichen.

5. Bedarf aber hienach die Verpflichtung eines Contrahenten
zur Vollziehung eines schriftlichen Contracts über einen
mündlich abgeschlossenen Handel und dessen einzelne Bestimmungen stets noch einer besonderen Begründung, so
kann diese im vorliegenden Falle allein darin gefunden
werden, daß die Contrahenten, wie aus dem Inhalte der
fraglichen Punctation sub 2 hervorgeht, einig darüber
waren, daß über den von ihnen vereinbarten Handel, dessen
bindender Abschluß selbst durch die von ihnen unterschriebene
Punctation bereits festgestellt war, noch eine förmliche
Urkunde vor dem Amtsgerichte aufgenommen werden sollte.
Eine solche Urkunde soll den Beweis des geschlossenen
Vertrages sichern, die vereinbarten Puncte in gehöriger
Ordnung und Fassung wiedergeben, und erhält einen
üblichen Eingang und Schluß. Es muß also als von den
Parteien pactirt gelten, daß in die anzufertigende förmliche
Beweisurkunde alle diejenigen Bestimmungen aufgenommen
werden, worüber sie in bindender Weise übereingekommen
waren. Dieß würde aber auch hinsichtlich der nach Behauptung des Klägers wegen Uebernahme des P.'schen
Altentheils durch den Beklagten getroffenen Nebenberedung
um deswillen der Fall gewesen sein, weil unser Recht die
verbindende Kraft solcher Nebenberedungen, die neben einem
schriftlich abgeschlossenen Contracte mündlich getroffen sind,

in keiner Weise ausschließt, und so der Umstand, daß die hier fragliche Vertragsbestimmung in den Inhalt der schriftlich aufgesetzten Punctation nicht mit aufgenommen worden ist, ihrer Geltung an sich nicht entgegensteht.

Daß der Altentheil in den Proceßacten nicht näher specificirt ist, macht die Aufnahme der Stipulation nicht unthunlich. Hat Beklagter die Last übernommen, so übernahm er den Altentheil, welcher in quali et quanto bestimmt ist, so, wie solcher den P.'schen Eheleuten gebührt, und es war seine Sache, sich, wenn er ungewiß, näher zu erkundigen. Demnach ist Kläger zu dem ersten Beweise der sententia a qua mit Recht gelassen.

- -

47. Negotium mixtum cum donatione. To 281/₁₀₀₀.

Das Lehngut G. war den Gebrüdern X, als Lehnfolgern ihres Vaters zugefallen. Beide Brüder lebten im Auslande und ließen das Gut durch ihren Schwager Y, der als besoldeter Inspector in ihren Diensten stand, bewirthschaften. Dieser kaufte nach einiger Zeit zuerst dem einen Miteigenthümer dessen ideelle Gutshälfte ab und trat dann auch mit dem andern in Verkaufsunterhandlungen. Er äußerte den lebhaften Wunsch auf dem Gute, welches er nun schon so lange bewohnt und verwaltet habe, zu bleiben, gestand aber, daß er bei der Beschränktheit seiner Mittel nicht in der Lage sei den Preis zu bewilligen, den Andere voraussichtlich zahlen würden, nannte die Summe, welche er, ohne in Verlegenheit zu gerathen, höchstens geben könne und berechnete den Ausfall den X, durch Annahme dieser Offerte wahrscheinlich erleiden werde, auf 10,000 ℛ. X. suchte anfangs auszuweichen, gab aber auf vieles Zureden endlich nach, und überließ seinen Gutsantheil dem Y. für die gebotene Summe; doch wurde in dem schriftlichen Contracte besonders hervorgehoben, daß der Verkäufer sich mit einem so geringen Preise begnügt habe, weil er sich dem Käufer zu Dank verpflichtet fühle.

Dieses Geschäft wurde nach dem Tode beider Contrahenten von den X.schen Erben dem Sohne und Lehnsfolger des A. gegenüber angefochten. Die Kläger geben an, wie viel das Gut zur Zeit des Handelsabschlusses werth gewesen sei, behaupten, daß ihr Erblasser, diesen Werth kennend, absichtlich zu wohlfeil verkauft habe, um die Differenz dem Vater des Beklagten zu schenken. Diese Schenkung sei, soweit sie den Betrag von 500 Solidi (1400 ℳ) übersteige, und zwar nach ihrer Rechnung zu einer dem fünften Theile des Gutswerths gleichkommenden Summe nichtig. Sie forderten, abgesehen von Nebenleistungen, principaliter, daß Beklagter sie als Miteigenthümer zu ⅕ anerkenne, eventualiter, daß er ihnen das entsprechende Geldäquivalent zahle.

Der erste Richter wies die Klage angebrachter Maßen ab, indem er ausführte, die Behauptung, daß der klägerische Erblasser bei der Preisbestimmung die Absicht zu schenken gehabt habe, sei aus den dafür angeführten Thatsachen nicht sicher genug zu entnehmen. Auf Appellation der Kläger bestätigte das Oberappellationsgericht diese Entscheidung durch Erkenntniß vom 26. Januar 1866 aus folgenden, von der Motivirung des ersten Urtheils völlig abweichenden — Gründen:

1. — — — —

2. Die in den Parteivorträgen enthaltenen Rechtsausführungen gehen ebenso wie die dem vorigen Urtheile beigegebenen Entscheidungsgründe von der Voraussetzung aus, daß die für große Schenkungen geltenden Formvorschriften auch auf ein negotium mixtum cum donatione der nach der Klagbehauptung hier vorliegenden Art zu beziehen seien. Die Kläger bemühen sich daher, aus der dem Handelsabschlusse vorangegangenen Correspondenz und aus dem Inhalte der Vertragsurkunde darzulegen, daß das Geschäft rücksichtlich der Differenz zwischen dem bedungenen Kaufpreise und dem noch nachzuweisenden ihrem Erblasser sehr wohl bekannt gewesenen wahren Werthe des Gutes alle Merkmale einer Schenkung an sich trage, und der erste Richter hat die Klage nur deshalb angebrachter Maßen

abgewiesen, weil er diese Darlegung nicht schlüssig findet. Diese Entscheidung ist für die Kläger offenbar nicht beschwerend, wenn sich herausstellt, daß der libellirte Handel, auch unter vorausgesetzter Richtigkeit der von ihnen selbst gegebenen Analyse des zu Grunde liegenden Vertragswillens, zu seiner vollen Gültigkeit einer Insinuation nicht bedurfte.

3. Die Contrahenten haben das in Rede stehende Geschäft durch die Wortfassung der Vertragsurkunde nicht als ein aus Kauf und Schenkung gemischtes äußerlich hervortreten lassen, sie haben dasselbe vielmehr seinem ganzen Inhalte nach in der Rechtsform eines reinen Kaufs zu einem aus besonders angegebenen Gründen sehr niedrig bemessenen Preise abgeschlossen. Nach dem ausgesprochenen Vertragswillen sollte die dem Erblasser der Kläger gehörende Gutshälfte nicht bloß zu einem entsprechenden Theile, sondern ganz um den bedungenen Preis verkauft sein. Nun ist es feststehender Grundsatz, daß jedes nicht simulirte Rechtsgeschäft so aufgefaßt werden muß, wie die Betheiligten es gewollt haben, und dieser Wille manifestirt sich vorzugsweise durch die gewählte Rechtsform, sofern dieselbe nicht etwa mit dem Inhalte unverträglich ist. Eine solche Incompatibilität liegt hier nicht vor. Die Angemessenheit des Preises, dessen Bestimmung vielmehr durchaus dem Belieben der Contrahenten überlassen ist, gehört bekanntlich nicht zum Wesen des Kaufs, auch wird, abgesehen von dem Falle einer laesio enormis, ebensowenig dessen voller Rechtsbestand dadurch beeinträchtigt, daß die Waare zu billig weggegeben ist, wie denn endlich auch die dabei obwaltenden Motive für die rechtliche Beurtheilung des Geschäfts in der Regel ohne Einfluß sind. —

4. Gesetzt also, der klägerische Erblasser hätte dem Vater des Beklagten bewußter Weise das Gut zu einem dem Werthe nicht entsprechenden Preise, um welchen es ihm einem anderen Kaufliebhaber gegenüber nicht feil gewesen wäre, in der Absicht überlassen, seinem Schwager mit dem,

was er von Anderen mehr gefordert haben würde, ein
Geschenk zu machen, so läge genau derselbe Rechtsfall vor,
welchen Ulpian in l. 38 D. de C. E. (18, 1) mit den
Worten entscheidet, si quis donationis causa minoris
vendat, venditio valet. Hiemit ist klar ausgesprochen, daß
wenn Jemand eine Sache absichtlich zu wohlfeil verkauft,
um dem Käufer bei dieser Gelegenheit einen Vermögens=
vortheil zuzuwenden, welcher, für sich genommen, unter den
Begriff einer Schenkung fallen würde, doch für die juristische
Betrachtung das ganze Geschäft ein wahrer Verkauf bleibt,
ohne Rücksicht auf die eigenthümlichen Voraussetzungen,
von denen zu Ulpian's Zeit nach der lex Cincia de donis
et muneribus die Perfection einer Schenkung abhängig
war. cfr. Vatican. fragm. § 310 ff. Die Contrahenten
haben eben trotz der dabei obwaltenden liberalen Intention
des Verkäufers doch das Geschäft seinem ganzen Inhalte
nach allen Ernstes als einen reinen Kaufcontract angesehen
wissen wollen, und dieser ihr Wille ist maßgebend, da die
Schenkungsabsicht auch unter der Rechtsform einer wahren
nudo consensu zu Stande kommenden, emtio venditio,
deren Wesen durch die Unangemessenheit des Preises nicht
alterirt wird, zu erreichen ist.

Schilling, Institutionen Thl. 2. S. 741 ff.
insbesondere S. 768 Not. v.

Wenn freilich der ganze Kauf lediglich zur Realisirung
einer beabsichtigten Schenkung geschlossen ist, erscheint, wie
Ulpian weiter bemerkt, die gewählte Rechtsform bedeutungs=
los; es wird dann das Ganze als eine Schenkung be=
handelt, deren Betrag sich leicht ergiebt, indem man von
dem Werthe der scheinbar verkauften Sache den der Gegen=
leistung abzieht. Der Verkäufer hat in diesem Falle das
Object verschenken wollen und nur, um dies zu verdecken,
einen Scheinpreis bedungen.

Ein solches Geschäft wird also für die rechtliche Beur=
theilung nicht in seine Bestandtheile zerlegt, sondern in

seiner Totalität entweder als Kauf oder als Schenkung aufgefaßt.

cfr. L. 18 pr. D. de donat. (39, 5.)

Am Schlusse der L. 38 cit. wird noch besonders hervorgehoben, daß das Verbot der Schenkungen unter Ehegatten allerdings auch dann Platz greife, wenn das Geschäft inter ceteros nach obigen Regeln als reiner Kauf gelten würde. In dem gegenseitigen Verhältnisse der Ehegatten ist jede in liberaler Absicht erfolgende Zuwendung schlechthin nichtig und es wird daher auch ein Verkauf um einen donationis causa zu niedrig gestellten Preis demgemäß behandelt.

L. 5 § 5 L. 31 § 3 D. de donat.int. v. et u. (24, 1.)

Ulpian giebt deutlich zu erkennen, daß darin eine zur Aufrechthaltung des strengen Schenkungsverbotes anerkannte Ausnahme von der Regel liege, wonach ein Kaufvertrag unter Personen, die einander ein Geschenk machen dürfen, darum nicht aufhört, seinem ganzen Inhalte nach als Kauf zu gelten, weil der Preis donandi animo ermäßigt ist.

5. In Anwendung dieser einfachen Rechtsgrundsätze auf den vorliegenden Fall kann es nicht zweifelhaft sein, daß der libellirte Handel nach Form und Inhalt nicht unter den rechtlichen Gesichtspunct der Schenkung, sondern des Kaufs zu stellen sei.

Die Entstehungsgeschichte des Vertrags zeigt, und die den Abschluß documentirende Urkunde bestätigt, daß die Intention der Contrahenten nicht auf eine unter dem Prätext eines Kaufes zu effectuirende Schenkung, sondern darauf gerichtet war, G. zur gänzlichen Auflösung der bis dahin bestandenen Rechtsgemeinschaft zu verkaufen. J. wünschte dieses von ihm seit vielen Jahren bewohnte und bewirthschaftete Gut zu behalten, also seinem Miteigenthümer dessen ideelle Hälfte abzukaufen, gestand aber, daß er so viel, wie Andere vielleicht, ja voraussichtlich bieten würden, nach seiner Vermögenslage nicht geben könne, und machte nun eine bestimmte Offerte. X. ging nach einigem Zögern und Zureden hierauf ein, indem er nicht etwa den ihm angemessen scheinenden Preis angab und einen Nachlaß bewilligte, sondern indem er die Offerte unter Angabe der ihn dazu bestimmenden Motive schließlich einfach annahm. That er dies donationis causa, so wird nach Obigem das Wesen des abgeschlossenen Kaufs nicht berührt. In solcher Weise zu schenken ist nur den Ehegatten unter einander absolut verboten; dagegen ist die für andere Personen geltende Vorschrift, daß große Schenkungen bei Strafe der Nichtigkeit insinuirt werden müssen, hier schon deshalb nicht anwendbar, weil das Maß der in einem einfachen Kaufvertrage enthaltenen donatio sich gar nicht mit Bestimmtheit ermitteln läßt. Darüber entscheidet der gemeine Sachwerth nicht unbedingt, so fern es ja immer möglich bleibt, daß der Verkäufer die Sache geringer geschätzt hat, und daher, auch wenn er nichts verschenken wollte, um eine hinter dem Sachwerthe zurückbleibende unbestimmbare Summe verkauft haben würde.

6. Hienach und da die Praxis älterer und neuerer Zeit, so viel bekannt, kein Beispiel darbietet, daß je unter den hier gegebenen Voraussetzungen der volle Rechtsbestand des Geschäfts von einer Insinuation abhängig gemacht, oder die L. 34 C. de donat. (8, 54) zur Anwendung gebracht wäre, hat in der Hauptsache und der Kosten halber nur so, wie geschehen, erkannt werden können.

48. Aus einem gerichtlichen Depositum haftet das Gericht in der Regel für levis culpa. Le 570/....

In einem Falle, in welchem Nachlaßgelder von den Testamentsexecutoren bei Gericht deponirt und aus dem Depositenkasten mittels Einbruchs gestohlen waren, hatte schon das erste Erkenntniß ausgesprochen, daß das Gericht bei einem gerichtlichen Depositum für levis culpa hafte. Das Oberappellationsgericht bestätigte dies mittels Entscheidung vom

160

7. Mai 1866, und bemerkte, da die sententia a qua dieß bereits ausführlicher begründet hatte, nur noch:

Zu diesem Resultate führt schon die Erwägung, daß alle Cassenbeamten in Bezug auf die ihrer Verwaltung anvertrauten Staats- oder Communalgelder für levis culpa haften, und daß es einen dolus involviren würde, wenn der Staat oder die Commüne bei der Aufbewahrung der bei ihnen auf Grund der ihnen zustehenden Gerichtsbarkeit deponirten Gegenstände geringere Sorgfalt verwenden wollten, als bei der Aufbewahrung ihrer eigenen. Ohnehin soll gerade die gerichtliche Deposition, für welche überdieß die gesetzlichen Gebühren wahrgenommen werden, vermöge der den öffentlichen Behörden zur Seite stehenden Gewalt und Mittel den Betheiligten eine größere Sicherheit gewähren; und vollends kann die Verpflichtung, auch für levis culpa zu haften, in solchen Fällen nicht bezweifelt werden, wo, wie in concreto, das Gericht auf Grund allgemeiner gesetzlicher Vorschriften den Nachlaß eines Verstorbenen von Amtswegen sicherstellt. — Es ist daher für die Beurtheilung des vorliegenden Streits auch irrelevant, ob die Aufbewahrung der fraglichen Gelder durch die Ausstellung des Depositenscheins den Charakter eines wirklichen Depositum angenommen hat, weil das Waisengericht bis dahin, daß die Testamentsexecutoren sich zur Empfangnahme des Nachlasses legitimirt hatten, diesen und folglich auch die fraglichen Gelder unter seiner custodia zu behalten verpflichtet war, und die Ausstellung des Depositenscheins nicht füglich den Zweck und die Bedeutung haben konnte, den Umfang seiner Haftpflicht zu mindern.

§49. Voraussetzungen für die Klagbarkeit einer Wette. Bu 1085/₁₀₆₅.
(S. Br. 3. nr. 28.)

Als der Handelsmann B. mit dem Hauswirth H. über
das Fell einer zu schlachtenten Kuh einen Handel zu machen
suchte und dabei den derzeitigen Preis einer Kuhhaut zu
„höchstens" 3 ℳ bis 3 ℳ 16 ₰ angab, mischte sich der Tagelöhner X. in das Gespräch mit der Bemerkung, der Hauswirth P. habe für eine solche Haut ganz kürzlich 4 ℳ erhalten.
B. bestritt dieß, und erklärte, er wolle mit X. 100 ℳ wetten,
daß derselbe Unrecht habe, oder im Irrthum sei. X. entschloß
sich erst nach längerem Zureden, und nachdem B. ihm erklärt
hatte, er brauche gegen die ausgesetzten 100 ℳ nur 10 ℳ
zu halten, auf die Wette einzugehen. B. stellte sofort selbst
die nöthigen Nachforschungen an, und mußte gestehen, daß
X. Recht gehabt habe. Dieser klagte nun auf Zahlung der
100 ℳ, Beklagter leugnete den Abschluß des Wettvertrags
und bekämpfte eventuell dessen Klagbarkeit.

Der erste Richter wies die Klage ab, auf Appellation
des Klägers wurde dieselbe aber als begründet anerkannt und
der Vertragsabschluß zum Beweise verstellt. Das Oberappellationsgericht bestätigte dieses vom Beklagten angegriffene
Urtheil durch Bescheid vom 8. Februar 1866.

Gründe.

Daß die Wette im vorliegenden Fall nicht bloß zum
Zwecke der geselligen Unterhaltung, zum Scherz und zur
Kurzweil eingegangen ist, geht insbesondere auch daraus
hervor, daß nach der eigenen, mit den Ausführungen des
Klägers übereinstimmenden, Angabe des Beklagten er dieselbe
zu dem Ende offerirt hat, um auf diese Weise die ihm
lästige Einmischung des Klägers in den von ihm gewünschten
Handel, wodurch dessen für ihn vortheilhafter Abschluß
gefährdet wurde, zu beseitigen; und da hienach er selbst es
gewesen ist, welcher die Wette gesucht und, ungeachtet der
anfänglichen Weigerung des Klägers, durch Anerbieten

162

diejer günstigerer Bedingungen ihn zu bestimmen gewußt
hat sich auf dieselbe einzulassen, so läßt sich an der
Ernstlichkeit des Willens, zu wetten und die Wettsumme
an die Richtigkeit seiner Wettbehauptung zu wagen, um so
weniger zweifeln, als er an deren Erhärtung ein reelles
Interesse hatte. Daß er hiebei die Chancen für und wider
nicht richtig erwogen, läßt auch nicht ohne Weiteres die
Wette als eine übereilt und unüberlegt eingegangene
erscheinen; und, wie er selbst nicht behauptet, von Seiten
des Gegners betrüglicher Weise dadurch zur Eingehung der
Wette verleitet zu sein, daß dieser ihm eine, in Wirklichkeit
nicht vorhandene Ungewißheit über die Wettfrage vorge=
spiegelt habe, so hat er auch in keiner Weise darzulegen
vermocht, daß die von beiden Seiten ausgesetzte Wettsumme
zu den beiderseitigen Vermögensverhältnissen in einem solchen
Mißverhältnisse stehe, daß die Geltendmachung der Wette
von der einen oder der anderen Seite als unsittlich zu
betrachten sein würde. Zur Begründung der Klage war
es aber endlich um so mehr ausreichend, daß der Kläger
sich für die zu seinen Gunsten ausgefallene Entscheidung
der Wette auf des Beklagten Anerkenntniß der Richtigkeit
der klägerischen Wettbehauptung bezog, als Beklagter auch
jetzt noch diese überall nicht zu bestreiten versucht, gleichwie
er auch von vorn herein dieselbe nicht bestritten hat.

50. Zur Lehre vom Anerkennungsvertrage.
Ga 534/₁₀₀₁.

Der Notar N. forderte von den Erben des Erbpächters
G. zu W. die Zahlung eines Prozentjums von 280 ℳ
auf Grund folgender Thatsachen. Nachdem der Erblasser der
Beklagten früher schon sich schriftlich verpflichtet gehabt habe,
dem Kläger, wenn durch dessen Vermittlung das Erbpachtgut
verkauft werde, ein Honorar von 1 % der Kaufsumme zu
zahlen, seien beide am 7. November 1864 im M.'schen

Gasthofe zu L. zusammengetroffen, dort habe Kläger den Inspector P. als den von ihm angeschafften Käufer namhaft gemacht und der Erblasser der Beklagten habe darauf erklärt, daß er verpflichtet sei, das früher schon versprochene Honorar von 1 % des Kaufpreises zu bezahlen, wenn der Handel mit P. zu Stande komme. Diese Voraussetzung sei eingetreten, denn G. habe sein Gut für 28000 ℳ an P. verkauft und habe dann später noch einmal in Gegenwart von Zeugen dem Kläger die von diesem sofort acceptirte Zusicherung ertheilt, er werde das versprochene Honorar entrichten, sobald der Kaufpreis flüssig geworden sein werde. Die Beklagten geben zwar zu, daß ihr Erblasser das Gut an P. für 28000 ℳ verkauft habe, behaupten aber, nicht der Kläger, sondern der Rentier B. sei der Vermittler gewesen, auch sei das Geschäft noch vor der Zahlung des Preises, der also nie flüssig geworden sei, von den Contrahenten wieder rückgängig gemacht. Nach weiterer Verhandlung wurde die Klage angebrachter Maßen abgewiesen. Auf Appellation des Klägers erkannte jedoch der zweite Richter, daß die Klage begründet sei und forderte vom Kläger den Beweis entweder des ersten schriftlichen Honorarversprechens, oder der am 7. November 1864 mündlich getroffenen Abrede oder der nach Abschluß des Kaufhandels erklärten Anerkennung der Honorarschuld. Auf weitere Appellation der Beklagten beschränkte das Oberappellationsgericht durch Urtheil vom 26. August 1867 den Kläger auf den einen Beweis,

> daß er dem verstorbenen Erbpächter G. in der Person des Inspectors P. einen Käufer für das zu W. belegene Erbpachtgut des G. angeschafft,

und,

> als er demselben am 7. November 1864 im M.schen Gasthofe zu L. dieß mitgetheilt, dieser ihm für den Fall, daß das Kaufgeschäft mit dem Inspector P. zu Stande kommen werde, 1% des zu vereinbarenden Kaufpreises als Honorar zu zahlen versprochen, er, der Kläger, auch diese Zusage acceptirt habe.

11*

164

Gründe:

1. Zwar ist der sententia a qua, gegenüber dem Erkenntnisse erster Instanz, darin beizupflichten, daß, wenn der verstorbene Erbpächter G. dem Kläger für den Fall, daß sein in W. belegenes Erbpachtgut durch den Kläger werde verkauft werden, ein Honorar von 1 % der Kaufsumme versprochen hatte, und der Kläger darauf hin nun wirklich einen Kaufliebhaber ermittelt und durch Benennung desselben seinen Auftraggeber in den Stand gesetzt hat, mit demselben über den beabsichtigten Verkauf in Verhandlung zu treten, der Kläger, wenn dieser Verkauf zu Stande kam, das verheißene Honorar in Anspruch nehmen kann, obwohl der Verkäufer sich seiner zur weiteren Vermittlung des Handels nicht bedient hat, sobald dieß nur nicht durch ihn selbst veranlaßt ist, was zu behaupten Sache der Vertheidigung gewesen wäre, und daß deshalb die Klage nicht so, wie durch die sententia I geschehen, angebrachter Maßen aus dem Grunde abgewiesen werden durfte, weil Kläger seinerseits es an der Behauptung habe ermangeln lassen, daß der demnächst abgeschlossene Verkauf der fraglichen Erbpachtstelle durch seine Vermittlung grade zum Abschluß gediehen sei, oder daß doch der Verkäufer diese seine weitere Vermittlung abgelehnt oder doloser Weise vereitelt habe.

2. Dagegen erheben sich nach verschiedenen anderen Seiten hin gegen die Richtigkeit der von der sententia a qua getroffenen Entscheidung nicht unerhebliche Bedenken.

Zuvörderst lassen die vorausgegangenen Verhandlungen es als zweifelhaft erscheinen, ob Kläger auch wirklich die drei von der sententia a qua ihm alternativ zum Beweise verstellten Thatsachen als eben so viele selbständige Klagfundamente hinzustellen beabsichtigt hat, und ob dieselben, falls dieß auch von ihm geschehen sein sollte, nach dem Zusammenhange, in welchem sie zu einander stehen, auch wirklich geeignet sind, in ausreichender Weise hiezu zu dienen.

Betrachtet man nämlich den Inhalt der Klage etwas genauer, so kann man sich nach der Fassung ihres Eingangs, in welchem der Kläger die seine Honorarforderung begründenden Thatsachen vorträgt, zunächst des Eindrucks nicht erwehren, daß der Kläger auf das angeblich schriftlich von G. ihm für den Fall, daß das fragliche Erbpachtgut durch ihn werde verkauft werden, ertheilte Versprechen, sich nur zu dem Ende bezieht, um es aufzuklären, wie G. dazu gekommen, ihm gegenüber, als er demselben am 7. November 1864 in dem M.'schen Gasthause zu L. den Inspector P. als den von ihm verschafften Käufer seines Erbpachtguts namhaft gemacht, sich für verpflichtet zu erklären, ihm ein Honorar von 1 % der mit dem Käufer zu vereinbarenden Kaufgelder für den Fall der Zustandekunft dieses Handels zu zahlen.

3. Allerdings bedurfte es, wenn G. dem Kläger wirklich das fragliche Versprechen ertheilt, und Kläger darauf hin ihm den benannten Kaufliebhaber angeschafft hatte, zur Begründung dieser Verpflichtung jener Erklärung an sich nicht. Auch bezeichnet der Kläger dieselbe nur als eine Wiederholung der früher bereits ihm ertheilten Zusicherung, mit der er denn auch wiederholt sich einverstanden erklärt habe; und sucht sodann auch in diesem Sinne in seiner Replik, weil Beklagte seiner Meinung nach wegen der mangelhaften Beschaffenheit der darüber in ihrer Vernehm= lassung abgegebenen Erklärung desselben als geständig anzusehen seien, jenes frühere Versprechen als das eigentlich entscheidende hinzustellen, so daß es, um mit seiner Klage durchzubringen, für ihn nur noch des Beweises der be= stritttenen Thatsache bedürfe, daß er am 7. November 1864 den Inspector P. seinem Mandanten als den von ihm angeschafften Käufer des fraglichen Erbpachtgutes genannt habe. Allein in seiner Appellationsrechtfertigung voriger Instanz giebt er der Sache auf einmal eine völlig andere Wendung, indem er daselbst pag. 14--16 in Bekämpfung der sententia I. ausführt, „es sei wenig ersichtlich, wie das Vorgericht dazu gekommen sein möge, das lediglich ganz beiläufig klagend von ihm angeführte, einer weit früheren

Zeit angehörige von G. schriftlich abgegebene Honorarversprechen seiner Sachentscheidung grundleglich zu machen,
da das Gericht nicht einmal Gelegenheit gefunden, über
das ihm schriftlich gewordene Versprechen zu cognosciren,"
und im Anschluß hieran sodann weiter bemerkt: „daß er
seine Klage principaliter habe fundiren wollen auf das
mündlich ihm von dem Erblasser der Beklagten gelegentlich
davon, daß er den P. als den Käufer seines Erbpachtstücks
genannt, im M.'schen Gasthause zu L. gegebene Honorarversprechen, könne im Behall seiner Klage gar nicht
zweifelhaft sein".

4. Ist nun auch Kläger zu dieser Schwenkung vielleicht nur
dadurch veranlaßt, um auf diese Weise am einfachsten und
wirksamsten den Folgerungen zu entgehen, welche die sententia I aus der Fassung des von ihm behaupteten ursprünglichen Versprechens nach der Seite hin gezogen hatte,
daß er danach, um das ihm in Aussicht gestellte Honorar zu
verdienen, zur vollständigen Vermittlung des Handels verpflichtet gewesen wäre, so ist er doch an der hier von ihm gegebenen ausdrücklichen und sehr bestimmt lautenden Erklärung über den wahren Sinn seiner Klage um so mehr festzuhalten, als diese Auslegung zugleich der Fassung derselben am
besten entspricht, und als seine bei dieser Gelegenheit gemachte Aeußerung, daß das fragliche Versprechen einer weit
früheren Zeit angehöre, den von den Beklagten in ihrer
Duplik dawider erhobenen Einwurf, „die darauf bezüglichen
Angaben der Klage seien viel zu allgemein und unbestimmt,
als daß sie sich bestimmt und speciell über die behaupteten
Thatsachen hätten erklären können, da über die Zeit und
die näheren Umstände, unter denen diese Zusicherung ertheilt sein solle, nichts vorgebracht sei", insofern als begründet erscheinen läßt, als danach nicht zu ersehen ist,
ob dieses frühere Versprechen nach der obwaltenden Sachlage
für sich allein noch dem Kläger einen Anspruch auf das
dadurch zugesicherte Honorar gewähren konnte, wenn jetzt,
nachdem inzwischen eine lange Zeit verstrichen war, der

Kläger seinem früheren Mandanten etwa unerwarteter Weise
noch die Gelegenheit verschaffte, einen Verkauf seiner Erbpachtstelle abschließen zu können, zumal, wenn dieß der
Fall war, es jedenfalls für den Kläger am einfachsten
gewesen wäre, seine Klage so zu begründen, wie es der
Fassung des in der sententia a qua ihm auferlegten ersten
Beweises entsprochen haben würde. Unter diesen Umständen
mußte daher dieser erste Beweis auf die wider den ganzen
Inhalt dieser Sentenz gerichtete Beschwerde der Beklagten
gestrichen werden.

5. Dagegen ist die Bezugnahme des Klägers auf dieses
frühere Versprechen insofern nicht ohne Bedeutung, als
dadurch auf das bei der angeblichen Namhaftmachung des
Käufers am 7. November 1864 im M.'schen Gasthause zu
L. ihm seiner Behauptung nach von dem Erbpächter G.
wiederholt ertheilte Versprechen ein sehr bestimmtes Licht
fällt: denn eben dadurch, daß der Kläger dieses Versprechen
unter Bezugnahme auf das frühere als ein wiederholtes
Versprechen bezeichnet, giebt er zu erkennen, daß dieses
Versprechen auf derselben Voraussetzung beruhte, unter
welcher ihm das frühere, welches dadurch nur wiederholt
ward, ertheilt worden war. Die Voraussetzung dieses
früheren Versprechens war nun aber nach der vom Kläger
selbst mitgetheilten Fassung desselben offenbar die, daß der
Kläger selbst den Käufer anschaffte, wogegen es entschieden
nicht als genügend betrachtet werden konnte, ihm einen
Anspruch auf das verheißene Honorar zu gewähren, wenn
er seinem Mandanten nur einen von Seiten einer anderen
Mittelsperson bereits aufgesprochenen Käufer als Kaufliebhaber bezeichnete. Unter diesen Umständen erscheint es
daher allerdings als einiger Maßen auffallend, daß Kläger,
indem er sich auf dieses frühere Versprechen bezog und in
Anknüpfung an dasselbe den seiner Klage principaliter zu
Grunde gelegten Vorgang am 7. November 1864 im
M.'schen Gasthause zu L. referirte, zur Begründung des
erhobenen Anspruchs nicht etwa ausdrücklich behauptete,

daß er dem G. den P. als Käufer für dessen Erbpachtstelle angeschafft habe, sondern sich mit der immerhin zweideutigen Behauptung begnügte, daß er ihm denselben „als den von ihm verschafften Käufer der vorgedachten Erbpachtstelle genannt habe". Da aber der Kläger der Bestreitung der Beklagten in deren Vernehmlassung gegenüber, daß er den fraglichen Handel vermittelt, indem, so viel sie wüßten, der Rentier O. B. die Mittelsperson in demselben gewesen sei, an verschiedenen Stellen seiner Replik die Behauptung erhebt, daß er es gewesen, der den benannten Käufer ange= schafft habe, und dieß, freilich nur in Beziehung auf das ursprüngliche Versprechen, als den Gegenstand des ihm obliegenden Beweises bezeichnet, eben so auch in seiner Appellationsrechtfertigung voriger Instanz der in der Duplik noch bestimmter formulirten Bestreitung seiner Vermittlung des Handels und der ausdrücklichen Behauptung der Be= klagten gegenüber, daß der genannte Rentier O. B. nicht nur den Abschluß des Handels vermittelt, sondern auch den P. zuerst davon in Kenntniß gesetzt, daß das G.'sche Erbpachtgehöft verkäuflich sei, und ihn zur Anknüpfung von Kaufsverhandlungen veranlaßt habe, so wie gegenüber deren Rüge jenes unbestimmten Ausdrucks an dieser Be= hauptung festhält, und ausführt, daß in jener Ausführung der Klage, er habe dem Verkäufer den von ihm verschafften Käufer genannt, verständiger Weise nur die Behauptung gefunden werden könne, daß er die ihm aufgetragene An= schaffung des Käufers besorgt habe, also daß der P. als Käufer zu der fraglichen Erbpachtstelle von ihm aufgesucht und ermittelt worden, auch bereit gefunden sei, dieselbe zu kaufen, so liegt die Annahme nahe, daß der Kläger sich jenes zweideutigen Ausdrucks ursprünglich nur zu dem Ende bedient habe, um sich vielleicht eine günstigere Stellung in Beziehung auf die etwa nöthig werdende Beweisführung zu sichern, ist derselbe nach Maßgabe der später ihm zu Theil gewordenen Erläuterung zu verstehen, und kann sich nur noch fragen, welche Bedeutung der so behaupteten und andererseits bestrittenen Thatsache für die abzugebende Entscheidung zukommt.

6. Erkennt nämlich freilich, wie schon bemerkt, der Kläger in Beziehung auf das angeblich früher ihm geleistete Versprechen es auch an, daß er diese Thatsache der Ableugnung der Beklagten gegenüber zu beweisen haben würde, so könnte man doch, wenn dieses in seiner selbständigen Bedeutung nicht weiter in Betracht kommt, und nur das spätere bei der geschehenen Namhaftmachung des Käufers von G. angeblich gemachte Versprechen als der Klage zu Grunde liegend betrachtet wird, zweifeln, ob das Gleiche auch hier der Fall sei.

Man könnte nämlich so argumentiren wollen, daß der G. dadurch, daß er nach der ihm geschehenen Benennung des Käufers dem Kläger ohne weiteres sich verpflichtet erklärte, ihm das früher zugesicherte Honorar von 1 % der Kaufsumme, wenn der Handel zu Stande komme, zu zahlen, es anerkannt habe, daß die Anschaffung des Käufers auch wirklich durch den Kläger geschehen und so, wenn er dieß später als irrig erkannte, sich auf diesen Irrthum nur in Gestalt einer Einrede berufen könne, daher auch zur Begründung dieses Einwandes seinerseits den Beweis übernehmen müsse, daß nicht der Kläger sondern ein Anderer es gewesen, welcher den Käufer angeschafft, und zugleich darlegen, daß der Irrthum, in welchem er sich in dieser Beziehung befunden, entschuldbar gewesen sei.

Wenn indessen Jemand einem Anderen auf dessen Versicherung hin, daß er ihm einen gewissen Dienst geleistet, eine Belohnung bestimmter Art als Gegenleistung verheißt, so würde es entschieden zu weit gehen, wollte man annehmen, daß in dieser Zusicherung zugleich eine Anerkennung der wirklich geschehenen Dienstleistung enthalten sei. Denn trauet auch zunächst der Versprechende der ihm dieserhalb gemachten Mittheilung, so ist doch deren Richtigkeit die sich von selbst verstehende Voraussetzung seines Versprechens, und dieses ist, worüber sich derjenige, welchem dasselbe

ertheilt worden ist, überall nicht täuschen kann, so zu verstehen,
als wäre dabei ausdrücklich gesagt: „wenn du dies wirklich
gethan hast, so verspreche ich dir dafür." Erfährt daher
der Versprechende hinterher, daß es sich mit der behaupteten
Dienstleistung nicht so, wie angegeben, verhält, oder hat er
auch eine begründete Ursache, an der Wahrheit der bezüglichen Behauptung zu zweifeln, so ist er, so lange er
seinerseits noch nicht die verheißene Gegenleistung gewährt
hat, immer noch in der Lage, den Eintritt der sein Versprechen bedingenden Voraussetzung der auf die versprochene
Belohnung gerichteten Anforderung des Anderen gegenüber
durch bloßes Leugnen bestreiten und dieserhalb Beweis
fordern zu können. Da nun vorliegenden Falls aus der
Beziehung, in welcher das angeblich von dem Erblasser der
Beklagten am 7. November 1864 bei der Nennung des
Inspectors P. als Kaufliebhabers der fraglichen Erbpachtstelle dem Kläger geleistete Honorarversprechen zu dem
angeblichen früheren Versprechen nach Klägers eigenem
Vorbringen steht, sich klar ergiebt, daß dieses Versprechen
nicht für die bloße Benennung eines Käufers gewährt ist,
sondern zugleich auch dessen wirkliche Anschaffung zur Voraussetzung hatte, so war dem Kläger dieserhalb noch Beweis
aufzuerlegen und mußte demnach der zweite Im Uebrigen
bei Bestand bleibende Beweissatz der sententia a qua, so,
wie geschehen, verändert werden, woraus von selbst folgt,
daß die entgegenstehende Behauptung der Beklagten, nicht
der Kläger, sondern vielmehr der Rentier O. B. sei es
gewesen, welcher den Inspector P. ihrem Erblasser als
Käufer für seine Erbpachtstelle angeschafft habe, nicht den
Gegenstand eines ihnen obliegenden Einredebeweises, sondern
vielmehr des ihnen zustehenden directen Gegenbeweises
bildet, und deshalb auch nicht besonders ihnen zum Beweise
zu verstellen war.

7. Kläger hat aber weiter noch hervorgehoben, „daß in der
zweiten Hälfte des Decembers 1864, am 21. oder 22.
dieses Monats, der Erblasser der Beklagten zu D. auf dem

Erbpachtgehöfte des Erbpächters B. daselbst in Gegenwart
dieses und des Erbpächters C. ihm auf sein desfalls an
ihn gerichtetes Befragen eine von ihm damals angenommene
Zusicherung ertheilt habe, er werde das ihm für den Verkauf seines Erbpachtguts versprochene Honorar ihm bezahlen,
sobald die dafür vereinbarten Kaufgelder würden flüssig
geworden sein", und die sententia a qua hat in der so
behaupteten wiederholten Zusicherung ein als Constitutum
debiti proprii zu betrachtendes selbständiges Schuldver-
sprechen erkennen zu müssen geglaubt und deshalb dem
Kläger noch einen besonderen Beweis dieserhalb alternativ
frei gelassen.

So großen Schein aber auch diese Annahme auf den
ersten Anblick um deswillen für sich hat, weil zu der Zeit,
wo diese erneuerte Zusicherung ertheilt worden sein soll,
der fragliche Verkauf unbestrittener Maßen bereits abgeschlossen war, und für die Auszahlung des angeblich versprochenen Honorars ein besonderer Zeitpunct darin
festgesetzt sein würde, so hat doch das so behauptete Zahlungs-
versprechen nach dieser letzteren Seite hin, wie in der
sententia a qua richtig ausgeführt ist, überall keine Bedeutung mehr, und verliert andererseits dadurch jeden
rechtlichen Effect, weil es ohne nähere Bezeichnung der
versprochenen Summe selbst sich nach der vom Kläger
mitgetheilten Fassung einfach auf ein früheres Versprechen
zurückbezog, daher auch Beklagte in ihrer Appellations-
erwiderung voriger Instanz mit Recht ihm jede selbständige
Wirksamkeit abgesprochen haben. Damit es rechtlich überall
Beachtung finden könnte, würde daher der Kläger zuvor
noch dieses frühere Versprechen selbst, also sowohl, daß
ihm versprochen worden, als auch, da ein Versprechen nur
durch seinen Gegenstand Bedeutung empfängt, was ihm
versprochen worden, beweisen müssen. Diesen letzteren
Mangel sucht daher auch die sententia a qua dadurch zu
ergänzen, daß sie den nach Angabe des Klägers früher versprochenen Betrag des Honorars von 1 % des Kaufpreises

demselben mit zu beweisen auferlegt. Allein dieß erscheint um deswillen unzulässig, weil dadurch das zum Beweise verstellte Versprechen in der That ein ganz anderes wird, als es nach der Fassung war, in welcher es nach der eigenen Angabe des Klägers ihm ertheilt ist, und war daher auch diese Beweisalternative auf die wider die senlentia a qua gerichtete Beschwerde der Beklagten zu beseitigen, wogegen es allerdings dem Kläger unbenommen bleibt, diesen Vorgang, gleichwie auch das angeblich früher ihm ertheilte schriftliche Honorarversprechen zur Unterstützung des jetzt allein noch ihm offen gelassenen Beweises mit heranzuziehen und angemessen zu benutzen.

51. Zum SCtum Vellejanum. Pe 543/₁....

Die von der Wittwe P. auf Rückgabe eines Darlehns belangte Ehefrau F. leugnete den Empfang der Darlehnssumme nicht, behauptete aber, daß das Geld von der Klägerin nicht ihr, sondern ihrem jetzigen Ehemanne, mit dem sie damals verlobt gewesen, creditirt sei, indem sie nur als Botin das Darlehnsgesuch bestellt und das Geld zu der von ihr denn auch besorgten Ablieferung an ihren Bräutigam erhalten habe. Eventuell schützte sie die exceptio SCti Vellejani vor, da sie vor und bei Abschluß des Darlehnsvertrages der Klägerin ausdrücklich gesagt habe, daß die erbetenen 100 ₰ ihrem Bräutigam geliehen werden sollten. Diese Einrede wurde vom ersten Richter verworfen, auf ihre dagegen gerichtete Appellation wurde die Beklagte aber zu dem Beweise gelassen,

> daß die Klägerin vor oder bei Aufnahme des fraglichen Darlehns durch sie, die Beklagte, davon unterrichtet worden sei, daß die 100 ₰ für ihren, der Beklagten, derzeitigen Bräutigam, bestimmt seien.

Auf weitere Appellation der Klägerin änderte das Ober=
appellationsgericht durch Erkenntniß vom 16. October 1865
nur den Beweissatz dahin, daß statt der Worte „für ihren,
der Beklagten, Bräutigam bestimmt seien" gesetzt wurde,
„ihrem, der Beklagten, Bräutigam geliehen werden sollten".
Dazu wurde in den Entscheidungsgründen bemerkt:

1. — — — — — — —

2. Die Fassung, welche dem fraglichen Einredenbeweise in
der sententia a qua gegeben ist, entspricht dem exceptivischen
Vorbringen der Beklagten nicht ganz, und bietet auf keinen
Fall ein zur Begründung der vorgeschützten exceptio SCti
Vellejani ausreichendes Material. Wenn die Beklagte,
indem sie das Darlehn in eigenem Namen bloß mit der
generellen Erklärung, das Geld sei für ihren jetzigen Ehe=
mann „bestimmt", contrahirte, so gab sie sich damit noch
nicht als Intercedentin zu erkennen, da es ja dann möglich
blieb, daß sie das Geld ihrem damaligen Bräutigam schenken
wollte, unter dieser Voraussetzung aber die Berufung auf
das SCtum Vellejanum ausgeschlossen sein würde.

l. 4. § 1. D. h. tit. (16, 1).

Gesetzt indessen, sie hätte, wie sie behauptet, bei der Auf=
nahme des Darlehns erklärt, daß die 100 ₰ ihrem Bräutigam
g e l i e h e n werden sollten, so würde sie durch den in Rede
stehenden Einwand geschützt sein. Bekanntlich wird der
Fall, wenn eine Frau statt Dessen, der wegen eines Dar=
lehns mit einer bestimmten Person in Unterhandlung
stand, vor der Perfection des Vertrages denselben für sich
abschließt, und so Darlehnsschuldnerin wird, während das
aufgenommene Geld dem Anderen zu Gute kommt, der
Uebernahme einer schon vorhandenen fremden Schuld gleich=
gestellt und als Intercession behandelt.

l. 8 § 14 eod.

Im practischen Resultate und rücksichtlich der in l. 4. § 1
cit. angegebenen ratio legis ist es ja in der That auch
einerlei, ob die Frau in einen bereits perfecten Vertrag
expromittirend eintritt, oder ob sie durch vorzeitiges Eintreten

ten Abschluß des zuerst intendirten Vertrages hindert. Der Leichtsinn, dessen schadende Folgen das Gesetz abwenden will, ist sogar noch größer und gefährlicher, wenn die Frau eine Schuld für Jemanden übernimmt, der für seine Person noch keinen Credit gefunden hat, als wenn sie in das Schuldverhältniß aus einem zu Stande gekommenen Darlehnsvertrage eintritt.

3. Nicht minder stark macht sich die ratio legis auch dann geltend, wenn der Darlehnsjucher, ehe er mit einem Anderen in Unterhandlung getreten ist, die Frau direct um das Darlehn anspricht, und dieselbe veranlaßt, nun ihrerseits die nöthigen Mittel anderweitig anzuleihen. Hier tritt nur das Bedenken ein, daß der Creditgeber der Frau, der in den bisher besprochenen Fällen über deren Intention nicht zweifelhaft sein kann, möglicher Weise nicht erfährt, wozu das Geld verwendet werden soll, und dann annehmen darf, die Frau brauche dasselbe für sich; ist aber dieses Bedenken gehoben, weiß also der Gläubiger, daß das Geld weiter geliehen werden solle, daß demnach nicht die mit ihm contrahirende Frau, sondern ein Anderer das aufzunehmende Darlehn sucht, und die Frau nur in dessen Interesse thätig wird, so steht das Rechtsgeschäft dem in l. 8 § 14 cit. erörterten ganz gleich und ist als eine unter das Senatusconsult fallende Intercession zu behandeln. Dies ist in den ll. 11. 12 eod. lit. geradezu gesagt, und wird durch l. 17. pr., l. 27 pr l. 28 § 1 eod. bestätigt.

Windscheid, de valida mulíerum intercessione
pag. 15 f pag. 28 f.

Derselbe, im Archiv für civilistische Praxis Bd. 32., nr, 12, 13,

Bangerow, Leitfaden § 581, Anm. 1, 2.

Girtanner, Bürgschaft Seite 335 f.

52. Zur Lehre von der Rückbürgschaft. Ha 861/₁₈₆₇.

X. hatte auf Wechsel von der Lebensversicherungs- und Sparbank zu S. eine Summe geliehen und für diese Schuld eine Lebensversicherungspolice zur Sicherheit cedirt, auch den Kläger als Bürgen gestellt, welcher letztere sich von der Ehefrau des Schuldners Rückbürgschaft geben ließ. – Da der Schuldner nicht zahlte, entrichtete Kläger die Schuldsumme, und ließ den Wechsel auf sich indossiren. Die Herausgabe der Lebensversicherungspolice wurde dabei jedoch von der Bank bis zur Rückgabe des in den Händen des Schuldners befindlichen Pfandscheins verweigert, und erklärte der Kläger sich damit einverstanden, daß dieselbe dem Schuldner zurückgegeben werde. — Als er nun die Ehefrau aus der von ihr geleisteten Rückbürgschaft belangte, forderte diese neben der Herausgabe des indossirten Wechsels auch die Lebensversicherungspolice, welche, da der Schuldner inzwischen in Concurs verfallen und bald darauf verstorben war, von den Creditoren desselben als Theil der Debitmasse in Anspruch genommen ward; der Kläger war zwar zur Cession seiner Rechte auf die Police und zur Herausgabe des Wechsels bereit, hielt sich aber zu Mehrerem nicht verpflichtet.

Das vorige Erkenntniß wies die Klage angebrachter Maßen ab, und wurde dieß vom Oberappellationsgericht unterm 25. November 1867 aus folgenden Gründen bestätigt.

Die Versicherungspolice war der Lebensversicherungs- und Sparbank zur Sicherheit cedirt, und wenn der Wechsel auf den Appellanten indossirt wurde, so erwarb er damit, sobald nichts anderes ausgemacht ward, auch das Recht der Bank auf die Hinterlage. Auch war der Bank in dem Wechsel das Recht zur Cession der Hinterlage ausdrücklich eingeräumt, und stand die Thatsache, daß der von der Bank ausgestellte Pfandschein sich derzeit in den Händen des Hauptschuldners befand, der Cession nicht entgegen, weil aus dem Pfandscheine auf Rückgabe der Police nicht weiter geklagt werden konnte, wenn der Hauptschuldner am Verfalltage keine Zahlung geleistet, und die Bank in Folge dessen von dem ihr eingeräumten Rechte Gebrauch gemacht hatte. Gesetzt aber auch, die Bank wäre befugt gewesen, die Police bis zur Rücklieferung des Pfandscheins zu retiniren; so war sie doch keinen Falls berechtigt, dieselbe ohne des Klägers Zustimmung an den Hauptschuldner zurückzugeben, vielmehr verpflichtet, dieselbe bis zur ausgemachten Sache für ihn zu asserviren.

Aus seinem Verhältniß zur Appellatin war er nun ohne Zweifel dieser gegenüber verpflichtet, ihr gegen die verheißene Schadloshaltung diejenigen Rechte, welche er aus der Einlösung des fraglichen Wechsels erwarb oder zu erwerben befugt war, abzutreten, und erkennt er dieß auch in Bezug auf den Wechsel selbst an. Was in dieser Beziehung vom Wechsel gilt, muß aber auch unbedenklich auf die mit der Wechselforderung verbundenen und zur Sicherung derselben dienenden Rechte angewandt werden. — Wenn daher die Bank sich weigerte, die Police vor Rückgabe des Pfandscheins auszuliefern, so mochte er nicht verpflichtet sein, sich dieserhalb mit der Bank respective mit dem Schuldner auf einen Rechtsstreit einzulassen, sondern konnte der Appellatin in dieser Beziehung das Weitere überlassen. Wohl aber mußte er in einem solchen Falle die Rechte der Appellatin intact erhalten, insbesondere also gegen die Auslieferung der Police an den Schuldner protestiren, und, wenn er die Appellatin aus der Rückbürgschaft in Anspruch nahm, ihr entweder neben dem Wechsel auch die Hinterlage anbieten, oder darlegen, weshalb er hiezu nicht im Stande sei, und ihr seine Rechte an die Bank cediren. — Letzteres hat er nicht nur nicht gethan, sondern im Gegentheil der von der Appellatin aufgestellten und bescheinigten Behauptung, daß er der Bank gegenüber auf die Auslieferung der Police verzichtet, und in die Rückgabe derselben an den Schuldner gewilligt habe, nicht widersprochen.

Dabei kommt freilich noch in Betracht, daß das Recht aus der Police an die Fortsetzung der Zahlung der Prämien geknüpft war, und es mag zweifelhaft sein, ob er der Apellatin gegenüber auch verpflichtet war, dies Recht durch Zahlung der Prämien aufrecht zu erhalten. Jedenfalls aber lag ihm in einem solchen Falle ob, die Appellatin davon, daß er seiner Seits zu dieser Prämienzahlung nicht geneigt sei, in Kenntniß zu setzen, und ihr das Behufige in dieser Beziehung zu überlassen.

60. Zum Art. 61 des Allgemeinen Deutschen Handelsgesetzbuches. Ko 1295/₁₈₆₇.

In einem zur oberstrichterlichen Entscheidung gelangten Rechtsstreite handelte es sich um die Frage, ob der Art. 61 des Handelsgesetzbuches auch auf technische Gehülfen eines Fabrikunternehmers zu beziehen sei. Der Beklagte war in der Maschinenfabrik des Klägers als Zeichner angestellt gewesen und daneben zu einzelnen Ingenieurarbeiten verwendet worden. Den bedungenen Lohn hatte er am Schlusse jeder Woche erhalten, über die Kündigung war nichts verabredet. Bei einem Wochenschlusse hatte der Beklagte erklärt, er verlasse nunmehr diesen Dienst, da er in einer andern Fabrik eine vortheilhaftere Stellung gefunden und bereits angenommen habe. Kläger forderte daher, nachdem er die sofortige Entlassung ohne Erfolg abgelehnt hatte, daß Beklagter verurtheilt werde, den Dienst bis zum Ablaufe der vorgeschriebenen Kündigungszeit fortzusetzen. Das Oberappellationsgericht erklärte diese in erster Instanz abgewiesene Klage in Uebereinstimmung mit dem in zweiter Instanz gesprochenen Urtheile für begründet durch Bescheid vom 23. Januar 1868, dem folgende Gründe beigegeben waren:

Wenn nach Art. 4 des Allgemeinen Deutschen Handelsgesetzbuches als Kaufmann im Sinne dieses Gesetzbuches anzusehen ist, wer gewerbemäßig Handelsgeschäfte betreibt, und nach Art. 272 die gewerbemäßig betriebene Uebernahme der Bearbeitung oder Verarbeitung beweglicher

Sachen (cfr. Art. 271 nr. 1) für Andere, wenn der Ge-
werbebetrieb des Uebernehmers über den Umfang des Hand-
werks hinausgeht, als Handelsgeschäft gilt: so ist das
Fabrikgeschäft des Klägers ohne Zweifel ein Handelsge-
werbe, und dieser im Sinne des Gesetzbuches ein Kaufmann. Erwägt man daneben, daß unter der Ueberschrift
„Vom Handelsstande" von den Kaufleuten in dem festgestellten Sinne, und von den Handlungsgehülfen mit
alleiniger Ausbescheidung der Personen, welche bei dem
Betriebe des Handelsgewerbes Gesindedienste verrichten,
die Rede ist, so läßt es sich wohl vertheidigen, wenn man
im Sinne des Gesetzbuches auch denjenigen einen Handlungsgehülfen nennt, welcher, ohne zum Gesinde zu gehören, in ein fremdes Etablissement der bezeichneten Art
zur dauernden Hülfeleistung eintritt, unter dem Ausdrucke
also Alle begreift, die in dem Gewerbe, welches nach Art.
4 und 271, 272 den Kaufmann darstellt, ihm contractlich
ständige Dienste zu leisten haben. Dann aber ist der
Appellant, welcher als erster Zeichner und Vorstand des
Zeichnen-Bureau, respective zu Ingenieur-Arbeiten, in der
Maschinenfabrik des Klägers angestellt war, unzweifelhaft
als Gehülfe des letzteren in dessen Fabrikgeschäfte zu betrachten. Kann es nun auch als sicher nicht gelten, daß
das Handelsgesetzbuch, abweichend von dem Sprachgebrauche,
den Ausdruck in solchem weiten Sinne genommen hat, so
zeigen doch die gedruckten Commissions-Protocolle, daß eine
Aufstellung des Begriffes von Handlungsgehülfen vermieden ist, um — vergl. Seite 95 Thl. 1 der Ausgabe
von Lutz — der Anwendung der getroffenen Bestimmungen
auf gleiche Verhältnisse Raum zu lassen, und ist namentlich hervorgehoben, daß diejenigen Gehülfen in einer Fabrik,
welche kaufmännische Dienste verrichten, wie auch die Benennung derselben sei, unter den fraglichen Titel fallen.
Der Appellant stand aber mit den Gehülfen im kaufmännischen Betriebe des Appellaten auf gleicher Stufe, und erlaubte insbesondere die Anstellung für dauernde Arbeiten

feinem Theile die einseitige sofortige Auflösung des Dienst=
verhältnisses. In Ermangelung anderweitiger Bestim=
mungen ist demnach auf das Dienstverhältniß zwischen ihm
und seinem Principale der Art. 61 des Handelsgesetzbuches
zur Anwendung zu bringen, und durfte er daher nur mit
Ablauf des Kalenderquartals, in welchem er sechs Wochen
vorher gekündigt hatte, seinen Dienst einseitig verlassen.

54. Zur Lehre vom Commissionshandel.
Mo 738/₁₀₆₆.

X. & Co. zu Berlin hatten vom Beklagten Auftrag er=
halten, für ihn 300 Wispel Roggen per September/October
zu kaufen, und zeigten dem Beklagten die Ausführung dieses
Auftrags mit dem Bemerken an, daß sie nach den Usancen
und Schlußbedingungen der Berliner Börse unter ihrem del
credere gekauft hätten, so daß sie ihm als Verkäufer gegen=
über träten. — Nach Angabe der Kläger hat bei einem solchen
Geschäfte der Verkäufer den Lieferungstag innerhalb des be=
zeichneten Zeitraums zu bestimmen, und schrieben sie daher
am 24. August an den Beklagten, daß die Kündigungen
(Verlangen der Abnahme) in den nächsten Tagen voraussicht=
lich sehr stark sein würden, sie könnten nicht mit Sicherheit
bestimmen, ob sie im Stande sein würden, den Roggen einige
Tage zu halten, und bäten daher um baldigste Mittheilung,
ob Beklagter im Falle der Kündigung den Roggen verkauft
haben oder temporisiren wolle, erhielten darauf jedoch keine
Antwort. Am 4. September schrieben sie darauf weiter, daß
ihnen die 300 Wispel gekündigt seien, sie jedoch beim Mangel
einer Disposition von Seiten des Beklagten eine Prolongation
der Kündigung bis zum folgenden Tage bewirkt hätten, und
morgen an der Börse den Roggen für des Beklagten Rech=
nung verkaufen würden. Nach dem Postenlauf muß Be=
klagter diesen Brief am 5. September Morgens erhalten

12*

haben, so daß er bis zur Börsenzeit noch telegraphisch Ordre
hätte ertheilen können. Da keine Antwort einging, so zeigten
Kläger dem Beklagten an, daß sie unter ihrem del credere
verkauft hätten, so daß sie ihm als Käufer gegenüber träten,
und begehrten unter Beilegung einer Abrechnung über den
Ein- und Verkauf den Betrag ihres Guthabens.

Die Klage ward angebrachtermaßen abgewiesen und dies
unterm 12. März 1866 aus nachstehenden Gründen bestätigt:
Da sie dem Beklagten die Person, mit welcher sie den
Handel über die Roggen-Lieferung per September/October
v. J. abgeschlossen, überall nicht namhaft gemacht, vielmehr
ihrer eigenen Angabe nach bei der Anzeige über die Ausführung des Auftrags dem Beklagten erklärt haben, daß
sie ihm als Verkäufer gegenüber träten, so lag es ihnen,
als solchen, ob, die nöthige Kündigung dem Beklagten zu
eröffnen. Ihr Schreiben vom 24. August spricht nur von
zu erwartenden Kündigungen, und der Brief vom 4. Sept.
enthält Nichts weiter, als daß ihnen die 300 Wispel,
welche sie in Folge des beklagtischen Auftrags eingekauft,
zum folgenden Tage gekündigt seien, und daß sie beim
Mangel einer Disposition beklagtischer Seits für dessen
Rechnung den Roggen an morgiger Börse verkaufen müßten.
Für eine Kündigung ihrer Seits kann dies nicht geachtet
werden. Sollte sie aber auch darin liegen, so versteht sich
doch von selbst, daß der Verkäufer, in dessen Belieben die
Bestimmung des Lieferungstages innerhalb einer fest bestimmten Frist steht, damit so zeitig hervortreten muß, daß
der Käufer zur Einhaltung des Tags die nöthige Vorkehr
treffen kann. Sind beide Contrahenten an demselben
Orte, so mag eine Kündigung früh Morgens für denselben
Tag geschehen können. Ist aber inter absentes contrahirt,
so muß der Lieferungstag, obschon der Käufer täglich der
Lieferung gewärtig sein muß, doch wenigstens so weit
hinausgerückt werden, daß er auf gewöhnlichem Wege Antwort geben kann. Das war hier, wie die Kläger selbst
nicht verkennen, unthunlich. Der Art. 357 des deutschen

Handelsgesetzbuchs konnte daher hierauf hin gegen den Beklagten nicht anwendlich werden, und eben so wenig
passen hier die Art. 343 und 366.

———

**66. Ueber die Geltung und Bedeutung der Bestim-
mung in Art. 6. Tit. 1. der hanseatischen Schiffsordnung von 1614. Cfr. Bd. 1. nr. 25.**

Der genannte Artikel bestimmt: „Zu Erbauung der
Schiffe sollen die Freunde und Rheder sowohl auch der
Schiffer nicht bemächtigt sein, einige Materialien oder
Victualien von dem Ihren herauszugeben und in Rechnung
zu bringen, es sei denn, daß die übrigen Freunde und Rheder
alle darein gewilligt. Thäten sie darüber, sollen ihnen die
andern zur Zahlung nicht gehalten sein." —
Dieser Bestimmung ungeachtet kommt es in Rostock sehr
viel vor, daß diejenigen Handwerker, welche einen Antheil im
Schiffe haben, die in ihr Fach einschlagenden Gegenstände
und Arbeiten liefern, ohne daß dieserhalb die Einwilligung
der übrigen Rheder eingeholt wird. Ein großer Theil der
Rhedereigesellschaften, deren gewöhnliche Entstehung bereits
Bd. 1. S. 62 beschrieben ist, kommt nur dadurch zu Stande,
daß Handwerker in dieser Erwartung einen bestimmten Antheil im Schiffe zeichnen, und diese Betheiligung der Handwerker hat unstreitig wesentlich dazu beigetragen, der Rostocker
Rhederei ihre gegenwärtige Ausdehnung zu geben. In
neuerer Zeit ist diese Art des Schiffsbaues jedoch nicht selten
als ein mit den Vorschriften der hanseatischen Schiffsordnung
von 1614 in Widerspruch stehender und von dieser mit Recht
verpönter Mißbrauch bezeichnet worden, der dahin führe, den
Bau der Schiffe übermäßig zu vertheuern, und dadurch die
Rhederei zu einem unproductiven Gewerbe zu machen, während
von der andern Seite dagegen behauptet wird, daß die
Lieferanten schon vermöge ihres Antheils im Schiffe ein

Interesse daran hätten, gute und preiswürdige Waare ju liefern, der höhere Preis durch die größere Sollblät und Brauchbarteit der gelieferten Gegenstände bedingt und ausgeglichen werde, und die obige Bestimmung der hanseatischen Schiffsordnung in desuetudinem gekommen sei.

Das Rostocker Obergericht nahm dies letztere an, das Oberappellationsgericht inhärirte in einer Entscheidung vom 20. Mai 1867 seiner früheren Ansicht, daß von der Partei, welche sich auf desuetudo beriefe, der Beweis derselben gefordert werden müsse, sprach jedoch In dieser Entscheidung so wie in einem anderen Erkenntnisse vom 23. Mai 1867 jugleich aus, daß die Vorschrift in Art. 5 Tit. I. der hanseatischen Schiffsordnung nur auf die Erbauung und erste Ausrüstung der Schiffe, nicht aber auch auf spätere Ausrhebungen ju beziehen sei, und daß die übrigen Rheder nur dann jur Verweigerung der Zahlung berechtigt seien, wenn sie jugleich bereit sind das Gelieferte jurückzugeben.

Die Gründe dieser Entscheidungen lauten:

u. Bo 1041/₁₈₆₄. 1. Das erste Erkenntniß hat aus den in rat. 4 desselben ausgeführten Gründen angenommen, daß der Art. 5. Tit I. der hanseatischen Schiffsordnung von 1614 in desuetudinem gekommen sei. Allein wenn die Existenz und Notorietät der hier bezeugten Thatsachen auch unbedenklich jugestanden werden können, so folgt daraus doch jene desuetudo noch teinesweges ohne Weiteres. — Die fragliche Vorschrift der hanseatischen Schiffsordnung verbietet Lieferungen jum Bau des Schiffes von Seiten einzelner Mitrheder teinesweges unbedingt, sondern verlangt ju ihrer Gültigkeit nur die Einwilligung sämmtlicher Rheder. Die in den Gründen des ersten Erkenntnisses bezeugte allgemeine Praxis steht daher, wenn und so weit sie auf der wirklichen oder präsumirten Einwilligung der übrigen Mitrheder beruht, und diese sich ein solches Verfahren gefallen ju lassen pflegen, mit der gedachten Vorschrift noch nicht nothwendig in Widerspruch; vielmehr würde ein solcher Widerspruch erst dann eintreten, und darauf die Annahme

der desuetudo gegründet werden können, wenn zugleich
feststände, daß da, wo Mitrheder ihre Zustimmung versagt
haben, hierauf keine Rücksicht genommen ist, oder die allgemeine Ueberzeugung sich gebildet hätte, daß einzelnen
Rhedern gar nicht das Recht des Widerspruchs gegen solche
Lieferungen zuständte, und solche Widersprüche daher aus
diesem Grunde seit langer Zeit nicht vorgekommen
wären. Daß Letzteres der Fall gewesen, wird auch von
dem hiesigen Obergerichte nicht direct bezeugt, sondern
nur aus der Allgemeinheit jener Praxis geschlossen, und
überdies ist diese Allgemeinheit vom Kläger bestritten, und
dagegen geltend gemacht, daß noch in neuerer Zeit mehrfach Schiffe gebaut worden seien, bei denen Lieferungen
von Seiten der Mitrheder grundsätzlich ausgeschlossen
worden. — Daß und warum die Vorschrift der hanseatischen
Schiffsordnung unter den jetzigen Rhedereiverhältnissen un-
anwendlich geworden sei, und geradezu als ein absolutes
Verbot wirken würde, ist nicht zu erkennen. Es kann immerhin zugestanden werden, daß ein großer Theil der hiesigen
Rheder sich beim Bau der Schiffe nur in der Erwartung
betheiligt, daß ihnen Lieferungen für das Schiff übertragen
werden, so wie daß der Sporn, der hierin für die betref-
senden Handwerker liegt, sich bei der Bildung einer Rhedereigesellschaft zu betheiligen, wesentlich dazu beigetragen hat,
der hiesigen Rhederei ihren gegenwärtigen Umfang zu verschaffen, und daß daher ein absolutes Verbot solcher Lieferungen von Seiten der Mitrheder sowohl für das hiesige
Rhedereiwesen, als auch für den Betrieb der beim Schiffsbau betheiligten Gewerbe die nachtheiligsten Folgen haben
würde. Allein die hanseatische Schiffsordnung von 1614
enthält auch, wie gesagt, ein solches absolutes Verbot nicht,
sondern verlangt nur die Einwilligung aller Rheder dazu,
und sichert gerade dadurch gegen die Gefahr, daß die
Lieferanten ihre doppelte Stellung zur Uebervortheilung
der Gesellschaft mißbrauchen, indem sie dieselben nöthigt,
durch Lieferung guter und preiswürdiger Gegenstände sich

jene Einwilligung zu sichern. Es liegt nämlich gar kein
Grund vor, warum die Rhederelgesellschaft nicht den einzelnen Rhedern die für das Schiff erforderlichen Lieferungen
zuwenden sollte, wenn diese die Gegenstände eben so gut
und billig liefern, als andere, im Gegentheil gewährt das
Interesse, welches die Lieferanten als Mitrheder des Schiffes
haben, unter übrigens gleichen Verhältnissen noch eine
größere Garantie für die Güte der gelieferten Gegenstände.
Ein Grund zur Versagung ihrer Zustimmung tritt für die
einzelnen Rheder erst ein, wenn sie Ursache haben, zu
fürchten, daß die fraglichen Mitrheder sich durch ihre Betheiligung an der Rhederei nicht bloß einen erlaubten und
billigen Verdienst, sondern einen unerlaubten Privatvortheil
verschaffen wollen; und dieser Gefahr sollte durch die hanseatische Schiffsordnung vorgebeugt werden. — Daß diese
Gefahr unter den gegenwärtigen Verhältnissen nicht mehr
bestehe und daß daher der Grund der fraglichen Vorschrift
weggefallen sei, wird um so weniger behauptet werden
können, als auch der Art. 180 des Handelsgesetzbuches
eine Vorschrift enthält, welche einer solchen Gefahr für den
dort bezeichneten Fall begegnen soll. Anderer Seits aber
konnte sich, wenn und so lange die Rheder, welche Lieferungen
für das Schiff beschaffen, dies nicht mißbrauchen, die in
ersten Erkenntnisse bezeugte Praxis sehr wohl bilden, ohne
daß die Geltung jener Vorschrift in Zweifel gezogen wäre,
weil bei der Art und Weise, wie der Rhedereibetrieb
sich gestaltete, die große Mehrheit der Rheder kein Interesse
hatte, sich dagegen aufzulehnen. Die Correspondentrheder,
Schiffsbaumeister und Handwerker, welche gewöhnlich den
Stamm der Gesellschaft bilden und derselben in der Erwartung beitreten, daß sie die betreffenden Lieferungen für das
Schiff, resp. die Correspondentrhederschaft erhalten, waren
schon im eigenen Interesse zu der erforderlichen Einwilligung
geneigt. Die Freunde und Verwandten des Schiffers,
welche diesem zur Führung eines Schiffes verhelfen wollen,
hatten gleichfalls kein Motiv ihre Einwilligung zu ver-

sagen, weil dadurch in vielen Fällen das ganze Unternehmen würde gefährdet worden sein. Diejenigen endlich, welche ohne Nebenrücksichten, lediglich in Rechnung auf die aus dem Schifffahrtsbetriebe zu erzielende Dividende mit einem Antheile an dem Schiffe sich betheiligen, konnten gleichfalls nur in seltenen Fällen ein Interesse haben, Widerspruch dagegen zu erheben. Denn diese, und namentlich die auswärtigen Rheder, welche sich um das Detail des Betriebes nicht kümmern können, traten und treten einer Rhederei in der Regel überhaupt nur bei, wenn sie zu den Mitrhedern und namentlich zu den das Unternehmen leitenden Personen Vertrauen besitzen. Sie hatten also, wenn sie dies Vertrauen besaßen, und voraussetzten, daß die Mitrheder die Bedürfnisse eben so gut und billig lieferten, oder daß die vielleicht etwas höheren Preise durch die bessere Qualität der Waare ausgeglichen werde, auch keinen Grund, der üblich gewordenen Lieferung von Seiten einzelner Mitrheder zu widersprechen; und wenn daher von Seiten solcher Rheder bisher selten oder niemals Widerspruch erhoben sein sollte, so würde sich dies auch aus dem Umstande erklären lassen, daß diejenigen, welche den übrigen Mitrhedern nicht das entsprechende Vertrauen schenkten, und daher zu einem Widerspruch geneigt gewesen sein möchten, es in der Regel vorzogen, sich bei dem Unternehmen überhaupt nicht zu betheiligen, oder doch von einem Widerspruche abstanden, weil sie sich selbst sagen mußten, daß derselbe bei der einmal bestehenden Ueblichkeit voraussichtlich zu einer Auflösung der ganzen Gesellschaft und Reconstituirung derselben ohne sie führen würde. — Die im ersten Erkenntnisse bezeugte Praxis konnte sich unter diesen Umständen auch dann bilden, wenn die einzelnen Rheder sich ihres Widerspruchsrechtes bewußt waren, und offensichtliche Mißbräuche nicht hervortraten. Aus ihr allein kann mithin noch nicht ohne Weiteres der Schluß darauf gezogen werden, daß die fragliche Vorschrift der hanseatischen

Schiffsordnung allgemein als außer Geltung gekommen betrachtet worden sei.

Eben so wenig läßt sich die zur Begründung eines Gewohnheitsrechts erforderliche opinio necessitatis daraus herleiten, daß die Mitrheder, welche Waaren ohne Einholung des speciellen Consenses aller übrigen Mitrheder lieferten, dabei in Folge der bestehenden Ueblichkeit der Ueberzeugung gewesen seien, daß solches rechtlich statthaft sei, und daß ihnen rechtlich dafür auch Zahlung von der gesammten Rhederei gebühre, so wie, daß ihnen diese Zahlung bisher auch stets geworden, und Fälle, in denen solche Zahlung mit Rechtseffect verweigert seien, nicht bekannt geworden. — Eines Theils nämlich enthält, wie bereits hervorgehoben, die hanseatische Schiffsordnung ein absolutes Verbot solcher Lieferungen nicht, und es ist in derselben auch die vorherige Einholung des Consenses in jedem einzelnen Falle wenigstens nicht ausdrücklich vorgeschrieben. Die Lieferanten konnten daher, auch wenn sie sich der Geltung dieser Bestimmung vollkommen bewußt waren, nichts desto weniger solche Lieferungeu recht gut in der Voraussetzung der Einwilligung der übrigen Rheder machen; und je allgemeiner diese Art des Schiffsbaubetriebes wurde, ohne daß einzelne Mitrheder dagegen Widerspruch erhoben, um so mehr und allgemeiner befestigte sich auch begreiflicher Weise die, auf den in rat. 1. erörterten factischen Verhältnissen beruhende Erwartung, daß kein Mitrheder dagegen Widerspruch erheben werde. Die fragliche Ueberzeugung der liefernden Mitrheder konnte daher sehr wohl auf der von ihnen vorausgesetzten Einwilligung der übrigen Rheder beruhen, ohne daß sie daneben das diesen nach der hanseatischen Schiffsordnung zustehende Widerspruchsrecht als durch eine constante Gewohnheit aufgehoben anzusehen brauchten. — Anderen Theils ist auch die Ueberzeugung derjenigen Rheder, welche ohne Consens der übrigen Mitrheder Gegenstände geliefert haben, daß ihnen die Zahlung dafür nicht verweigert werden könne,

nach der hanseatischen Schiffsordnung keineswegs ganz un=
begründet. Die fragliche Vorschrift im Art. 5 Tit. 1 der=
selben kann nämlich nur dahin verstanden werden, daß die
ohne Consens der übrigen Rheder abgeschlossenen Lieferungs=
verträge nichtig, und daher die ersteren zur Zahlung nicht
gehalten sein sollen. Daß den Rhedern, welche zum Bau
eines Schiffes etwas geliefert haben, auch das Recht, das
von ihnen Gelieferte in einem solchen Falle zu condiciren
abgesprochen sein solle, ist darin nicht gesagt; und die
übrigen Rheder sind daher nur dann zur Verweigerung der
Zahlung berechtigt, wenn sie zugleich bereit sind, das Ge=
lieferte zurückzugeben. Es steht daher den einzelnen Mit=
rhedern auch nicht frei, später zu einer Zeit, wo die gelieferten Gegenstände bereits längst in Empfang genommen
und verbraucht resp. durch den Gebrauch deteriorirt sind,
und eine Rückgabe also nicht mehr statthaft ist, den
Lieferungsvertrag aus dem Grunde, weil ihre Einwilligung
zu demselben nicht eingeholt worden, anzufechten; vielmehr
können sie sich in einem solchen Falle nur an den Schiffer,
resp. an den Correspondentrheder halten, die dadurch, daß
sie, ohne ihre Einwilligung einzuholen, die Zahlung be=
schaffen, allerdings ihre Befugnisse überschritten, und dieser=
halb den betreffenden Rhedern verhaftet bleiben. Von
dieser Verhaftung aber können sie sich durch den Nachweis
befreien, daß die Preise dem Werthe der gelieferten Gegen=
stände angemessen waren, weil in diesem Falle die Zahlung
dem Interesse der betreffenden Rheder entsprach, und diese
dadurch keinen Nachtheil erlitten haben. — Es ist daher
auch eine unbegründete Besorgniß, daß aus einer Aner=
kennung der noch fortdauernden Geltung der hanseatischen
Schiffsordnung für den hiesigen Rhedereibetrieb bedenkliche
Nachtheile entspringen würden. Einer Seits nämlich steht
es dem Schiffer und dem Correspondentrheder unbedenklich
frei, durch eine Bemerkung in der Missive gleich von vorn
herein den Consens der übrigen Mitrheder einzuholen und
zu bedingen, und es ist, wenn die Ausführungen des Be=

188

flagten über die Zweckmäßigkeit des üblichen Verfahrens begründet sind, nicht zu besorgen, daß dadurch andere Rheder von der Betheiligung an der Rhedereigesellschaft abgeschreckt werden. Anderer Seits werden der Schiffer und resp. der Correspondentrheder, wenn sie vor der Zahlung an die liefernden Rheder die Tüchtigkeit und Preiswürdigkeit der gelieferten Waaren gewissenhaft prüfen und bei Ablegung ihrer Rechnungen den Nachweis dieser Preiswürdigkeit liefern, auch schon dadurch gegen spätere chicaneuse Ansprüche genügend gesichert.

3. Es würde daher, wenn die fragliche Bestimmung der hanseatischen Schiffsordnung in dem vorliegenden Falle überhaupt zur Anwendung käme, von dem Beklagten der Beweis der von ihm behaupteten desuetudo zu fordern, ihm aber daneben alternativ der Beweis der Preiswürdigkeit der gelieferten Gegenstände freizulassen sein. Der Art 6. Tit. I. der hanseatischen Schiffsordnung von 1614 spricht jedoch überhaupt nur von der Erbauung und ersten Ausrüstung des Schiffes, und es ist diese Vorschrift in dem von der Ausrhebung der Schiffe handelnden Tit. V. nicht erwähnt, vielmehr hier im Art. 1 nur die davon unabhängige und bereits im Art. 4 der Schiffsordnung von 1591 enthaltene Bestimmung des Art. 6. Tit. I. wiederholt und in Bezug genommen. Es könnte mithin nur die Frage sein, ob jene Bestimmung auch analog auf spätere Ausrhebungen, beziehungsweise auf spätere Reparaturen und Ergänzungen abgängig gewordener Gegenstände anzuwenden sei, und dafür geltend gemacht werden, daß in der hanseatischen Schiffsordnung von 1591, wo die Bestimmung über die Ausrhebung der Schiffe im Art. 5 unmittelbar an die Vorschriften über den Schiffsbau sich anschließt, die Erbauung und Ausrhebung gleich behandelt werden. Die Schiffsordnung von 1614 aber befolgt eine andere Ordnung, und enthält über die Ausrhebung der Schiffe einen besonderen Abschnitt; und wenn hier nur die Vorschrift des Art. 6., nicht aber auch die des Art. 6.

Tit. 1 wiederholt wird, so muß danach angenommen werden, daß die für die Erbauung der Schiffe erlassene neue
Bestimmung im Art. 5. auch nur für die Erbauung und
die in die Baurechnung gehörige erste Ausrhebung hat
gelten sollen.

b. De 331/1882. — Der Art. 5. Tit 1. des hanseatischen
Seerechts bezieht sich seiner wörtlichen Fassung und seinem
gesammten Inhalte nach unmittelbar nur auf den Fall der
ersten Erbauung des Schiffes.

Wie der mit dieser Bestimmung in genauestem Zusammenhange stehende Art. 4. der älteren hanseatischen
Schiffsordnung von 1591 zeigt, halte es sich nämlich als
ein Uebelstand bemerklich gemacht, daß einzelne Rheder,
statt ihren Antheil an dem aufzubringenden Baucapital
baar zu entrichten, sich dieserhalb mit dem Schiffer, welcher
nach den in beiden Schiffsordnungen vorausgehenden
Artikeln als der eigentliche Bauherr oder doch als der
Leiter des Baues gedacht wird, dadurch abzufinden suchten,
daß sie in Anrechnung auf den von ihnen zu leistenden
baaren Beitrag zu beliebig hohen Anschlägen Materialien
zum Bau oder Victualien zur ersten Ausrhebung des
Schiffes leisteten, ein Verfahren, welchem nachzugeben, der
Schiffer selbst, dem Alles an dem von ihm beabsichtigten Unternehmen lag, leicht geneigt sein konnte.

Um nun der hiervon zu befürchtenden Uebervortheilung
der übrigen Rheder durch einzelne ihrer Genossen zu begegnen, verordnete der Art. 4. der älteren Schiffsordnung
von 1591 zunächst, daß zur Ueberwachung des Baues dem
Schiffer einer oder zwei der Schiffsfreunde zugeordnet
würden, welche in Gemeinschaft mit ihm den Bau leiten
und die dazu, wie zur ersten Ausrhebung des Schiffes erforderlichen Materialien und Victualien möglichst billig
anzuschaffen, die bezüglichen Verträge möglichst vortheilhaft
für die Rhederei abzuschließen suchen, und alles in solcher
Weise in Rechnung bringen sollten, daß sich bei der Prüfung der Baurechnung ein richtiges Urtheil über die zweck-

mäßige Leitung des Baues und die Angemessenheit der
für die angeschafften Gegenstände gezahlten Preise gewinnen ließ. Wo die Baucommission gegen die dafür geforderten oder angelegten Preise kein Bedenken hatte, blieb es
aber dem einzelnen Rheder noch immer gestattet, auf
seinen Antheil an der Bausumme Waaren der fraglichen
Art zuzulegen und in Anrechnung zu bringen.

Es war aber von diesem Verfahren nicht bloß eine
Uebervortheilung der baares Geld legenden Rheder zu
fürchten, sondern dasselbe widersprach auch in so fern den
Grundsätzen des Societätscontracts, dessen Gründung bei
dem Bau des Schiffes noch in Frage steht, als auf diese
Weise die Einlagen, welche jeder Gesellschafter nach Maßgabe seines Societätsantheils zu leisten hatte, sich verschieden gestalteten, während in Ermangelung einer entgegenstehenden Verabredung die Voraussetzung bei Eingehung der Societät die ist, daß alle Gesellschafter zu
gleichen und gleichartigen Beiträgen gehalten sind.

Dieser gedoppelten Unzuträglichkeit zu begegnen, ward
daher bei der später im Jahre 1614 stattgefundenen Revision und Umarbeitung dieser älteren Schiffsordnung in
dem Art. 5. Tit. I. der neuen auch der verordneten Baucommission die Befugniß zur Abschließung derartiger Verträge, wodurch einzelne Rheder in Anrechnung auf ihren
Antheil an der Bausumme statt baaren Geldes Materialien
oder Victualien von dem Ihren herauszugeben suchten, entzogen und deren Geltung davon abhängig gemacht, daß
sämmtliche übrigen Freunde und Rheder darin willigten,
widrigenfalls sie den Betreffenden zur Zahlung nicht gehalten sein sollten.

Daneben wurde die weitere Bestimmung des Art. 4
der älteren Schiffsordnung, daß dem Schiffer zur Leitung
des Baues und Ueberwachung der dazu erforderlichen An-
käufe aus der Mitte der Rheder eine oder zwei Personen
zugeordnet werden sollten, in dem Art. 6. Tit. I. der neuen
Schiffsordnung nicht nur beibehalten, sondern auch noch

durch die weitere ausdrückliche Bestimmung verschärft, oder näher präcisirt, daß, was der Schiffer ohne dieser ihm zugeordneten Schiffsfreunde Willen gekauft, die übrigen Rheder außer ihm zu bezahlen nicht schuldig seien, also die einseitig von ihm dieserhalb geschlossenen und von den ihm zugeordneten Schiffsfreunden auch nicht etwa hinterher genehmigten Verträge nichtig, d. h. für die Rhederei nicht verbindend sein sollten.

Ueber die Frage dagegen, wie es bei späteren Ausrüstungen und Ausrhebungen des bereits vollendeten und in See gesetzt gewesenen Schiffes zu halten, auf welchen Fall sich in allgemeinerer Weise die Art. A. des älteren und Art. 4. Tit. I. des neueren Seerechts beziehen, welche die Befugniß des Schiffers in dieser Hinsicht bestimmen, findet sich hier nichts gesagt. Die bezügliche Vorschrift findet sich vielmehr in Art. 1 Tit. V. des neueren Gesetzes, und wird darin in wesentlicher Uebereinstimmung mit dem Art. 5. des älteren verordnet, daß, damit alles, was zum Behuf der Reise vonnöthen, „mit Vortheil eingekauft werde, die Freunde ein oder zwo Personen ihres mittels dem Schiffer zuzuordnen schuldig sein sollen, Inmaßen hievor von Erbauung der Schiffe verordnet bei derselben Peen, so daselbst ausgedruckt“.

Fragt man nun aber, welches die aus dem Tit. I. „Von der Erbauung der Schiffe“ hier in Bezug genommene Bestimmung ist, so zeigt sich sofort, daß dies nicht die des Art. 5. sein kann, welche nichts Bezügliches enthält, sondern nur die des Art. 6., welche soeben erwähnt ist, und für die Anschaffung des zur ersten Erbauung des Schiffes nöthigen Materials ein ganz gleiches Verfahren verordnet, und, indem sie eine Geldstrafe für die Zuwiderhandelnden festsetzt, zugleich die Nichtigkeit der ohne Zustimmung der ihm zugeordneten Schiffsfreunde von dem Schiffer abgeschlossenen Käufe vorschreibt.

Davon dagegen, daß von den so zur Ausrüstung des Schiffes bevollmächtigten Personen solche Käufe mit keinem der Mitrheder sollten abgeschlossen werden können, vielmehr zu deren Gültigkeit auch die Zustimmung sämmtlicher übrigen Schiffsfreunde in jedem einzelnen Falle erforderlich sein solle, findet sich hier kein Wort gesagt, und es würde auch eine solche Ausschließung der Rheder von sämmtlichen für die spätere Ausrüstung und Ausrhebung des Schiffes erforderlichen Lieferungen und die darin liegende Zurücksetzung derselben gegen Dritte um so unerklärlicher, und eine analoge Ausdehnung der Bestimmung des Art. 5. Tit. I. um so weniger gerechtfertigt sein, als durch solche Leistungen, die gegen fest beredete oder marktgängige Preise bedungen werden, die rechtliche Gleichheit der Gesellschafter in ihrem Verhältnisse zu einander in keiner Weise verletzt wird. Auf solche spätere Lieferungen für Schiffszwecke von Seiten einzelner Rheder ist daher auch die Bestimmung des Art. 5. Tit. I. überall nicht zu beziehen.

Ist aber auch der Art. 5. Tit. I., gleichwie die im Art. 1. V. in Bezug genommene Bestimmung des Art. 6. I. des Seerechts von 1614 so gefaßt, daß, wo denselben zuwider gehandelt, die dadurch verletzten Rheder den Betreffenden „zur Zahlung nicht gehalten sein", oder „was der Schiffer ohn der Freunde Willen gekauft, zu bezahlen nicht schuldig sein sollen", so ist dadurch doch nur die Unverbindlichkeit der ihnen zuwider abgeschlossenen und nicht etwa von Seiten der betreffenden Betheiligten nachträglich noch genehmigten und dadurch geheilten Verträge ausgesprochen. Keineswegs dagegen liegt darin zugleich der weitere Ausspruch enthalten, daß derjenige, welcher auf Grund solcher unverbindlichen Abmachungen und Verträge bereits etwas geleistet hat, was ihm in natura nicht mehr zurückerstattet werden kann, auch so weit diese Leistung der Rhederei wirklich zu gut gekommen ist, gleichsam zur Strafe für seine Nichtachtung dieser Bestimmungen, überall keinen Anspruch auf Ersatz des Geleisteten haben soll. Vielmehr greift hier der in unserem gemeinen Rechte in zahlreichen Anwendungen sich findende Rechtssatz ein, daß auch da, wo

ein beabſichtigtes Rechtsgeſchäft aus irgend einem Grunde
nicht zu Recht beſteht, doch derjenige, welcher dieſes Geſchäft
als ſolches nicht wider ſich gelten zu laſſen braucht, wenn
ihm auf Grund deſſelben etwas geleiſtet iſt, aus demſelben
wegen dieſer Leiſtung ſo weit in Anſpruch genommen werden kann, als er widrigenfalls zum Nachtheil des anderen
Contrahenten, alſo mit deſſen Schaden ſich bereichern
würde, ein Grundſaz, welcher unbedenklich auch da zur
Anwendung gebracht wird, wo die Ungültigkeit des betreffenden Geſchäfts auf der fehlenden Mitwirkung oder
Zuſtimmung eines Dritten beruht, dem in Beziehung auf
deſſen Eingehung eine beſtimmte Entſcheidungsbefugniß zu-
ſtand, wie unter anderen die l. 5 pr. § 1 D. de auctor. et
cons. tut. etc. (26, 8); l. 1 § 15 D. depositi (16, 3);
l. 13 § 1, l. 14 D. de cond. indeb. (12, 6); l. 4 § 4.
D. de doli exc. (44, 4); L 13 D. de reb. eor. qui sub
tutela etc. (27, 9); § 2 J. quib. alienare non licet (2, 8);
l. 10, l. 14, l. 16. C. de praediis et aliis reb. etc.
(5, 71) zeigen.

Vgl. auch Heiſe und Cropp, Abhandlungen Bd. I.
S. 455 n. 19.

**56. Ueber die rechtliche Stellung des Correſpondent-
rheders zum Schiffer und Rheder zur Rhederei.**
De 331/1862.

Hierüber enthalten die Entſcheidungsgründe zu dem
Appellationserkenntniſſe vom 23. Mai 1867 folgende Ausführungen:

1. — Die Beſtellung eines Correſpondentrheders von Seiten
einer Rhedereigeſellſchaft hat zunächſt nur den Zweck, eine
einheitliche, ſtetig fortlaufende Verwaltung derjenigen Ge-
ſchäfte zu ermöglichen, welche der Rhedereibetrieb mit ſich

bringt, und einen ständigen Vertreter der Rhederei für alle
diejenigen Fälle aufzustellen, in welchen durch die in diesem
Betriebe vorkommenden Ereignisse ein unmittelbar in die
Außenwelt eingreifendes Handeln erfordert wird, da eine
solche Verwaltung und ein solches Handeln von der Gesellschaft in ihrer Gesammtheit nicht füglich geübt werden
kann, welche auch abgesehen davon, daß vielleicht eine
Mehrzahl ihrer Mitglieder überall kein selbständiges Verständniß dieser Angelegenheiten hat, schon nach ihrer Zusam-
mensetzung hiezu unfähig ist und selbst, wo es die Fassung
von Beschlüssen nach vorgängiger Berathung gilt, häufig
nicht ohne Schwierigkeit und Zeitverlust zu einer Versamm-
lung vereinigt werden, oder auf andere Weise hiezu veranlaßt und in den Stand gesetzt werden kann. Ungeachtet
des ihm vielfach beigelegten Namens eines „dirigirenden
Rheders" ist daher der Correspondentrheder, rechtlich betrachtet, nicht sowohl das Haupt der Rhedereigesellschaft,
als vielmehr nur deren Geschäftsführer, und die Befugnisse,
wie die Pflichten, welche ihm der Rhederei gegenüber für
seine Person und im Verhältniß zu Dritten zustehen und
obliegen, bestimmen sich theils durch die etwa ausdrücklich
ihm ertheilte Vollmacht, theils durch die Natur und den
Zweck der ihm gestellten Aufgabe und die Auffassung,
welche für deren Inhalt und Begrenzung in der Verkehrs-
welt überhaupt oder an dem besondern Handelsplatze,
welcher als der Sitz der Rhederei zu betrachten ist, in
maßgebender Weise herrschend geworden ist. Wo hienach
seine Befugniß im einzelnen Falle begrenzt erscheint, hat
er bei vorkommender Veranlassung seine Committenten von
dem Erforderlichen in Kenntniß zu setzen, deren Willen über
das, was unter den obwaltenden Umständen geschehen soll,
zu erkunden, den Beschluß derselben in geeigneter Weise
herbeizuführen und das Beschlossene demnächst in Ausführung zu bringen. Als eine besondere Aufgabe von
hervorragender Bedeutung liegt ihm aber stets die Verwaltung der Rhedereicasse gleichwie die Besorgung der

Geldangelegenheiten der Rhederei ob, und hat er demgemäß
die Verpflichtung, durch eine geordnete Buchführung seinen
Rhedern einzeln, wie in deren Gesammtheit nicht nur jeden
Augenblick eine klare Einsicht in den Stand des ganzen
Geschäfts zu ermöglichen, sondern auch in angemessenen
Zeitabschnitten, oder wo bestimmte Unternehmungen zu
äußeren Abschluß gediehen sind, ihnen eine vollständige
Rechnung über die Ergebnisse des ganzen Rhederei= und
Schifffahrtsbetriebes abzulegen, daher er auch in einzelnen
Seerechten den Namen des „Buchhalters" führt.

2. — Gleich dem Correspondentrheder wird auch der Schiffer
von der Rhederei angestellt, und ist deren unmittelbarer
Bediensteter, sowie in den seiner Verwaltung anvertrauten
Angelegenheiten deren Geschäftsführer, nimmt als solcher
eine durchaus selbständige Stellung ein, nicht bloß in
Beziehung auf die eigentliche Führung des Schiffes, son=
dern auch in Beziehung auf die mercantilen Aufgaben des
Schifffahrtsbetriebes, und hat als solcher auch in einem
sehr ausgedehnten Umfange die Befugniß, mit Rücksicht auf
die aus diesem Betriebe sich ergebenden Bedürfnisse und
Anforderungen selbständig Geschäfte einzugehen, wodurch
die Rhederei Dritten gegenüber verpflichtet wird, ohne daß
diese Verpflichtung im einzelnen Falle hinsichtlich ihres
Eintritts stets genau von dem Inhalt der ihm durch seine
Rhederei ertheilten Instruction oder Vollmacht, so wie da=
von abhängig wäre, ob die Rhederei etwa wegen deren
Ueberschreitung oder wegen Hintansetzung und Vernach=
lässigung der ihm gegen sie obliegenden Verpflichtungen
ihn zur Verantwortung ziehen kann.

Durch das Vorhandensein eines ständigen Correspondent=
rheders hat diese Stellung des Schiffers der Rhederei gegen=
über nur insofern eine Veränderung erfahren, als dieser
die Mittelsperson bildet, wodurch der Verkehr des Schiffers
mit der Rhederei gewissermaßen hindurch geht, derselbe
demnach von ihm seine besonderen Aufgaben und die für
deren Lösung erforderlichen Instructionen zugewiesen erhält,

13*

sich in allen Fällen, in welchem ihm vermöge seiner Vollmacht oder nach bestehendem Seerecht die Befugniß selbständigen Handelns versagt ist, oder auch er sich nicht
selbständig zu handeln getraut, an ihn zu wenden und mit
ihm zu Rathe zu gehen hat, endlich auch durch ihn die
nöthigen Geldmittel zur Bestreitung der für das Schiff
erforderlichen Ausgaben empfängt, und so auch umgekehrt
an ihn die Ueberschüsse der von ihm vereinnahmten Fracht-
gelder einzusenden und ihm zunächst über die Verwendung
der ihm von der Rhederei zugegangenen, wie für dieselbe
vereinnahmten Gelder Rechnung abzulegen und durch die
mit ihm geführte Correspondenz seine Rhederei in fort-
laufender Kenntniß über den Ausfall seiner Unternehmungen und den Stand seiner Geschäftsführung zu erhalten hat.

Steht aber auch insofern der Schiffer unter der
speciellen Direction des Correspondentrheders, welcher nach
dieser Seite hin auch „Schiffsdirector" oder „Schiffs-
disponent" genannt wird, und folgt auch daraus, daß der
Schiffer seine Anstellung nicht von den einzelnen Rhedern
als solchen, sondern von deren Gesammtheit erhalten hat,
schon für das ältere Seerecht der durch das allgemeine deutsche
Handelsgesetzbuch Art. 460 Abs. 4 mit voller Schärfe ausgesprochene Satz, daß der Schiffer in allen Schiffsange-
legenheiten sich nur an die Anweisung des Correspondentrheders und nicht auch an die etwaigen Anweisungen der
einzelnen Mitrheder zu halten hat, weil nur jener als
Vertreter der Gesammtheit ihm gegenüber steht und außerdem eine einheitliche Leitung des Rhedereibetriebes unmöglich wäre, ist endlich auch in dem gleichen Sinne
dieses Gesetzbuch so weit gegangen, dem Correspondentrheder gerade die Befugniß zur Anstellung und Entlassung
des Schiffers zuzuweisen, Art. 460 Abs. 4, nur daß er
nach Art. 463 Abs. 2 hierzu vorher die Beschlüsse der
Rhederei einholen muß: so erscheint doch in allen diesen
Beziehungen der Correspondentrheder dem Schiffer gegen-

über wieder nur als der Vertreter der Rhederei, und es würde
deshalb eine ganz verfehlte Schlußfolgerung sein, wenn man
hiernach den Schiffer als ein bloßes Werkzeug in der Hand
des Correspondentrheders betrachten und diesen deshalb auch
in aller und jeder Weise für das Verhalten des Schiffers der
Rhederei gegenüber verantwortlich machen wollte. Vielmehr
nimmt der Schiffer, so weit ihm der Rhederei gegenüber eine
selbständige Stellung, eine selbständige Handlungsbefugniß
und Machtsphäre unter eigener Verantwortlichkeit eingeräumt
ist, eine solche auch dem Correspondentrheder gegenüber ein,
und wenn auch beide auf einen bestimmten Grad zu gemein=
samem Handeln angewiesen find, und dem Correspondent=
rheder der Rhederei gegenüber in einem gewissen Umfange
die Verpflichtung obliegt, den Schiffer zu überwachen, so kann
doch auch aus diesem Grunde denselben für die Hand=
lungen des Schiffers nur in sofern eine Verantwortlichkeit
treffen, als er es im einzelnen Falle an dieser Mitwirkung
und Ueberwachung, obwohl solche nach der obwaltenden
Sachlage ihm möglich gewesen wäre, seinerseits schuldvoller
Weise hat fehlen lassen.

Soweit der Schiffer selbständig zu handeln befugt war,
oder selbständig gehandelt hat, ohne daß ihn der Correspondentrheder daran zu hindern vermochte, hat daher auch nur
Jener das Geschehene der Rhederei gegenüber zu verant=
worten, und wenn gleich dem Correspondentrheder, als dem
Geschäftsführer der Rhederei hier wieder die Aufgabe zu=
fällt, ihn zur Rechenschaft zu ziehen und die dadurch er=
zielten Ergebnisse der Rhederei vorzulegen, so steht doch
deren Prüfung und Entscheidung über die Gutheißung
oder Verwerfung des Geschehenen, wie über die Frage,
ob dieserhalb der Schiffer zur Verantwortung zu ziehen,
dieser letzteren in so durchaus selbständiger Weise zu, daß
der Correspondentrheder, sobald er übrigens hierbei nichts
versehen hat, in keiner Weise schon darum allein von den
Rhedern zur Verantwortung gezogen werden kann, daß er
seinerseits etwa hinsichtlich der Beurtheilung der fraglichen

Thatsachen von anderen Ansichten ausgegangen ist, oder einen andern Standpunct eingenommen hat, als diese.

3. — Haben also hiernach Beide, der Correspondentrheder und der Schiffer, wiewohl auf dem gemeinsamen Gebiete des Rhedereibetriebes, jeder für sich eine besondere Aufgabe zu lösen, und eine in gewissem Umfange selbstständige Verwaltung zu führen, so ergiebt sich hieraus, — — — daß auch Jeder von ihnen über die Ergebnisse der von ihm geführten Verwaltung und die in Ausübung derselben gehabten Einnahmen und Ausgaben selbstständig Rechenschaft zu geben und Rechnung abzulegen hat, und daß beide Rechnungen, obwohl sie in vielfacher Hinsicht in genauester Wechselbeziehung zu einander stehen, und sich gegenseitig erläutern und justificiren, doch, wie sie in formeller Hinsicht auseinandertreten, so auch in ihrem Inhalt keineswegs zusammenfallen und in Beziehung auf die Prüfung ihrer Ansätze, gleichwie hinsichtlich der daraus für die Berechtigungen und Verpflichtungen jedes Einzelnen von ihnen der Rhederei gegenüber sich ergebenden Consequenzen einer völlig verschiedenen Beurtheilung unterliegen und zu völlig verschiedenen Resultaten führen können.

Hat demnach auch der Correspondentrheder, da er die Hauptcasse der Gesellschaft führt, und so auch das Rechnungswesen derselben verwaltet, als solcher die Pflicht, beim Abschluß einer bestimmten Rechnungsperiode mit seiner Rechnung zugleich die von ihm entgegen zu nehmende und einzuholende Rechnung des Schiffers, der Rhederei vorzulegen, deren Prüfung von Seiten dieser vorzubereiten und die Ergebnisse der beiderseitigen Geschäftsführung in solcher Weise zur Darstellung zu bringen, daß sich deren Ineinandergreifen erkennen und eine klare Einsicht in das Gesammtresultat dieser Geschäftsführung für das Soll und Haben der Gesellschaft gewinnen läßt, so kann es doch nach dem Obigen hierbei nie seine Aufgabe sein, beide Rechnungen in solcher Weise in Eine zu verschmelzen, daß sich deren Verschiedenheit nicht mehr erkennen läßt; vielmehr

würde dies die Prüfung der von Jedem gesondert geführten
Verwaltung und die Beurtheilung der daraus für und
gegen Jeden von ihnen sich ergebenden Ansprüche nur er-
schweren; und noch weniger folgt hieraus für den
Correspondentrheder die Verpflichtung, wie seine eigene
Rechnung so auch die des Schiffers zu justificiren und für
deren Ansätze und Ergebnisse durchweg mit einzutreten.

—————————

4. — — — — Kann auch nicht zugegeben werden,
daß hinsichtlich der dem Geschäftsführer obliegenden Verpflichtung, die von ihm für den Geschäftsherrn gemachten
und ihm in Rechnung gesetzten Ausgaben zu justificiren,
ein wesentlicher Unterschied zwischen denjenigen Verwendungen bestehl, die er aus dem ihm zu Gebote gestellten Cassenvorrath, und denjenigen, die er aus eigenen
Mitteln vorschußweise für seinen Mandanten gemacht hat,
sobald der Cassenvorrath für die zu bestreitende Ausgabe
nicht mehr ausreichte, so ist hieran doch so viel wahr, daß
der Geschäftsführer, wie alle von ihm in Rechnung gestellten Ausgaben, so auch die von ihm gemachten Vorschüsse aus dem Gesichtspuncte ihrer Nothwendigkeit,
Nützlichkeit oder Ueblichkeit erforderlichen Falls zu rechtfertigen hat.

In dieser Beziehung kann es aber zunächst nicht füglich bestritten werden, daß es, wie anderswo, so auch im
hiesigen Rhedereibetriebe, ein durchaus übliches Verfahren
ist, daß, wo es sich bloß um Ausgaben handelt, die durch
den regelmäßigen Geschäftsbetrieb hervorgerufen werden,
und deren Deckung demnächst durch die Einnahme des
Schiffes bei glücklicher Fahrt erwartet werden darf, oder
die keine Verzögerung erleiden. bei erschöpfter Rhedereicasse
und dadurch herbeigeführter Nothwendigkeit weiterer Ein-
schüsse, der Correspondentrheder für die Rhederei in Vorschuß geht. Erleiden die Rheder dadurch scheinbar zunächst

insofern eine kleine Einbuße, als der Correspondentrheder
sich für diese Vorschüsse Zinsen berechnen darf und auch
wirklich berechnet, so wird dieser Nachtheil doch einerseits
durch die in Folge hiervon bewirkte Vereinfachung und Erleichterung des Geschäftsbetriebes, andererseits dadurch auf-
gewogen, daß die Rheder ihrerseits den Genuß der sonst
einzuschießenden Gelder behalten.

Wo aus solchen Gründen der Correspondentrheder für
die Rhederei in Vorschuß gegangen, da bedarf deshalb dieser
Vorschuß als solcher keiner weiteren Rechtfertigung, als die
dadurch bestrittene Ausgabe selbst. Hinsichtlich dieser ist
aber wieder für die Frage, ob der Correspondentrheder
deren Anerkennung resp. deren Ersatz von der Rhederei
verlangen darf, der allgemeine Gesichtspunkt entscheidend,
wonach der Mandatar von seinem Mandanten die Anerkennung aller Ausgaben, resp. den Ersatz aller Auslagen
fordern darf, die er der ihm gewordenen Aufgabe gemäß
in gutem Glauben, nach gewissenhaftem Ermessen gemacht
hat, ohne daß ihm hierbei eine Vernachlässigung der nöthigen Umsicht und Sorgfalt zur Last fällt.

Vergl. l. 56 § 4 D. mandati (17, 1); l. 4 C. eod.
(4, 35.); l. 27 § 4 D. eod. (17, 1.)

Darnach erscheint aber eine Ausgabe nicht bloß durch
ihre Nothwendigkeit und Nützlichkeit unmittelbar gerechtfertigt, sondern auch schon dann, wenn der Mandatar aus
guten Gründen sie für nothwendig oder dem wirklichen
Interesse seines Mandanten entsprechend halten, ebenso
auch mit Recht annehmen durfte, daß sein Mandant selbst
als redlicher und billig denkender Mann dieselbe in Anbetracht der obwaltenden Umstände gemacht haben würde.
Von diesem Standpunkte aus ist (in Anwendung auf den
vorliegenden Rechtsfall)

a. zunächst dagegen daß der Correspondentrheder die den
betreffenden Mitgliedern der Schiffsmannschaft zur Reise
von hier nach Rotterdam verabfolgten Reisegelder nicht

auf das knappste Maß des Bedürfnisses beschränkt habe, um so weniger etwas Gegründetes einzuwenden, als einerseits kein vorsichtiger Mensch, wenn seine Mittel es erlauben, zu einer weiteren Reise nur genau so viel Geld mitnimmt resp. mitgiebt, als gerade eben für die nothdürftige Bestreitung der Reisekosten bei glücklichem Verlauf der Reise erforderlich ist, andererseits das nicht verbrauchte Reisegeld der Schiffscasse abzuliefern und, wie geschehen ist, für dieselbe zu berechnen war, endlich auch die Rhederei ja überhaupt verpflichtet war, den Schiffer mit den zur Ausrüstung des Schiffes für die bevorstehende Reise erforderlichen Geldmitteln zu versehen und der Ueberschuß des Reisegeldes dem Schiffer von selbst für diesen Zweck verblieb.

b. Was sodann weiter den Ausgabeposten von 8157 fl. 86 Cent Holl. = 4768 ℳ 23 ₰ betrifft, durch welchen der Correspondentrheder zunächst in Vorschuß zu gehen genöthigt war, so ist diese Ausgabeposition dadurch entstanden, daß der Schiffer, um die Kosten der Ausrüstung und Verproviantirung des Schiffes für die Reise von Rotterdam nach Balparaiso bestreiten zu können, eine Schuld dieses Betrages bei dem Hause Kutzer van Dam & Smeer zu Rotterdam contrahirt und den Gläubiger wegen Deckung derselben an seine Rheder resp. den Correspondentrheder verwiesen hatte. Auch bestreiten die beklagten Rheder überall nicht, daß der Schiffer diesen Betrag schuldig geworden und der Correspondentrheder denselben bezahlt habe; sie vermeinen aber zunächst, daß der Correspondentrheder diese Schuld des Schiffers um deswillen, wenigstens in ihrem vollen Betrage, nicht hätte zahlen sollen und dürfen, weil offensichtlicher Weise der Schiffer bei der damaligen Ausrüstung des Schiffes das Maß des Bedürfnisses weitaus überschritten habe und mit der Hälfte des dazu Verwendeten etwa würde haben auskommen können.

Allein auch abgesehen davon, daß diese Behauptung überall nicht genügend begründet ist, was doch, da sämmtliche Rechnungen des Schiffers über die von ihm beschaffte Ausrüstung des Schiffes mit den erforderlichen Belegen vorliegen, leicht hätte geschehen können, reicht dieser Umstand, auch wenn er wirklich behaupteter Maßen sich verhielte, überall nicht aus, die Rhederei von der Nothwendigkeit der Tilgung dieser von dem Schiffer contrahirten Schuld zu befreien, und durch diese Nothwendigkeit ist es auch ohne Weiteres gerechtfertigt, daß der Correspondentrheder als solcher diese Zahlung für die Rhederei leistete.

Die Bestreitung der Kosten der Ausrüstung und Verproviantirung des Schiffes für eine von ihr beschlossene oder gebilligte Reise liegt an sich der Rhederei ob, und wie nach dem Allgemeinen deutschen Handelsgesetzbuche Art. 496, so steht auch nach dem für diesen Fall noch normirenden hanseatischen Seerecht von 1614 Tit. I. Art. 3 und Tit. V. Art. 3 dem Schiffer im auswärtigen Hafen die Befugniß zu, nicht nur die Ausrüstung und Verproviantirung des Schiffes nach Maßgabe des obwaltenden Bedürfnisses zu beschaffen, sondern auch seine Rhederei durch die zu diesem Behuf eingegangenen Rechtsgeschäfte Dritten gegenüber zu verpflichten, und ist es nach Maßgabe von Art. LVIII. der hanseatischen Schiffsordnung von 1591 und Tit. VI. Art. 2 des hanseatischen Seerechts von 1614 in Verbindung mit den einschlagenden Bestimmungen des römischen Rechts, welches auch in dieser Materie als gemeines Recht betrachtet wurde, nie bezweifelt worden, daß, wie das Handelsgesetzbuch Art. 497 ausdrücklich ausspricht, so weit es zur Erhaltung des Schiffes und zur Ausführung der Reise nothwendig und zur Befriedigung des Bedürfnisses erforderlich ist, der Schiffer, welcher nur in Ermangelung aller sonstigen Auskunftsmittel zur Eingehung eines Bodmereigeschäfts schreiten soll, zur Auf-

nahme von Darlehen, oder zum Abschluß ähnlicher
Creditgeschäfte mit verpflichtender Wirkung für seine
Rheder schreiten darf.
Vgl. Heise und Cropp, Abhandlungen Bd. I nr. XXIII.
S. 465 ff. und Seite 495 ff.

Dem Dritten, welcher für solche an sich in der Befugniß des Schiffers liegende Verwendungen Geld her-
leiht, wird hierbei aber nach l. 7 pr § 1, l. 1 §§ 7—11
D. de exercitoria act. (14. 1.), womit wieder das neue
deutsche Handelsgesetzbuch Art. 497 Abs. 2. im Princip
übereinstimmt, nur angesonnen, sich im Allgemeinen
darüber zu vergewissern, ob das vorgegebene Bedürfniß
existirte, ohne daß ihm eine ängstliche Ueberwachung des
Schiffers in Beziehung auf den Umfang des fraglichen
Bedürfnisses und die wirkliche Verwendung des dazu
aufgenommenen Geldes zugemuthet wird.

Daß unter den hier obwaltenden Umständen Kupper
von Dam & Smeer wohl befugt waren, dem Schiffer
auf den Credit der Rhederei zum Zweck der Ausrüstung
des Schiffes für die bevorstehende Reise die von ihm
für erforderlich erachteten Gelder vorzustrecken, können
daher die beklagten Rheder nicht wohl in Abrede nehmen,
und daß diese Gläubiger ihrerseits hierbei etwas versäumt oder versehen hätten, wodurch sie ihres Anspruchs
gegen die Rhederei ganz oder in einem bestimmten Umfange verlustig geworden wären, wird von denselben
nicht einmal behauptet. Konnte aber demnach die
Rhederei selbst sich der Erfüllung dieses Anspruchs nicht
entziehen, so steht auch der Correspondentrheder völlig
gerechtfertigt da, wenn er diese Schuld der Rhederei be-
zahlte und, da der in seinen Händen befindliche Cassenvorrath hierzu nicht ausreichte, dieserhalb in Vorschuß
ging.

Die Beklagten glauben nun aber weiter aus dem
Grunde die Rückzahlung dieses Vorschusses verweigern

zu können, weil, wie sie meinen, der Correspondentrheder
bei seiner Erfahrung im Rhedereiwesen hätte einsehen
müssen, daß der Schiffer bei dieser Ausrüstung das
Maß des wirklichen Bedürfnisses weitaus überschritten,
und deshalb bei seiner vorläufigen Abnahme der ihm
vom Schiffer vorgelegten Rechnung so befugt, als ver=
pflichtet gewesen wäre, dem Schiffer alle nicht streng
nothwendigen Ausgabepositionen zu streichen, und be=
rufen sich zu diesem Ende darauf, daß wie der Schiffer
in seinem Briefe vom 6. Januar 1859 aus Helvoetsluis
selbst anerkennt, daß sein Verbrauch ein übermäßiger ge=
wesen, so auch der Correspondentrheder in der bei Vor=
legung dieses Briefes an die in Rostock anwesenden
Rheder unter demselben gemachten Bemerkung sich in
gleichem Sinne geäußert, und demnächst wirklich hin=
sichtlich einzelner Ansätze der Rechnung von dieser
Streichungsbefugniß Gebrauch gemacht, und der Schiffer,
wie er sich diese Streichung habe gefallen lassen, so auch
noch weitere Streichungen sich gefallen lassen haben
würde.

Allein wollte man auch trotz dessen, was in rat. 2.
über die Stellung des Correspondentrheders zum Schiffer
überhaupt und insbesondere dessen Verantwortlichkeit für
die Handlungen des im Auslande außerhalb seiner Auf=
sicht weilenden Schiffers und dessen Rechnung bemerkt
ist, auf diese Argumentation eingehen, so kann dieselbe
doch immer nicht zu dem Schlusse führen, den die be=
klagten Rheder daraus ziehen wollen. Einmal ist es
nicht wahr, daß der Schiffer in dem fraglichen Briefe
einen übermäßigen Verbrauch zugestanden hat, sondern
er spricht sich nur dahin aus, „daß er leider mit seiner
Ausrüstungsrechnung hier wieder höher gekommen, als
er erwarten konnte, so daß das Schiff wieder bei dem
Correspondentrheder in's Debet komme" und sucht diesen
hohen Betrag der Ausrüstungskosten damit zu ent=
schuldigen, resp. zu rechtfertigen, daß er in Veranlassung

einer ihm gemachten Frachtofferte von Lima nach Java
sich so ausgerüstet, um noch eine Reise von der Westküste
Amerikas nach Ostindien machen zu können, und ebenso
drückt der Correspondentrheder unter jenem Briefe nur sein
Bedauern darüber aus, daß der Schiffer leider in Rotterdam unerwartet viel Geld verbraucht, so daß seine Hoff-
nung, der nach der letzten Dividendenvertheilung zurück-
behaltene Cassenvorrath werde zur Ausrhebung ausreichen,
getäuscht und er wieder mit 3500 ₰ in Vorschuß sei.
Sodann ließ sich aber auch ein wirkliches Urtheil darüber,
ob der stattgefundene Verbrauch unter den obwaltenden
Umständen wirklich ein übermäßiger gewesen, erst nach
Einsicht der bezüglichen Rechnungen selbst bilden, und
wenn nun hierbei der Correspondentrheder sein vor-
läufiges Urtheil änderte, und nur in einzelnen Punkten
einen solchen übermäßigen Verbrauch rügen zu dürfen
glaubte, so läßt sich ihm daraus, daß er diese Rüge nicht
weiter noch auf andere Punkte erstreckte, um so weniger
der Vorwurf einer Vernachlässigung der ihm obliegenden
Ueberwachungspflicht des Schiffers machen, als einmal
die reichliche Ausrüstung des Schiffes für die vorhabende
Reise, wenn die weitere Fahrt von Lima nach Java
unterblieb, dem Schiffe für die ebenso weite Rückreise
zu Gute kam, sodann aber auch bei der Bemessung der
Ausrüstung des Schiffes, zumal für Reisen in so ent-
legene Gegenden und gefahrvolle Meere, vieles Sache
arbiträrer Beurtheilung ist. Die Stellung des Correspondentrheders dem Schiffer gegenüber in dieser Beziehung ist aber außerdem noch eine um so schwierigere,
als dem Schiffer gerade allein die Verantwortung für
die volle Seetüchtigkeit des Schiffes vor Beginn der
Reise und zugleich die Pflicht obliegt, die Verproviantirung des Schiffes und dessen Ausrüstung mit allem
irgend erforderlichen Material so reichlich zu beschaffen,
daß er bei einer etwaigen Verzögerung der Reise nicht
fürchten darf, in Noth zu gerathen und aller Seegefahr

nicht bloß getrosten Muthes entgegen gehen, sondern auch
etwaige Defecte, die dadurch in der Ausrüstung des
Schiffes entstehen, sogleich ersetzen kann, ohne seine
Reise unterbrechen und den Nothhafen suchen zu müssen.
Vergl. auch Kaltenborn, Seerecht Bd. I. S. 161 f. und
Allgem. Deutsch. Handelsgesetzbuch Art. 480.

Wie aber dem Schiffer hiernach die Verantwortung,
so steht ihm auch hinsichtlich der Bemessung der Ausreichlichkeit der Ausrüstung des Schiffes die entscheidende
Stimme zu, und es müssen schon gewichtige Gründe
ihm zur Seite stehen, wenn der Correspondentrheder
dieserhalb dem Schiffer, der im auswärtigen Hafen die
Ausrüstung des Schiffes allein besorgte, mit Erfolg eine
Monitur soll machen können. Getraute er sich also
in dieser Beziehung nicht, weiter zu gehen als er ge-
gegangen ist, so läßt sich darauf um so weniger gegen
ihn ein Vorwurf von Seiten der übrigen Rheder gründen,
und sogar eine Ersatzverbindlichkeit gegen ihn für diese
ableiten, als deren eigenem Urtheil und der etwaigen
Geltendmachung von Ersatzansprüchen, die sie gegen den
Schiffer aus dessen Verhalten zu haben glauben, dadurch
nicht vorgegriffen wird. — — —

c. War demnach die Rhederei nicht in der Lage, die Zahlung dieser von dem Schiffer contrahirten Schuld mit
irgend einer Aussicht auf Erfolg oder nur mit einem
Schein Rechtens ablehnen zu können, war also dieselbe
für sie eine Nothwendigkeit, und deshalb sowohl die
Leistung dieser Zahlung von Seiten des Correspondentrheders an sich, als nach dem damaligen Stande der
Rhedereicasse der von ihm zu diesem Ende gemachte
Vorschuß vollkommen gerechtfertigt, so war auch der
Correspondentrheder zur Versicherung dieses Vorschusses
und der deshalb aufgeführten Ausgabe um so mehr berechtigt, als ihm im Interesse seiner Committenten, die
für diese Schuld nicht bloß mit Schiff und Fracht, son-

dem persönlich hafteten, — vergl. hierüber Heise und
Cropp a. a. O. S. 495 ff. — sogar die Pflicht hierzu
oblag.

d. Was sodann weiter die dem Schiffer in Anrechnung auf
dessen demnächstiges Guthaben gemachten Vorschüsse
resp. Abschlagszahlungen betrifft, so entsprechen solche insofern einer entschiedenen Ueblichkeit, als dadurch der
Familie des Abwesenden die Mittel zu ihrem Lebens-
unterhalte gewährt werden sollten, und erscheinen auch
mit Rücksicht auf den zu überschlagenden Verdienst des
Schiffers, soweit sie in diesem Sinne gerade geleistet
sind, in keiner Weise als zu hoch bemessen. Daß ferner
auf das gleiche Conto hin der Correspondentrheder auf
Ersuchen des Schiffers dessen Schiffspart versicherte und
die Assecuranzprämie verlegte, rechtfertigt sich nicht nur
aus dem gleichen Grunde, sondern auch durch die Rücksicht auf das Interesse der Rhederei insofern, als diese
dadurch wegen der Ansprüche, die sie etwa wegen des
Verhaltens des Schiffers demnächst gegen diesen erheben
könnte, auf einen gewissen Grad sicher gestellt ward.
Bedenken könnte dagegen der Ansatz von 621 ₰ 2 ß
erregen, der als Abschlagszahlung auf einen Vorschuß
des Schiffers auftritt, während die Beklagten die Existenz
dieses Vorschusses bestreiten. Allein ungeachtet jener
Motivirung ist hierin dennoch nur eine einfache Zahlung
an die Frau des Schiffers auf dessen Guthaben unter
Vorbehalt demnächstiger Liquidation zu erblicken. Dieselbe ist in das Debet des Schiffers eingetragen und
rechtfertigt sich schon daraus, daß sein Saldo an Heuer
und Kaplaken höher war, als alle ihm bis dahin gemachten Vorschüsse; und wenn die Beklagten in jetziger
Instanz wegen dieser Zahlungen dem Correspondentrheder um deswillen einen Vorwurf machen, weil, wie
sie behaupten, der Correspondentrheder hätte einsehen
müssen, daß der Schiffer für seine enormen und un-
nöthigen Tratten der Rhederei zum Ersatze verpflichtet

war, und zu dessen Deckung eben sein Guthaben an
Heuer und Kaplaken dienen mußte, so ist in keiner
Weise dargelegt, daß der Correspondentrheder schon zu
der Zeit, wo er diese Zahlungen machte, solches wirklich
einsehen konnte, und sind die Behauptungen, welche die
Beklagten dieserhalb in den wider den Schiffer erhobenen
Beschuldigungen aufstellen, auch jetzt noch nicht einmal
in ausreichender Weise begründet.

e. — — — — — — —

f. Den Ansatz der Klage ferner in l. 31. betreffend, so
handelte der Schiffer an sich nur in Gemäßheit der ihm
der Rhederei gegenüber zustehenden Befugnisse, wenn er
in Callao mit dem Zimmermann eines andern dort anwesenden Schiffes wegen Dichtung des im Schiffe befindlichen Lecks contrahirte, und ist durch die Beklagten
überall nicht näher dargelegt, weshalb der Umstand, daß
auf dem Schiffe schon ein Zimmermann vorhanden war,
die Zuziehung jenes W. in solcher Weise unnöthig
machte, daß dieser gerechtes Bedenken tragen mußte, sich
auf einen solchen Contract mit dem Schiffer einzulassen
und aus solchem Grunde die Rhederei befugt gewesen
wäre, die Erfüllung der von dem Schiffer in ihrem
Namen contrahirten Schuld mit einigem Scheine Rechtens
abzulehnen. — — — — —

g. Der Ansatz l. 39 der Klage ist dadurch erwachsen, daß
der Schiffer in Callao von dem daselbst für die Rückreise nach Europa angenommenen Steuermann, wie der
Brief d. d. Callao 19. November 1859 dem Correspondent-
rheber bereits mittheilte, zur Deckung der für das Schiff
erforderlichen Ausgaben 300 Dollars entlieh gegen das
Versprechen, dieselben in Europa zurückzuzahlen, sodann
nach seiner Ankunft in Queenstown denselben abmusterte,
und nach dem weiteren Briefe von dort d. d. 17. März
1860 ihm zum Zweck der Rückzahlung jenes Darlehns
und Zahlung seiner Heuerforderung, die in letzterem
Briefe zu 102, in der Heuerrechnung zu 103 Dollars

angegeben ist, einen für Rechnung der Rhederei gezogenen
Wechsel von entsprechendem Betrage auf G. F. Schmidt
in Hamburg behändigte. Nach diesen ihm gewordenen
Mittheilungen konnte sich aber der Correspondentrheder
der Deckung dieser Tratte, deren Betrag bei der mit
dem Schiffer zugelegten Abrechnung demselben richtig ins
Debet gesetzt ist, nicht wohl entziehen, und wird dies
auch hinsichtlich des darin steckenden Heuerbetrages von
den Beklagten eigentlich nicht bestritten, wiewohl sie,
nach dem Obigen mit Unrecht, einmal meinen, daß die
Heuerzahlung verfrüht geschehen. Dagegen greifen sie
diesen Ansatz um deswillen an, weil sie bestreiten, daß
der Steuermann wirklich dem Capitain 300 Dollars
vorgeschossen habe, und dieserhalb von dem Correspondentrheder Beweis verlangen zu können glauben. Allein es
gilt hinsichtlich dieses Darlehens im Wesentlichen dasselbe,
was oben sub d hinsichtlich der Zahlung des von dem
Schiffer selbst nach der in dem nämlichen Briefe d. d.
Callao 19. November 1859 enthaltenen Mittheilung dem
Schiffe gemachten Vorschusses von 600 Dollars ausgeführt ist. Denn diese angebliche Anleihe ist zu der
Schiffsrechnung lediglich als Rechnungsvorschuß des
Schiffers benommen, so als wenn dieser auf seinen persönlichen Credit das Geld aufgenommen hätte und dem
entsprechend ihm ins Debet gesetzt. Ob der Schiffer
in solcher Weise in Vorschuß war, konnte erst seine
Rechnung ergeben, und hat deren endlicher Abschluß kein
Bedenken gegen diese Angaben desselben herausgestellt.

h. Größere Bedenken könnte dagegen der Ansatz l. 59. der
klägerischen Rechnung erregen. Der Hauptbestandtheil
dieses Ansatzes beruht darauf, daß der Schiffer, um nicht
von Sunderland, wohin er mit Zustimmung der in
Rostock anwesenden Rheder gefahren war, um für die
Rückkehr hierher eine Kohlenfracht zu suchen, unbeladen
weiter fahren zu müssen und dem Schiffe einen Frachtverdienst zuzuführen, für Schiffsrechnung eine Kohlen-

speculation entrirte, indem er in Gemeinschaft mit dem dortigen Makler Lotinga & Son eine Ladung Kohlen kaufte und damit das Schiff auf Rostock befrachtete. Wie der Schiffer in seinem Briefe d. d. Sunderland, 20. Juli 1860, wodurch er dem Correspondentrheder den von ihm beabsichtigten und bereits eingeleiteten Abschluß dieses Geschäftes anzeigte, selbst anerkannte, lag die Eingehung eines solchen an sich außerhalb des Kreises seiner Befugnisse, stellte sich daher als eine negotiorum gestio dar, und suchte er deshalb auch diesen Schritt mit Rücksicht auf die dadurch beabsichtigte Abwendung eines Nachtheils und den davon für seine Rheder zu hoffenden Nutzen zu rechtfertigen. Es war dies außerdem aber auch ein Geschäft, welches ganz außerhalb der Grenzen des eigentlichen Rhedereibetriebes lag, und trifft daher in Beziehung auf dasselbe die Bestimmung der L. 11. D. de negot. gest. (3, 5) zu, wonach ein solches Geschäft, welches der Geschäftsherr nicht zu machen gewohnt ist, zunächst auf Gefahr des unbeauftragten Geschäftsführers steht, und nur, wenn es einen Gewinn abwirft, eine solche Geschäftsführung ihm gegenüber obligatorische Wirkungen erzeugt. Endlich ist es hiernach auch richtig, daß die behaupteter Maßen erfolgte Genehmigung dieses Geschäfts von Seiten der übrigen Rheder als solche die Beklagten nicht binden kann, weil Majoritätsbeschlüsse in Rhedereisachen für die Minorität nur dann verbindend sind, wenn das fragliche Geschäft innerhalb der Grenzen des eigentlichen Rhedereibetriebes liegt.

Demgemäß stand es denn auch, da Lotinga & Son sich gleichfalls nicht wohl darüber täuschen konnten, daß der Abschluß dieses Geschäftes, zu welchem sie dem Schiffer die Mittel suppeditirten, streng genommen nicht in dessen Vollmacht lag, dem Correspondentrheder frei, dasselbe zu verwerfen und die Zahlung des darauf von diesem Mitcontrahenten des Schiffers geleisteten Vorschusses zu verweigern; und, da sie dies nicht gethan, vielmehr durch Deckung der durch dieses Geschäft verursachten Auslagen und Kosten ihrerseits wieder für die Rhederei in Vorschuß gegangen sind, und diesen Vorschuß pro rata von den Beklagten ersetzt verlangen, so bedarf dieser Anspruch allerdings von ihrer Seite einer ganz besonderen Rechtfertigung.

Diese könnte man nun freilich zunächst schon darin finden wollen, daß der Correspondentrheder, welcher nach dem Empfange des fraglichen Briefes nicht mehr in der Lage war, den Abschluß dieses Geschäftes von Seiten des Schiffers zu hindern, sondern nur etwa versuchen konnte, das bereits abgeschlossene Geschäft wieder rückgängig zu machen, glauben durfte, im wohlverstandenen Interesse der Rhederei zu handeln, wenn er dasselbe bestehen ließ und dessen Folgen auf sich nahm, da es nicht mehr Zeit war, einen förmlichen Rhedereibeschluß hierüber zu veranlassen, und deshalb schon aus diesem Grunde Ersatz der Auslagen zu fordern berechtigt ist, die er in pflichtmäßiger Fürsorge für das Interesse der Rhederei in gutem Glauben aus nicht schlechthin verwerflichen Gründen für diese machen zu müssen vermeinte.

Allein eine strengere Auffassung würde dahin führen, daß der Correspondentrheder, indem er das Verfahren des Schiffers gutbieß, und ohne Verwahrung die Deckung beschaffte, die Verantwortung für das Geschäft der Rhederei gegenüber ganz ebenso, wie der Schiffer selbst, übernommen hat, und daher nach 1. 11. D. cit. Erstattung ihrer Auslagen nur dann fordern können, wenn die gehabte Einnahme ein den Rhedern günstiges Ergebniß geliefert hat: „lucrum cum damno compensare debent".

In dieser Beziehung läßt sich nun aber nicht wohl verkennen, daß diese Unternehmung, rein für sich betrachtet, gewinnbringend für die Rhederei gewesen ist, indem nur durch sie der nicht unerhebliche, für sich allein schon

ben Betrag der eingeklagten Auslagen, die übrigens
keineswegs allein hierdurch hervorgerufen find, über=
steigende Frachtverdienst des Schiffes, welches außerdem
in Ballast hätte segeln müssen, erzielt worden ist, und
daneben auch noch der Wiederverkauf der Kohlen selbst
einen nicht ganz unbeträchtlichen Reinertrag gewährt hat.

Diesen feststehenden Thatsachen gegenüber können
die ganz vagen und allgemeinen Behauptungen der
Beklagten, daß dessenungeachtet, Alles in Allem be=
trachtet, diese Kohlenspeculation an sich, wie in
Folge der sie begleitenden Umstände, ihnen nur Nach=
theil gebracht habe, weil die Fahrt des für eine Reise
von Danzig auf London verfrachteten Schiffes nach
Sunderland, um dort eine Kohlenfracht zu suchen und
dessen dadurch wieder veranlaßte Vorkehr in Warnemünde
nebst dem dortigen Aufenthalte schon an sich unzweck=
mäßig und dem Interesse der Rhederei nachtheilig ge=
wesen sei, außerdem auch die nicht unbeträchtlichen Aus=
rüstungskosten in Warnemünde vermieden worden wären,
um so weniger etwas verfangen, als einmal der Schiffer
schon in seinem Briefe d. d. London, 22. Juni 1860,
wie in dem späteren Schreiben daher vom 10. Juli 1860
dem Correspondentrheder seinen Entschluß mitgetheilt
hatte, von London auf Newcastle oder Sunderland zu
fahren, um dort eine Kohlenfracht auf Rostock oder einen
Hafen der Ostsee zu suchen und bei dieser Gelegenheit
in Warnemünde vorzukehren, um dort wegen der Ange=
legenheiten des Schiffes mit seinen Rhedern persönlich
sich zu benehmen, und die betreffenden Briefe den hier
am Sitz der Rhederei anwesenden Rhedern vorgelegt
waren, diese auch durch ihr Stillschweigen sich mit dem
Inhalte einverstanden erklärt hatten, Beklagte daher gegen
die Fahrt von London auf Newcastle oder Sunderland
und von dort auf hier mit Erfolg nichts einwenden
können, der Schiffer also auch, um mittels der fraglichen
Kohlenspeculation einen Frachtertrag zu erzielen, nicht

erſt nach Sunderlant zu fahren brauchte, ſondern, als er zu dieſem, ſeiner Anſicht nach förderlichen und unter ſolchen Umſtänden, wie die Beklagten ſelbſt nicht be= ſtreiten können, nicht ungewöhnlichen Unternehmen ſich entſchloß, ſich bereits dort befand, zugleich auf hier zu fahren Willens war, und die Ausrüſtung des Schiffes in Warnemünde zum Zweck der weiteren Fahrten deſſelben geſchah, was, wenn möglich, gewiß immer zweck= mäßiger im Heimathhafen des Schiffes, als im aus= wärtigen Hafen geſchieht.

Iſt es aber hiernach den Beklagten überall nicht gelungen, in ausreichender und rechtlich beachtlicher Weiſe darzulegen, daß der Nachtheil dieſer Kohlen= ſpeculation den von dem Correſpondentrheder nachge= wieſenen, durch dieſelbe erzielten, Gewinn wieder ab= ſorbirt habe, oder gar überſteige, ſo ſind ſie durch die ſententia a qua mit ihrer gegen die Zuläſſigkeit des Anſatzes l. 59 der eingeklagten Rechnung erhobenen Ein= wendungen um ſo mehr mit Recht zurückgewieſen worden, als, wie die sententia a qua richtig dargelegt hat, der durch dieſe Kohlenſpeculation bereits erzielte Frachtver= dienſt und der noch weiter davon zu hoffende Gewinn ihnen von dem Correſpondentrheder auf deren Geſammt= guthaben in dieſer Rechnung bereits gut geſchrieben iſt, daher auch ihr fernerer Einwand, daß die jetzige Forderung verfrüht ſei, hinfällig iſt, und ſie in keiner Weiſe zu erkennen gegeben haben, daß ſie dieſen Gewinn nicht für ſich in Anſpruch nehmen wollen, ſondern unter Vorbe= halt ihrer Erſatzforderung wegen des durch dieſe von ihnen reprobirte negotiorum gestio des Schiffers, wie des Correſpondentrheders, angeblich verurſachten Schadens auf denſelben verzichten, es aber, wie die L. 11. D. de negot. gest. (3, 5) und die L. 24. C. eod. zeigen, recht= lich völlig unzuläſſig iſt, den Vortheil einer Geſchäfts= führung zwar beanſpruchen, die demſelben correſpondiren= den Nachtheile reſp. Laſten dagegen von ſich ablehnen zu wollen, daher insofern nicht ohne Grund von dem Correspondentrheder behauptet ist, daß die Beklagten so anzusehen seien, als haben sie dieselbe genehmigt.

i. — — — — — — — —

k. Die Ansätze t. 60. 62. 63 und 66 der liberlirten Rechnung beruhen größtentheils auf den Vorschüssen, durch welche der Correspondentrheder dem Schiffer in Warnemünde die Mittel zur Ausrüstung und Verproviantirung des Schiffes für dessen weitere Fahrten verabfolgt hat. Da das Schiff damals im Heimathshafen lag, so greifen in Beziehung auf diese Ausrhebung die Bestimmungen des hanseatischen Seerechts von 1614 Tit. I. Art. 4 und Tit. V. Art. 1. 2., womit zu vergleichen Art. 3. 4. 5. der hanseatischen Schiffsordnung von 1591, ein, wonach der Schiffer das hierzu Nöthige nicht allein und nach eigenem Ermessen, sondern unter Beirath und Zustimmung der ihm zu diesem Behuf aus der Mitte der Rheder beizuordnenden Schiffsfreunde, eines oder zwei derselben besorgen soll. An die Stelle dieser ist jetzt der ständige Correspondentrheder getreten, und lag also ihm die Mitwirkung und die Aufsicht bei dieser und über diese Ausrüstung ob.

Vergl. auch Helse und Cropp a. a. O. S. 449 ff.

Dies schloß indessen nicht aus, daß der Correspondentrheder die unmittelbare Besorgung dieser selbst dem Schiffer, als dem eigentlichen Sachkundigen und zugleich demjenigen, welchem die Verantwortlichkeit für die Versetzung des Schiffes in seetüchtigen Stand und die genügende Ausstattung desselben für die vorhabende Reise obliegt, übertrug, wenn er sich nur über die Vornahmen des Schiffers zu diesem Zwecke Rechenschaft geben ließ, und von der Nothwendigkeit und Angemessenheit desjenigen, was er zu diesem Ende gethan, durch Prüfung des Geschehenen zu überzeugen suchte. Diese Rechnung hat der Schiffer abgelegt, wozu die Belege, so weit er-

forberlich, beigebracht ſind, und behauptet der Correſpon=
bentrheber mit völliger Beſtimmtheit, daß er durch ſeiner=
ſeitige Prüfung ſich von der Nothwendigkeit wie Richtig=
keit ſämmtlicher für den fraglichen Zweck von dem
Schiffer gemachten Ausgaben und Verwendungen über=
zeugt habe. Unter dieſen Umſtänden ſind daher auch
die allgemeinen überall nicht näher begründeten Behaup=
tungen, mittels deren die Beklagten die Nothwendigkeit
und Angemeſſenheit dieſer Ausrüſtung beſtreiten und
dieſerhalb Beweis verlangen, mit Recht für unbeachtlich
erklärt, gleichwie es nach dem, was hier sub h oben be=
merkt worden iſt, gleichfalls als unbeachtlich erſcheint,
wenn die Beklagten die Nothwendigkeit dieſer Aus=
rüſtung auch aus dem Grunde beſtreiten, weil die Vor=
kehr und der Aufenthalt des Schiffes in Warnemünde
ſelbſt nicht nothwendig und zweckmäßig geweſen ſei.

---

57. Klage aus einem quittirten Wechſel.

I. Wi 844/₁₈₅₆.

Aus einem vom letzten Indoſſatar quittirten Wechſel
klagte der Ausſteller gegen den Acceptanten auf Zahlung
eines Theiles der Wechſelſumme. Auf die Einrede, daß die
Schuld bereits getilgt ſei, erwiderte der Kläger, er habe dem
Beklagten die eingeklagte Summe gegeben, damit derſelbe den
Wechſel einlöſen könne. Dies ſei geſchehen nnd Beklagter
habe ihm darauf den quittirten Wechſel eingehändigt. Die
Klage wurde abgewieſen. Der beſtätigende Beſcheid des

216

Oberappellationsgerichts vom 4. März 1858 stützt sich auf
folgende Gründe.

Durch das auf den Wechsel selbst geschriebene reine
Bekenntniß des letzten Indossatars, die Wechselsumme
empfangen zu haben, wird die Wechselschuld völlig getilgt,
so daß aus der bezüglichen Urkunde, an welche nunmehr --
ihrem eigenen Inhalte nach — überall keine Obligation
geknüpft ist, auch in keiner Beziehung eine Wechselklage
weiter statthaft sein kann. Im vorliegenden Falle ist also
der Umstand, daß der Kläger den durch C. A. quittirten
Wechsel in Händen hat, zur Begründung seiner Klage
gegen den Acceptanten keineswegs ausreichend. Wäre
sein (ohnehin verspätetes) Vorbringen, daß der fragliche
Wechsel für seine Rechnung eingelöst worden sei, auch
völlig begründet, so hätte er doch, um seinen wechselmäßigen Anspruch wider den Acceptanten aufrecht zu erhalten,
die Vorsicht gebrauchen müssen, nur gegen Auslieferung
des unversehrten Wechsels und einer davon abgesonderten
Quittung zu zahlen, wie solches aus einer Vergleichung
des Art. 54 der Deutschen Wechsel-Ordnung mit dem Art.
39 derselben sich deutlich ergiebt. Die von ihm geäußerte
Meinung endlich, daß er befugt gewesen wäre, die auf dem
Wechsel befindliche Quittung des C. A. auszustreichen, ist
ganz unrichtig, da der Art. 55 der Wechsel-Ordnung nur
Etwas auszustreichen erlaubt, dessen rechtliche Bedeutung
ohnehin schon weggefallen ist; wogegen es sich von selbst
versteht, daß der Wechselinhaber nicht befugt sein könne,
durch beliebiges Ausstreichen sich erst Rechte zu verschaffen,
die er ohne selbiges nicht gehabt haben würde.

II. Bu 1132/₁₈₅₇.

In einem anderen Falle war die Klage aus dem quittirten Wechsel von dem quittirt habenden Wechselgläubiger
selbst erhoben, auch ergab die beigebrachte Protesturkunde, daß
die Quittung schon auf dem Wechsel gestanden hatte, als
derselbe am Verfalltage zur Zahlung präsentirt werden sollte,

bestätigte mithin die Klagbehauptung, daß schon im Voraus quittirt sei. In diesem Falle hob das Oberappellationsgericht durch Verfügung vom 24. Juli 1867 das Decret, welches die Klage a limine judicii abgewiesen hatte, wieder auf und verordnete Einleitung des Processes.

Denn die Annahme von Thöl, Handelsrecht Bd. II § 819 II, daß durch eine auf dem Wechsel befindliche Quittung die Form des Wechsels gestört werde, kann für begründet nicht geachtet werden, da durch dieselbe kein Theil des ursprünglichen Wechsels vernichtet, sondern nur ein Zusatz gemacht ist, durch den eine Zahlung, mithin eine neue selbständige Thatsache bezeugt wird, welche, deren Wahrheit vorausgesetzt, die Wechselverbindlichkeit aufheben würde. Die Liquidität des Klaggrundes wird also dadurch nicht aufgehoben, und steht, da der Wechsel zur Zeit noch in den Händen des Gläubigers ist, sich auch nach Ausweis des beigebrachten Protestes am Zahlungstage in dessen Händen befunden hat, und daher die der Quittung beizulegende rechtliche Bedeutung sich zur Zeit nicht beurtheilen läßt, diese Quittung der Einleitung des wechselmäßigen Verfahrens nicht entgegen.

. . .

68. Cessibilität einer Wechselforderung. Cession eines eigenen Wechsels an Einen der mehreren Aussteller. Oe 120/1861.

Ein eigener Wechsel war nach Verfall von Einem der vier Unterzeichner eingelöst und demselben von dem befriedigten Gläubiger zwar ohne Indossament jedoch mit einer abgesonderten, die Cession der Gläubigerrechte aus diesem Wechsel

documentirenden Urkunde ausgeliefert worden. Daraufhin
klagte nun der Cessionar zur Ausgleichung des Valutenverhältnisses gegen die beiden Mitaussteller A. und B., indem
er von Jedem Erstattung eines Dritttheils der Wechselsumme
forderte. Daß der vierte Unterzeichner insolvent sei, war
streitlos und daß gerade dieser allein die ganze Valuta von
dem ursprünglichen Gläubiger als Darlehn erhalten habe,
wurde von den Beklagten wenigstens nicht mit genügender
Bestimmtheit in Abrede gestellt. Nach verhandelter Sache
wurden sie der Klagbitte gemäß verurtheilt und das Oberappellationsgericht bemerkte zu dem bestätigenden Bescheide
vom 6. Mai 1867:

Was zunächst die Begründung der vom Appellaten
erhobenen Klage betrifft, so ist unbedenklich anzuerkennen,
daß Wechselforderungen nicht bloß in der Form eines
neuen Begebungsvertrages durch Indossament, sondern auch
durch gewöhnliche Cession übertragbar sind, da in den Be-
sonderheiten einer solchen Forderung kein Grund liegt, jene
für Obligationen aller Art als Regel geltende Ueber-
tragungsform auszuschließen. Es mag immerhin zuzu-
geben sein, daß eine einfache Cessionsacte ohne beglaubigte
Unterschrift als eine nach § 11. der Wechselprozeß-Ordnung
vom 14. Juni 1849 zur Begründung der Wechselklage
taugliche Privaturkunde nicht gelten könne; allein daraus
ist offenbar ein Grund gegen die Cessibilität des materiellen
Rechts aus dem Wechsel nicht zu entnehmen, sondern es
folgt daraus nur, daß der Cessionar das auf ihn über-
gegangene Recht des Cedenten in einer anderen Proceßart
verfolgen muß. Freilich darf der Appellat, da er als Mit-
unterzeichner des libellirten Wechsels zu den principaliter
daraus haftenden Personen gehört, die durch Cession erworbenen Gläubigerrechte gegen seine Mitschuldner nur
zur Ausgleichung des Valutenverhältnisses benutzen, allein
dieser in der Theorie und Praxis jetzt feststehende Rechtssatz führt bei richtiger Anwendung auf den vorliegenden
Fall zu dem Ergebnisse, daß der Appellat, indem er von

jedem der beiden Beklagten ein Drittheil der von ihm gezahlten Wechselsumme ersetzt verlangt, einer Zuvielforderung
sich nicht schuldig mache. Rücksichtlich des Valutenverhältnisses hat nämlich der Appellat behauptet, daß die ganze
Wechselschuld auf Grund eines dem Pensionair L. von
der Mecklenburgischen Lebensversicherungs- und Sparbank
gegebenen Darlehns contrahirt, L. also der alleinige
Empfänger der ganzen Valuta sei, während den drei anderen
Unterschriften rücksichtlich des dem Wechselvertrage unterliegenden Rechtsverhältnisses nur die Bedeutung von Inter-
cessionen für fremde Schuld zukomme. Diese Behauptung
wird allerdings durch den Wechsel nicht liquid gestellt, und
würde daher, wenn der Appellat auf Grund eines erhaltenen
Indossaments den Anspruch als einen wechselmäßigen
geltend gemacht hätte, unbeachtlich sein; allein die vorliegende Klage bedurfte einer wechselmäßigen Begründung
nicht. Nun haben die Appellanten den angegebenen Sach-
verhalt mit genügender Bestimmtheit nicht in Abrede
stellen können, und wenn sie auch erklären, es sei ihnen
unbekannt, daß der Appellat von der Wechselvaluta nichts
erhalten habe, sie wollten daher in diesem Betreff kein Zu-
geständniß machen, so bietet doch diese unsichere Erklärung
keinen Anlaß, den Appellaten noch mit einem Beweise zu
beschweren. Da ferner L. unbestrittenermaßen insolvent
und in Concurs gerathen ist, so handelt es sich gegenwärtig um eine Ausgleichung des Valutenverhältnisses
unter den drei Garanten des Wechsels, und es ist klar,
daß die Appellanten sich auf Kosten ihres Prozeßgegners
bereichern würden, wenn sie ihm nicht die auf Tilgung der
gemeinsamen Wechselschuld verwendete Summe für ihre
Antheile ersetzen, da sie ja dann durch ihn und auf seine
Kosten von der Wechselschuld ganz befreit werden würden.

59. Weitere Beiträge zur Lehre von der Indossirung eines eigenen Wechsels auf Einen der mehreren Aussteller.

(Vergl. Bd. III. nr. 36.)

I. Ti 305/₁₀₆₇. Ein eigner Wechsel, welcher drei Unterschriften trug und das Bekenntniß des gemeinsamen Empfanges der Valuta ausdrückte, war nach Verfall von Einem der Aussteller gegen Indossament eingelöst und weiter begeben worden. Der Inhaber klagte gegen die Erbin eines der beiden andern Mitaussteller auf Zahlung der Wechselsumme nebst Verzugszinsen. Die Vernehmlassung ergab ein Einverständniß der Parteien darüber, daß der Wechsel sowohl vom Indossanten des Klägers, als auch vom Erblasser der Beklagten lediglich zur Uebernahme einer Bürgschaft für den dritten Mitaussteller, der die ganze Valuta als Darlehn erhalten habe, unterschrieben sei. Die Beklagte schützte deßhalb nicht bloß die dem Bürgen gemeinrechtlich zustehenden Einreden der Vorausklage und der Theilung vor, sondern berief sich vorzüglich auf den im Art. 25 der Reversalen von 1621 anerkannten Satz des einheimischen Particularrechts, daß eine Bürgschaftsschuld ohne specielle darauf gerichtete Nebenberedung die Erben nicht binde*). Der erste Richter wies in der That aus diesem Grunde die Klage ab. In zweiter Instanz wurde jedoch unter Verwerfung dieses, auf Wechselschulden nicht anwendbaren Einwandes die Beklagte zur Zahlung der halben Wechselsumme verurtheilt, worauf das Oberappellationsgericht in dritter Instanz durch Bescheid vom 14. März 1867 erkannte, daß Beklagte nur zur Zahlung des dritten Theils der Wechselsumme schuldig sei.

Gründe:

Der eingeklagte Wechsel ist dadurch in den Besitz des Klägers gekommen, daß einer der Mitaussteller ihn nach

---

*) Jum fünf und zwanzigsten wollen Wir den Gebrauch dieses Fürstenthums, daß der Bürgen Erben in Bürgschaften, so in specie auf die Erben nicht gerichtet, zu keiner Zahlung verbunden hiermit in Gnaden confirmiret und bestättiget haben.

Verfall gegen Indossament eingelöst und sodann auf jenen weiter indossirt hat. Es ist bereits in mehrfachen hiesigen Entscheidungen ausgesprochen, und daran festzuhalten, daß Einer der Mitaussteller eines eigenen Wechsels, welcher letzteren durch Indossament erworben hat, denselben gegen die Mitverpflichteten nur so weit geltend machen kann, als ihm aus dem dem Wechsel unterliegenden Valutenverhältnisse ein Regreßanspruch gegen jene zusteht, und daß die Wechselverbindlichkeit der letzteren nur noch zu diesem Betrage von Bestand bleibt. Er kann deshalb durch weiteres Indossament nicht mehr Rechte übertragen, als ihm selbst zustehen, mithin können auch gegen jeden weiteren Indossatar alle diejenigen Einreden vorgeschützt werden, welche dem Aussteller entgegengestanden haben würden, wenn er selbst geklagt hätte.

Unbestritten ist der vorliegende Wechsel in der Weise entstanden, daß der Indossant des Klägers und der Erblasser der Beklagten denselben als Bürgen unterschrieben haben, während der dritte Mitaussteller die ganze Valuta erhalten hat. Beklagte hat sich diesertwegen excipiendo auf die dem Bürgen zustehenden Rechtswohlthaten zum Zwecke ihrer gänzlichen Befreiung von der durch ihren Erblasser übernommenen Verbindlichkeit berufen. Soweit dieselben mittels der exceptio excussionis und durch Bezugnahme auf den Art. XXV. der Reversalen von 1621 geltend gemacht worden, sind sie unbegründet.

Die Mitaussteller eines Wechsels übernehmen nach Art. 81 der deutschen Wechselordnung eine Correalschuld und es haftet ein Jeder derselben für die ganze Schuld dem Wechselgläubiger gegenüber, ohne Unterschied, ob er sich auf dem Wechsel als Bürge genannt hat oder nicht; ein solches Verhältniß zu seinem Mitaussteller, nach welchem er nur als dessen Bürge eingetreten ist, giebt ihm daher keine Einrede gegen die wider ihn gerichtete Wechselklage zu dem Effecte, daß er die ganze Verbindlichkeit auf jenen seinen Mitverpflichteten wälzen könnte, selbst dann nicht.

wenn der jetzige Wechselgläubiger in dem Verhältnisse eines Mitbürgen zu ihm stehen sollte, da auch dieser insoweit, als der Anspruch von Bestand geblieben ist, eine wechselmäßige Forderung gegen ihn geltend macht.

Besteht eine wechselmäßige Verpflichtung, so geht dieselbe nach gesetzlicher Vorschrift auf die Erben über und letztere müssen ebenso wie ihr Erblasser haften, auch wenn nur eine Bürgschaftsschuld des letzteren vorliegt. Denn wenn für dieselbe die Form einer solchen Correalschuld gewählt ist, welche wie die Wechselverbindlichkeit eben den Uebergang auf die Erben in sich schließt, so kann die Wohlthat aus Art. XXV. cit. keine Anwendung finden, da diese nach dem Inhalte jener Bestimmung alsdann ausgeschlossen ist, wenn bei Uebernahme der Bürgschaftsschuld die Haftung der Erben ausgesprochen worden ist.

Dagegen erscheint der Einwand der Beklagten, daß sie als Erbin des Erblassers nicht für die ganze Wechselschuld hafte, als begründet. Die vorige Sentenz legt bei der Ausmittelung der Summe, bis zu welcher eine solche Haftung einzutreten habe, das zwischen dem Indossanten des Klägers und dem Erblasser der Beklagten bestandene Verhältniß der Mitbürgschaft in der Weise unter, daß, da der eine Mitbürge den Wechsel eingelöst habe und die Gefahr der Garantie von beiden Bürgen zu tragen gewesen sei, der zweite Bürge auch die Hälfte der gezahlten Schuld jenem erstatten müsse. Ob dies richtig sein würde, wenn die Ausgleichung des dem Wechsel zu Grunde liegenden Verhältnisses im Wege des ordentlichen Processes zur Frage ständig, kann hier dahin gestellt bleiben. Im Wechselprocesse können klagend nur solche Ansprüche verfolgt werden, welche aus dem Wechsel selbst erhellen, u. es kommt für die Beurtheilung: ob sie wechselmäßig begründet sind, nur auf den Inhalt des Wechsels, nicht darauf an, welche rechtlichen Verhältnisse sonst noch zwischen dem Wechselgläubiger und dem Wechselschuldner bestehen.

In dem gegenwärtig vorliegenden Wechsel nun be-

kennt ein jeder der Ausſteller ſich zum Empfang der
Wechſelſumme und es ergiebt ſich hieraus in Bezug auf
ihr Verhältniß zu einander, daß Jeder auf ¼ der letzteren
Schuldner geworden iſt, ſo daß alſo der Inhalt des Wechſels
ihre Haftung pro rata darſtellt, und zur Ausgleichung des
Valutenverhältniſſes im Wege des Wechſelproceſſes dieſe
Haftung entſcheiden muß.

II. Ne 169⁴/₁₈₆₇. Die Grundſätze, welche das Ober=
appellationsgericht in dem Band III. nr. 36 dieſer Samm=
lung mitgetheilten Rechtsfalle zur Geltung gebracht hat,
wurden in einem neueren gleichen Rechtsfalle gegen eine ab=
weichende Entſcheidung des judicium a quo in dem Erkennt=
niſſe vom 2. Mai 1867 feſtgehalten.

Die mehreren Mitausſteller eines eigenen Wechſels
erſcheinen als Correalſchuldner, und wenn dies Rechtsver=
hältniß auch an ſich dem Inhaber des Wechſels gegenüber
für ſie nicht den Erfolg hat, daß ſie eine Theilung ihrer
Verbindlichkeit begehren können, ſo verändert ſich doch die
rechtliche Lage der Sache, ſobald einer der Mitausſteller
den Wechſel nach Verfall einlöſt und nun mittels eines
ihm ertheilten Indoſſaments als Wechſelgläubiger ſeinen
correis gegenübertritt. Denn ein ſolcher hat zunächſt nur
ſeine eigene Schuld gezahlt, und wenn auch der Untergang
der alſo bezahlten Wechſelforderung durch das Indoſſament
verhindert wird, ſo behält doch letzteres für ihn ſoweit eine
rechtliche Bedeutung, als es ihm auf Grund deſſelben
möglich wird, wegen des über ſeinen Antheil hinaus Ge=
zahlten ſeine etwaige Regreßforderung gegen ſeine Mit=
ſchuldner, inſofern ſolche durch den Wechſel liquid geſtellt
wird, auf wechſelmäßige Weiſe geltend zu machen, während
demſelben im Uebrigen nur die gleiche Bedeutung beizu=
legen iſt, wie der auf Grund des beneficium cendendarum
actionum von Seiten des zahlenden correus debendi er=
langten Klageceſſion. Hiermit würde es in Widerſpruch
treten, wenn ein ſolcher Indoſſatar den durch das formelle

Wechselrecht ihm gegebenen Anspruch auf das Ganze gegen
die correi dazu benutzen wollte, um von Einem derselben
mehr einzuziehen, als er nach dem unter ihnen bestehenden
Rechtsverhältnisse zur Tilgung der Wechselschuld beizu=
tragen hatte.

Mit diesem, vom Oberappellationsgericht bereits mehr=
fach ausgesprochenen Grundsatze hat sich denn auch der
Kläger in der Appellationsverhandlung einverstanden er=
klärt. Nun ergiebt sich aus dem in beglaubter Abschrift
anliegenden, mit dem Originale gleichlautenden Wechsel,
daß die vier Unterzeichner denselben, ein Jeder als ihren
eigenen ausgestellt haben und den Werth in Anleihe er=
halten zu haben bekennen, ohne daß aus demselben er=
sichtlich ist, in welchem Verhältnisse sie zu einander ge=
standen. Es muß deshalb, sobald es auf eine Ausgleichung
unter ihnen ankommt, angenommen werden, daß ein Jeder
zu einem Viertheile an dem Wechsel betheiligt ist, da für
die Beurtheilung dieser Frage, soweit sie für die erhobene
Wechselklage in Betracht kommt, lediglich der Inhalt des
Wechsels entscheiden kann.

Zwar nahm der Kläger noch das Rechtsmittel der Re=
stitution zur Hand, allein das Oberappellationsgericht be=
stätigte seinen vorstehenden Ausspruch durch Sentenz vom
30. Mai und bemerkte dabei:

Implorant findet sich zunächst dadurch beschwert, daß,
obwohl Beklagter der erhobenen Wechselklage gegenüber sich
bloß darauf berufen, daß er den fraglichen Wechsel als
Bürge unterschrieben und deshalb die Abweisung der Klage
begehrt, ohne das beneficium divisionis für sich in Anspruch
zu nehmen, die sententia contra quem ihn dennoch, gleich
als hätte er dies gethan, nur auf einen Theil der einge=
klagten Forderung verurtheilt habe. Allein die in dieser
Richtung erhobene Beschwerde erscheint um deswillen unbe=
gründet, weil, wie bereits mehrfach in Uebereinstimmung
mit dem in den gedruckten Entscheidungen des Ober=
appellationsgerichts Bd. III. nr. 36 veröffentlichten Praejudiß

von hier aus erkannt worden ist, daß Einem der mehreren
sollvarisch verpflichteten Mitaussteller eines eigenen Wechsels
nach dem Verfalltage auf Grund geleisteter Zahlung ertheilte Indossament, welches, streng genommen, bloß die
Bedeutung einer Quittung haben würde, von ihm redlicher
Weise nur zu dem Ende benutzt werden kann, um das
der Contrahirung dieser Correalschuld unterliegende Valuten-
verhältniß zur Ausgleichung zu bringen und für den daraus
herzuleitenden Regreßanspruch eine wechselmäßige Forderung zu gewinnen. Nun ist es einer der obersten Grundsätze des Wechselrechts und des Wechselprocesses, daß mittels
einer Wechselklage nur solche Ansprüche verfolgt und durch-
gesetzt werden können, deren Vorhandensein aus dem Inhalt des Wechsels selbst unmittelbar hervorgeht. In Beziehung auf die Beschaffenheit des hier in Frage stehenden
Valutenverhältnisses läßt sich aber aus dem Inhalt des
eingeklagten Wechsels nur entnehmen, daß alle vier Aussteller desselben gleichmäßig sich zu dem Empfange der in
Anleihe erhaltenen Valuta bekennen, und kann daher auch
nur angenommen werden, daß sie an derselben zu gleichen
Theilen particlpirt haben. Aus diesem Grunde erschien
die erhobene Wechselklage als solche gegen den Beklagten
daher auch von vornherein nur zu diesem aus dem Wechsel
selbst sich ergebenden Antheil desselben an der empfangenen
Valuta begründet. Ob dieselbe eine erweiterte Wirksamkeit
alsdann erlangen könnte, wenn der Kläger bei Anstellung
der Wechselklage durch öffentliche oder den Beklagten verbindende Urkunden eine aus dem Wechsel selbst nicht ersichtliche größere Betheiligung des Beklagten an der
empfangenen Valuta sofort darlegt, kann dahin gestellt
bleiben, denn ein Fall dieser Art liegt hier nicht vor, und
so konnte der Beklagte auf die erhobene, bloß zur Ausgleichung des Valutenverhältnisses dienende Klage auch nur
auf den Theil der Wechselsumme verurtheilt werden, zu
dessen Empfang er sich im Wechsel selbst bekannt halte.

60. Zulässigkeit und Wirkung eines auf einen Theil der Wechselsumme gegebenen Indossaments.

Ca 1252/....

Der Inhaber eines Wechsels hatte diesen auf einen Theil der Summe in der Weise weiter indossirt, daß er dem Indossatar eine mit seinem Indossament versehene Wechsel= copie einhändigte. Der Inhaber der Copie klagte gegen den Aussteller des Wechsels mit der Erklärung daß er sich im Mitbesitze des Originalwechsels befinde, und diesen im Wechsel= termine produciren werde. Die Zurückweisung dieser K'age ward durch Bescheid vom 5. Febr. 1866 aus nachstehenden Gründen bestätigt:

Die durch Ausstellung und resp. Accept eines Wechsels übernommene Verpflichtung geht dahin, daß die in dem Wechsel benannte Summe am Verfalltage gegen Aus= händigung des Wechsels gezahlt werde; und, wie hieraus folgt, daß die Zahlungszeit für die gesammte Wechselsumme nur eine und dieselbe sein kann,

vergl. die durch die Verordnung vom 30. Juli 1864 publicirten Zusätze zur Allgemeinen Deutschen Wechselordnung Art. 4 nr. 4,

so ergiebt sich daraus auch, daß, wie im Art. 39 der All= gemeinen Deutschen Wechsel=Ordnung festgestellt worden, der Wechselschuldner nur gegen Aushändigung des quittir= ten Wechsels zu zahlen verpflichtet ist, und daß, wenn auch der Wechselinhaber nach Art 38 eine Theilzahlung nicht zurückweisen darf, doch der Wechselschuldner zu einer solchen nicht gezwungen, von ihm vielmehr immer nur die Zahlung der gesammten Summe gegen Aushändigung des quittirten Wechsels gefordert werden kann. Die allerdings bestrittene Frage, ob ein Indossament auf einen Theil der Wechselsumme statthaft ist, muß hienach dahin entschieden werden, daß, wenn gleich ein solches Indossament an sich nicht als ungültig anzusehen ist, mithin für den Indos= santen und seine Nachmänner die aus ihren Indossamenten entspringenden wechselrechtlichen Verpflichtungen erzeugt, dadurch doch die wechselrechtliche Verbindlichkeit des Aus= stellers und Acceptanten nicht verändert wird, mithin gegen sie eine Klage auf Theilzahlung nur dann statthaft wird, wenn sie ihre Zustimmung zu der Theilung der Wechsel= summe ertheilt und sich durch Unterschrift der Wechselcopie zur Leistung einer Theilzahlung wechselmäßig verpflichtet haben. Der Umstand, daß der Querulant, der bei dem Indossamente nur eine Wechselcopie erhalten hat, sich gegenwärtig im Besitze des Originals befindet, ist daher zur Fundirung seiner Klage nicht geeignet, da er nach seinen eigenen Angaben nur zur Vorzeigung, nicht aber zur Aushändigung des quittirten Wechsels im Stande ist.

61. Zulässigkeit von Einreden aus dem unterliegen= den Rechtsverhältniß gegen den Indossatar, falls dieser in Wirklichkeit nur Mandatar des ursprüng= lichen Wechselgläubigers ist. Vo 512/₁....
Vergl. Bd. 5, nr. 61.

Einer Wechselklage, welche von einem Advocaten aus einem auf ihn indossirten Wechsel erhoben wurde, opponirte die Beklagte, daß dem Wechsel eine ungültige Intercession zum Grunde liege, und ihr diese Einrede auch gegen den Kläger zustehe, weil er in Wirklichkeit nur Mandatar des ursprünglichen Wechselgläubigers, und der Wechsel, wenn auch mit einem unbeschränkten Indossament versehen, nur zum Incasso auf ihn indossirt sei. — Der Kläger hielt den Beweis dieser von ihm bestrittenen Behauptungen zur Be= gründung der Einrede nicht ausreichend, und verlangte da= neben den Beweis, daß ihm jene Thatsachen bekannt und

15*

seine Absicht bei Entgegennahme des Indossaments auf
Erbirung jenes Einwandes gerichtet gewesen. — Das Oberappellationsgericht erklärte jedoch in seinem Erkenntnisse vom
13. Februar 1868 diesen weiteren vom Kläger verlangten
Beweis für unnöthig, und den Beweis, daß der Wechsel nur
zum Incasso indossirt worden, zur Begründung der Einrede
gegen den Indossanten für ausreichend. —

Gründe.

1. Daß durch ein Indossament, welches keinen der in Artikel
17 der Allgemeinen Deutschen Wechselordnung bezeichneten
Zusätze enthält, alle Rechte des Indossanten aus dem
Wechsel auf den Indossatar übergehen, und daher diesem
nur die nach Artikel 82 zulässigen Einreden opponirt werden können, unterliegt keinem Zweifel. — Auf der andern
Seite aber ist eben so wenig zweifelhaft, daß, wenn der
Inhaber eines Wechsels einen Sachwalt zur Eincassirung
und eventuellen Einklagung des Wechsels beauftragt, und
ihm statt einer gewöhnlichen Proceßvollmacht oder eines
Procuralndossements ein volles Indossament ertheilt, für
das Verhältniß des Indossatars zum Indossanten das dem
Indossament zum Grunde liegende Rechtsgeschäft normirt,
der Indossatar also dem Indossanten zur Rechnungsab-
legung über die Ausführung des ihm ertheilten Auftrags
und zur Auslieferung dessen, was er von dem Wechselschuldner erhalten hat, verpflichtet ist. — Der Indossatar
bleibt daher, wenn er auch äußerlich als Wechselinhaber erscheint, und das Indossament zugleich die Vollmacht zur
weiteren Begebung des Wechsels involvirt, in Wirklichkeit
der Mandatar des Indossanten; er vertritt als solcher nur
das Interesse seines Mandanten, und die Einrede des
Wechselschuldners, daß er zwar formell Eigenthümer des
Wechsels, in Wirklichkeit aber nur der Mandatar des
Indossanten sei, ist — wenn diese Einrede überall zulässig
ist — eine Einrede, welche dem Schuldner gerade gegen
die Person des Klägers zusteht. Allerdings ist der Indos-

2

29

satar nach Wechselrecht auch in dem gedachten Falle als
Wechselinhaber zu behandeln. Nach Artikel 82 kann sich
der Schuldner aber nicht nur solcher Einreden, welche aus
dem Wechselrechte hervorgehen, sondern auch solcher, welche
ihm nach Civilrecht gegen den Kläger zustehen, bedienen,
und der Einwand, daß der Kläger in Wirklichkeit nur
Mandatar ist, als solcher nur das Recht und Interesse
seines Mandanten vertritt, und ihm daher auch die gegen
den Mandanten zulässigen Einreden opponirt werden können, ist ein Einwand, der freilich nicht aus dem Wechsel,
sondern aus dem, dem Indossamente zum Grunde liegenden
Rechtsgeschäfte und dem Rechtsverhältnisse des Schuldners
zum Indossanten entnommen ist, und der dem Wechselschuldner nur nach dem Civilrechte zustehen kann, nach
diesem aber auch zusteht und insofern gegen die Person des
Klägers gerichtet ist, als er gegen das von diesem erworbene Recht geht. — Dem steht auch nicht entgegen,
daß nach der Natur des Wechselverkehrs der gutgläubige
Indossatar ggen alle Einwendungen aus der Person des
Indossanten geschützt sein muß und durch Artikel 82
der Allgemeinen Deutschen Wechselordnung auch geschützt
ist; denn derjenige, auf welchen der Wechsel mit dem Auf-
trage indossirt wird, den Betrag desselben einzucassiren,
resp. einzuklagen, ist überall kein gutgläubiger Indossatar
in jenem Sinne, weil er den Wechsel in Wirklichkeit nicht
in der durch das Indossament bekundeten Weise erworben
hat, auch überall kein eigenes Interesse, sondern lediglich
das seines Mandanten verfolgt.

2. Es kann daher auch keinem Zweifel unterliegen, daß
wenn in einem Falle der vorliegenden Art die Form eines
vollen Indossaments gerade deshalb gewählt wird, um dem
Wechselschuldner eine ihm gegen den Mandanten zustehende
Einrede abzuschneiden, diesem dagegen eine exceptio doli
zur Seite steht, weil hier die Form des Indossaments in
einer rechtswidrigen Absicht gemißbraucht wird. — Ein
solcher dolus liegt aber nicht bloß dann vor, wenn die

Contrahenten dabei eine bestimmte Einrede im Auge hatten, vielmehr genügt es, wenn sie nur im Allgemeinen die Absicht hatten, dem Schuldner etwanige Einreden, welche er dem Indossanten gegenüber vorschützen könnte, abzuschneiden; und das Vorhandensein einer solcher Absicht ist, wenn ein Sachwalt mit der Einklagung eines Wechsels beauftragt, und ihm statt einer Vollmacht oder eines Procurraindossaments ein volles Indossament ertheilt ist, zumal wenn dieß, wie im vorliegenden Falle, erst nach dem Verfalltage geschieht, und sofort zur Klage geschritten wird, ohne Weiteres anzunehmen, weil nicht zu bezweifeln ist, daß diejenigen, welche im Widerspruche mit dem Inhalte des dem Indossamente zum Grunde liegenden Rechtsgeschäfts die Form des vollen Indossaments wählen, auch die Rechtswirkungen in Bezug auf den Schuldner herbeizuführen beabsichtigen, welche damit verbunden sind, und weil folglich, wenn statt einer Bevollmächtigung des Sachwalts eine Geschäftsform gewählt wird, durch welche dem Wechselschuldner Einreden abgeschnitten werden, auch anzunehmen ist, daß dadurch diese Einreden haben abgeschnitten werden sollen. — Ueberdies liegt vom Standpuncte des Civilrechtes aus betrachtet, schon darin ein dolus, wenn derjenige, der in Wirklichkeit nur Mandatar ist, einer seinem Mankanten entgegenstehenden Einrede gegenüber sich darauf beruft, daß das ihm ertheilte Mandat in eine Geschäftsform gekleidet ist, welche ihn äußerlich als den Inhaber der Forderung erscheinen läßt.

62. Blancoindossament. Ti 311/₁₄₄₄.

Aus einem eigenen Wechsel, welchen der Remittent in blanco indoſſirt hatte, klagte der Advocat L. als Inhaber gegen den Aussteller auf Zahlung der Wechselsumme. Beklagter erkannte die Echtheit seiner Unterschrift zwar an, bestritt aber die Activlegitimation des Klägers, indem er unter Bezugnahme auf §§ 13. 36 der Deutschen Wechsel-Ordnung zu zeigen suchte, daß der Inhaber auf Grund eines unausgefüllten Blancoindossaments zwar weiter giriren, nicht aber in eignem Namen gegen die Wechselschuldner als Gläubiger auftreten dürfe, sich daher bis zur Erbringung einer besseren Legitimation gefallen lassen müſſe, als Mandatar des Indoſſanten behandelt zu werden. Demnach schützte Beklagter mehrere Einreden vor, welche, aus dem unterliegenden Verhältniſſe entnommen, gegen die Person des ersten Wechselnehmers gerichtet waren. Gleichwohl wurde er zur Zahlung des Libellats rein verurtheilt, und das Oberappellationsgericht bestätigte diese Entscheidung unterm 4. Januar 1868 aus folgenden Gründen:

Die Deutsche Wechsel-Ordnung legt dem Blancoindossamente, indem sie dasselbe im § 12 einfach für gültig erklärt, und im § 17 zur Herstellung eines Procuraindossamentes eine die Bevollmächtigung ausdrückende Formel verlangt, die Wirkung bei, daß der Inhaber des Wechsels als solcher legitimirt ist, alle Rechte eines Indossatars in eigenem Namen auszuüben. Dieser Satz ist bisher kaum streitig gewesen, und läßt sich durch die von dem Appellanten aus den §§ 13. 36 entnommenen Gegenargumente nicht widerlegen. Daß der Inhaber die im § 13 ihm eingeräumte Befugniß, alle auf dem Wechsel befindlichen Blancoindossamente auszufüllen, nur dann unbenutzt lassen dürfe, wenn er den Wechsel weiter begeben wolle, aber stets davon Gebrauch machen müſſe, ehe er selbst einem Wechselschuldner gegenüber als Gläubiger auftreten könne, ist in der angeführten Gesetzes-

stelle nicht gesagt; wohl aber ist es bekannt, daß dem Inhaber lediglich im eigenen Interesse, um mißbräuchliche
Benützung der Blancoindossamente durch Andere zu verhüten, die Ausfüllung gestattet worden ist, daß also irgend-
welche aus dem Besitze des in blanco girirten Papiers ab-
zuleitende Rechte dadurch nicht haben bedingt werden
sollen.

Vergl. Conferenz-Protocolle S. 26 der Originalausgabe,
    Brauer, Anmerk 1. zu § 13:

Auch aus § 36 ist nicht zu entnehmen, daß der Inhaber
eines indossirten Wechsels nur dann Zahlung verlangen
könne, wenn das letzte Indossament ein ausgefülltes sei
und auf seinen Namen laute, da es an dieser Stelle des
Gesetzes nur darauf ankam, hervorzuheben, daß und aus
welchem Grunde ein in der Mitte liegendes Blanco-
indossament die zur Legitimation des Inhabers erforderliche ununterbrochene, bis auf ihn hinuntergehende Reihe
von Indossamenten nicht unterbreche. Es soll angenommen
werden, daß der Aussteller des zunächst folgenden Indossaments den Wechsel auf das Blancogiro erworben habe,
also der rechtmäßige Inhaber gewesen sei. Dabei ist nicht
im Entferntesten angedeutet, daß diese Praesumtion lediglich
für den Zweck der Weiterbegebung aufgestellt und nicht
vielmehr eine einfache Consequenz aus der allgemeinen
Vorschrift des § 12 sei. Allerdings bleibt dem Wechselschuldner der, im Streitfalle von ihm zu beweisende Einwand, daß der als Gläubiger gegen ihn auftretende Inhaber
den Wechsel auf unredliche Art erworben habe, oder in
fremdem Namen detinire, mithin Rechte daraus entweder
überall nicht, oder wenigstens nicht in eigenem Namen
geltend machen könne; allein dergleichen ist von dem
Appellanten nicht vorgebracht. Seine eventuelle Behauptung, daß der Kläger den libellirten Wechsel nur als
Mandatar des Indossanten besitze, entbehrt der thatsächlichen Begründung, und ist lediglich aufgestellt als

Folgerung aus der, mit der gesetzlichen Bedeutung des Blancoindossaments in Widerspruch stehenden Prämisse, daß der Kläger zur Erhebung der Wechselklage in eigenem Namen nicht ausreichend legitimirt sei und es sich deshalb, da er eine genügende Legitimation zur Sache nicht erbracht habe, gefallen lassen müsse, als Mandatar des Indossanten zu gelten. Ist dies nun, wie sich ergeben hat, unrichtig, und der Kläger vielmehr auf Grund des Blancoindossaments als eigentlicher Indossatar anzuerkennen, so wird er von den weiter vorgeschützten Einreden, welche weder aus dem Wechselrechte selbst hervorgehen, noch unmittelbar gegen ihn zustehen, nach § 82 der Wechsel - Ordnung nicht betroffen; dieselben sind daher mit Recht zurückgewiesen.

---

63. Zulässigkeit der Wechselhaft gegen gewerb- treibende Frauen. Du 367/₁₈₆₇.

Ueber die streitige Frage, ob die Statthaftigkeit des Wechselarrestes gegen eine Frau davon, daß die Schuldnerin zur Zeit der Eingehung der Wechselverbindlichkeit oder davon daß sie zur Zeit der Execution ein Gewerbe betrieben habe, abhängig sei, hat das Oberappellationsgericht in einem Querelbescheide vom 24. Januar 1867 sich im Sinne der ersten Alternative ausgesprochen aus folgenden Gründen:

Während früher alle Personen weiblichen Geschlechts, mit Ausnahme der Handelsfrauen, für unfähig galten, sich wechselmäßig zu verpflichten, weil angenommen wurde, es fehle ihnen die zur wirksamen Uebernahme einer solchen Verbindlichkeit erforderliche Kenntniß der Eigenthümlich- keiten des Wechselrechts, sind nun in Gemäßheit des § 1

der Deutschen Wechsel-Ordnung zwar alle Frauen, welche
sich durch Verträge verpflichten können, wechselfähig, allein
nach § 2 nr. 3 haften sie, wenn sie nicht Handel oder
ein anderes Gewerbe treiben, für die von ihnen contrahirten
Wechselschulden nur mit ihrem Vermögen, sind also von
Personalhaft frei. Diese Bestimmung findet, im Anschlusse
an das ältere Recht, darin allein eine befriedigende Erklärung, daß das Gesetz die bei nicht gewerbtreibenden
Frauen vorauszusetzende Rechtsunkunde wenigstens so weit
noch berücksichtigt, als es denselben nicht gestattet, durch
Ausstellung einer Wechselerklärung außer ihrem Vermögen
auch noch ihre persönliche Freiheit auf's Spiel zu setzen.
Demnach liegt hier eine Beschränkung der Wechselfähigkeit
vor, und daraus folgt denn von selbst, daß eine Frau für
eine Wechselschuld mit i h r e r P e r s o n nicht anders haftet,
als wenn sie zu einer Zeit contrahirt hat, während welcher
ihr, weil sie ein Gewerbe betrieb, die v o l l e Wechselfähigkeit zustand.

Vergl. B r a u e r , Wechselordnung ad § 2 nr. 7 Seite 30,
H o f f m a n n , Erläuterung der Wechselordnung Seite 176.

Der zuletzt erwähnte Schriftsteller macht die Zulässigkeit
der Wechselhaft außerdem davon abhängig, daß die Schuldnerin auch noch zur Zeit der Execution ein Gewerbe treibt,
und Andere halten die Betreibung eines Gewerbes zur
Zeit der Hülfsvollstreckung sogar für ausreichend zur Ver-
hängung des Personalarrestes aus allen bis dahin eingegangenen Wechselverbindlichkeiten,

    (L i e b e), Die allgemeine Deutsche Wechselordnung mit
        Einleitung und Erläuterungen, Seite 40,

    T h ö l , Handelsrecht Thl. 2. § 339 not. 6;

allein wenn die gesetzliche Vorschrift auf der Erwägung
beruhte, daß die Schuldhaft in ihrer Anwendung auf
Weiber ein geeignetes und schickliches Executionsmittel
nicht sei, so würde die mit den Gewerbsfrauen gemachte

Ausnahme, sich nicht wohl erklären lassen. Ueberdies zeigt die Schlußbemerkung des § 2, womit die Verordnung vom 30. Juli 1864*) zu vergleichen ist, daß Frauen, als solche, nicht zu den Personen gehören, welche der Wechselhaft aus Gründen des öffentlichen Rechts nicht unterliegen.

64. Interdictum quod vi aut clam.

I. Oo 39/₁₈₆₇. Strel. — Am 9. September 1867 laufte der Schuster W. zu S. von dem dortigen Bäcker O. dessen Wohnhaus nebst Zubehör. An den Hausgarten stieß eine offene unbebaute Fläche, und diese führte in gerader Linie auf eine Straße, an welcher die Hauswiese liegt, gewährte somit eine freie Passage von dem Hauptgrundstücke zu einer davon räumlich getrennten Pertinenz. Diese an einer Seite durch fremde Gebäude begrenzte Fläche hatte damals an der andern keine sonst in die Augen fallende Begrenzung, als einen mit jenen Gebäuden parallel laufenden, von denselben etwa 10 Fuß abstehenden schmalen Graben. Nach O.'s Behauptung war der ganze so begrenzte Raum schon vor 40 Jahren von dem hinter dem Graben belegenen städtischen Grundstücke abgetrennt und dem derzeitigen Besitzer seines Hauses vom Magistrate als Verbindungsweg überwiesen worden und hatte seither ununterbrochen zu diesem Zwecke gedient. Das erwähnte Grundstück, die s. g. Schinderkuhlwiese war inzwischen an den Zimmermeister E. verkauft worden. In dem Traditionstermine, zu welchem auch O. geladen aber nicht erschienen war, wurde dem Käufer von einem Deputirten des Magistrats nicht der Graben, sondern

---

*) Die in Folge des Bundesbeschlusses vom 23. Januar 1862 publicirte Verordnung zur Ergänzung der Wechselordnung.

eine Linie, welche den von O. prätendirten Verbindungsweg
etwa in der Mitte der Länge nach durchschnitt, also nur einen
an den Häusern entlang führenden Steig von 5 Fuß Breite
übrig ließ, angewiesen und sofort durch Pfähle markirt. Auf
dieser Linie errichtete E. eine Bretterwand. Erst als er damit fertig war und die Grenze gegen den O.'schen Garten
mit einer Mauer zu bewehren im Begriff stand, that O.
Einspruch, auch erschien nun der Schuster W. und vertrieb
die mit dem Antheeren der Planke beschäftigten Leute.
Beide klagten nun gegen E. auf Wegnahme der Planke;
W. als Besitzer des gekauften Hauses, O. als regreßpflichtiger
Auctor. Sie erklärten, daß sie ihre Klage principaliter als
interdictum quod vi aut clam, eventualiter als interdictum
uti possidetis aufgefaßt wissen wollten. Sie wurden in
erster Instanz angebrachter Maßen, in zweiter Instanz auf
Appellation des Beklagten rein abgewiesen. In den Entscheidungsgründen zum zweiten Urtheile wurde unter Bezugnahme auf die Ergebnisse der Schrift von Stölzel (die Lehre
von der op. nov. nunc.) deducirt, daß das inderdictum quod
vi aut clam, wenn dasselbe auf ein verletztes Besitzinteresse
sich stütze, im heutigen Rechte neben den possessorischen
Interdicten keine selbständige Bedeutung mehr habe, daß aber
das interdictum uti possidetis im vorliegenden Falle nicht
begründet sei. Das Oberappellationsgericht bestätigte diese
Entscheidung unterm 18. Mai 1867, jedoch in Betreff der
principalen Klage aus folgenden Gründen:

> Denn betrachtet man die Klage zunächst aus dem Ge-
> sichtspuncte eines interdictum quod vi aut clam, so
> rechtfertigt sich die völlige Abweisung, auch abgesehen
> von den der sententia a qua beigegebenen Motiven,
> schon aus dem Grunde, weil bereits actenmäßig vorliegt,
> daß der Appellat, indem er die streitige Planke errichtete,
> weder gegen Einspruch handelte, noch heimlich zu Werke
> ging. Der Magistrat, als Verkäufer der s. g. Schinder-
> kuhlwiese, hatte ihm, als Käufer, in dem an Ort und
> Stelle abgehaltenen Traditionstermine, zu welchem auch

der Mitkläger O. geladen war, die Linie A — B des Grundriſſes ad [4] prim. inst. als die Grenze des gekauften Areals gegen den zum klägeriſchen Grundſtücke gehörenden Steig angewieſen. Wenn nun der Appellat zur Befriedigung der ſolchergeſtalt von einem Magiſtratsdeputirten unter Zuziehung eines Technikers ihm angewieſenen Grenze einen Bretterzaun herſtellte, ſo trifft ihn der Vorwurf der Clandeſtinität in keiner Weiſe. Er durfte vorausſetzen, daß der Magiſtrat die Breite des fraglichen Steiges, welchen die Stadt dem Großvater O.'s abgetreten hatte, kenne, und daß die demgemäß durch eine einfache Vermeſſung ſich ergebende Grenzlinie die richtige ſein werde. Er durfte ferner annehmen, daß ein von Seiten ſeiner jetzigen Proceßgegner etwa zu erhebender Widerspruch im Traditionstermine ſelbſt geltend gemacht ſein würde, alſo nicht mehr zu beſorgen ſei, da auf die an O. gerichtete Ladung keiner von beiden erſchienen war. Daß dabei eine Anweiſung und Abmarkung der Grenze vorkommen werde, konnte O. wiſſen, auch wenn es ihm nicht ausdrücklich geſagt war, weil darauf ſeine Abcitation und überhaupt der ausgeſprochene Zweck des Termins von ſelbſt hinwies. War das noch auf O.'s Namen ſtehende Grundſtück damals bereits ſeinem Streitgenoſſen W. verkauft und tradirt, ſo durfte erwartet werden, daß dieſer durch ſeinen Verkäufer rechtzeitig von dem bevorſtehenden Termin benachrichtigt, oder in demſelben vertreten ſein werde. Darauf mußte der Bellagte, wenn er anders von der geſchehenen Veräußerung bereits Kunde hatte, jedenfalls wenigſtens gefaßt ſein, und war nach Beendigung des Termins zu der Annahme berechtigt, daß keiner von beiden Klägern die Befriedigung der von Magiſtratswegen ermittelten und feſtgeſtellten Grenze hindern werde. So wenig der Bellagte hienach bei Herſtellung der fraglichen Planke einer Clandeſtinität ſich ſchuldig gemacht hat, ſo gewiß iſt es auch, daß dieſe Vorrichtung eben ſo wenig als

ein opus vi factum im Sinne des Interbicts zu bezeichnen ist. Nach der Appellanten eigenen Darstellung des Herganges haben sie nämlich beide erst Einspruch gethan, als die Planke bereits fertig war, indem
O. den Leuten, welche hernach die Mauer A — C des
Grundrisses aufführten, eine Schnur zerriß und W. die
mit dem Antheeren der Planke beschäftigten Arbeiter ver-
jagte oder störte. Unter diesen Umständen ist der jetzt
klagend verfolgte Anspruch, daß die Planke wieder weg-
genommen werde, mit dem interdictum quod vi, welches
nur die Herstellung des zur Zeit der Prohibition vorhanden gewesenen Zustandes zum Gegenstande hat,
offenbar nicht durchzusetzen.

II. Wu 77/₁₈₆₇. Strel. In einem anderen ähn-
lichen Rechtsfall war die rechtzeitig geschehene Prohibition
außer Streit. Es handelte sich auch hier wieder um eine
vom Beklagten errichtete Planke, deren Entfernung die klagenden Eheleute principaliter mit dem interdictum quod vi aut
clam, eventualiter mit der Besitzstörungsklage erstreiten wollten. Der erste Richter erklärte die principale Klage für liquit,
und verurtheilte daher den Beklagten, der zweite fand indessen
auch hier wieder das Interbict bedeutungslos, weil nur ein
verletztes Besitzinteresse in Frage stehe und legte den Klägern
rücksichtlich der eventuellen Klage einen Beweis auf. Das
Nähere erhellt aus den nachstehenden Entscheidungsgründen
des vom Oberappellationsgericht am 24. October 1867 gesprochenen dritten Erkenntnisses, wodurch das erste wiederhergestellt wurde.

1. — Der Kläger fordert, theils für sich, theils im Namen
seiner Ehefrau, daß der Beklagte verurtheilt werde, den
Bretterzaun, welchen er unbestrittener Maßen am 14.
Februar 1866 auf der Linie s. b. des bei der gerichtlichen Augenscheinseinnahme ad [2] pr. aufgenommenen
Handrisses errichtet hat, wieder wegzunehmen und Alles
wieder in den vorigen Stand zu setzen. Er bezeichnet

seine Klage als interdictum quod vi aut clam und er-
llärt dabei ausdrücklich, daß er von den ihm seiner Angabe nach zweifellos zustehenden petitorischen Rechtsmit-
teln im gegenwärtigen Processe keinen Gebrauch machen
wolle. Dabei ist er auch im weiteren Verlaufe der
Verhandlungen geblieben und hat nur zugegeben, daß
seine Klage eventuell als inferdictum uti possidetis aufgefaßt werde.

2. — Die in der Theorie streitlose Grundlage des interdictum quod vi, daß ein gegen den durch Wort oder
That erklärten Willen des Klägers hergestelltes opus in
solo factum den Gegenstand des Rechtsstreites bilde,
l., 20 pr. § 1 u. h. t. (43, 24)
ist für den gegenwärtigen Rechtsfall liquide gestellt, da
die Behauptung des Klägers, er habe in Begleitung
seiner Ehefrau dem Beklagten, als er noch beim Ein-
schlagen des ersten der drei zur Befestigung der Plante
dienenden Pfähle beschäftigt gewesen sei, die Ausführung
seines Vorhabens verboten, keinen Widerspruch gefunden
hat. Daß ein solches Privatverbot nur dann auf Beachtung Anspruch hat, wenn der Prohibent bei dessen
Befolgung interessirt ist, und daß dies Interesse kein
bloß factisches, rechtlich unconstruirbares, oder auch nur
rechtlich offenbar unbegründetes sein darf, versteht sich von
selbst, und ist auch von den Anhängern der bisher über die
Voraussetzungen des Interdicts herrschend gewesenen
Lehre nicht verkannt worden. In diesem Betreff beruft
sich der Kläger, soweit er in eigenem Namen klagt, auf
die unbestritten gebliebene Thatsache, daß auf der Linie
a b bisher eine offene Rinne sich befunden hat, welche
zur Aufnahme und Abführung des in Klägers Keller sich
sammelnden Wassers geeignet war und benutzt wurde.
Sein Recht zu solcher Benutzung gründete er auf die
freilich bestrittene Behauptung, daß „die Rinne zu
seinem Grundstücke gehöre, auch von ihm stets
aufgeräumt und unterhalten sei.“ Die hervorgehobenen

Worte weisen nicht auf eine dem Grundstücke des Klägers zustehende Servitut hin, sondern nehmen die Rinne selbst, also das von derselben eingenommene Areal, auf welchem jetzt die Illuirte Planke steht, als einen integrirenden Theil des klägerischen Grundstücks in Anspruch, so daß der Hauptrechtsstreit mit der bei praediis urbanis die actio finium regundorum ersetzenden Eigenthumsklage auszumachen sein würde. Das factische Interesse seiner Ehefrau an der Durchführung des Interdicts findet der Kläger in dem durch den Augenschein liquide gestellten Umstande, daß durch das gegnerische opus der Zugang von seinem Hofe zu dem f. g. Wasser- und Garten-Steige asce des Handrisses, auf welchem die klagenden Eheleute bisher zu den jenseits der Moorstraße belegenen Grundstücken der Frau gelangten, versperrt wird. Die rechtliche Basis dieses Interesses bildet nach Klägers Angaben eine seiner Ehefrau beim Ankaufe jener auf dem Handrisse als „W.'s Garten und Scheune" bezeichneten Grundstücke vom Verkäufer, als Eigenthümer des im gegenwärtigen Rechtsstreite von dem Beklagten vertretenen Grundstücks, eingeräumte Wegegerechtigkeit.

3. — Während früher auf Grund der l. 1. pr. h. t. und der von den Quellenschriftstellern zu den dort mitgetheilten Edictsworten gegebenen Erläuterungen gewöhnlich angenommen wurde, daß das interdictum quod vi stets dann schon begründet sei, wenn das zu restituirende opus in solo factum gegen ein Privatverbot, welches auf ein rechtlich construirbares und nicht augenscheinlich grundloses Interesse des Prohibenten sich zurückführen lasse, errichtet sei, ist in neuester Zeit nach dem Vorgange Francke's (Archiv für civil. Praxis XXII., 14) die Ansicht, daß der Kläger dieses in seiner Person vorauszusetzende Interesse im Streitfalle zu beweisen habe, sehr lebhaft vertheidigt worden, wiewohl die Anhänger dieser neuen Lehre nicht in allen Puncten unter sich übereinstimmen.

Stölzel, Lehre von der op nov nunc. und dem interd.
q. v. aut cl.

Derselbe, in Jhering's Jahrbüchern VIII S. 139 ff.

Karlowa, Beiträge zur Geschichte des röm. Civilproc.
S. 89 ff.

Windscheid, Lehrbuch des Pandectenrechts § 465.

Das in vorliegender Sache ergangene, jetzt angefochtene Erkenntniß beruhet ganz auf einer folge-
richtigen Anwendung der von Stölzel entwickelten Grundsätze. Da der Kläger sein und beziehungsweise seiner
Ehefrau angebliches Verbietungsrecht im gegenwärtigen
Processe nicht zur Erörterung gebracht, sondern eventuell
nur die Besitzesfrage in den Streit gezogen wissen will,
nach Stölzel's Darstellung aber das interdictum quod
vi aut clam, so fern es sich lediglich auf ein verletztes
Besitzinteresse stützt, im neueren römischen und heutigen
gemeinen Rechte neben dem interdicium uti possidetis
keine selbständige Bedeutung mehr hat, so ist dem Kläger
rücksichtlich der in eigenem Namen erhobenen Klage der
Beweis auferlegt, daß er zur Zeit der Zuwerfung der
überdeckten Abflußrinne sich im Besitze derselben befunden
habe. Die im Namen der Frau angestellte Klage ist
dagegen trotz der behaupteten juris quasi possessio abgewiesen, weil die bei Eröffnung des Hypothekenbuchs
über das dienende Grundstück nicht angemeldete Servitut
in Folge der damals erkannten Präclusion erloschen
sein würde, die factische Ansübung eines Rechtes aber,
dessen Nichtexistenz bereits liquide vorliege, auf richterlichen Schutz keinen Anspruch habe.

4. — Nach der vom vorigen Richter befolgten Lehre gehört also zur Begründung des Interdicts neben den
besonderen Voraussetzungen desselben auch das ganze
Fundament derjenigen Klagen, mit welchen der Kläger,
wenn er nicht prohibirt hätte, die Restitution des opus
würde zu fordern haben. Er hat also mehr zu behaup-

ten und eventuell zu beweisen, als nöthig wäre, wenn
er sogleich die parallele Klage anstellte. Dafür soll denn
das Interdict den Vortheil gewähren, daß der Beklagte
sich nicht auf ein „Gegenrecht", welches er sonst einrede-
weise geltend machen könnte, berufen darf, da nach den
klaren Worten der l. 1 § 2. h. t. auf das jus faciendi
des Beklagten nichts ankommt. Bisher ist gerade diese
Stelle als ein Hauptargument dafür angesehen worden,
daß ebensowenig ein nachweisbares jus prohibendi des
Klägers vorausgesetzt werde. Denn Ulpian sagt hier
ausdrücklich, das jus faciendi des Beklagten sei deshalb
ohne Bedeutung, weil er aus dem Interdicte schon bloß
wegen seines verbotswidrigen oder heimlichen Handelns
hafte, indem es ihm obgelegen hätte, statt ein formelles
Unrecht (injuriam) zu begehen, vielmehr sein Recht geltend
zu machen. Wesentlich bestätigt wird diese Auffassung
durch die quellenmäßige Begriffsbestimmung des clam
facere. Eines heimlichen Handelns im Sinne des Interdicts macht sich schuldig, wer ein opus in solo unternimmt, ohne demjenigen, dessen Widerspruch (contro-
versiam) er fürchtete oder zu fürchten Ursache hatte, von
seinem Vorhaben Anzeige zu machen.

L. 3 § 7. D. h. t.

Also nicht darauf kommt es an, daß dem Handelnden
ein Widerspruchsrecht bekannt war, oder ohne Verschulden nicht unbekannt sein konnte. Die Pflicht zur Anzeige ist vielmehr schon dann begründet, wenn nur überhaupt eine Bestreitung des jus faciendi zu erwarten
war, und unter diesen Umständen ist das ohne Anzeige
ausgeführte Werk zu restituiren. Der Grund scheint auf
den ersten Blick darin zu liegen, daß der, dessen jus
faciendi streitfähig ist, durch thatsächliches Vorgehen dem
Ergebnisse des künftigen Rechtsstreits nicht vorgreifen
soll, und diese Erwägung trifft um so mehr dann zu,
wenn das intendirte Werk durch eine dawider eingelegte

Prohibition bereits ausdrücklich bestritten worden ist. Ueberdies führt die neue Lehre, indem sie das jus prohibendi des Klägers in den Interdictenproceß hineinzieht, das jus faciendi des Beklagten aber davon ausschließt, zu dem wenig befriedigenden, jedenfalls mit den Principien des heutigen gemeinen Civilprocesses schwer zu vereinigen= den Resultate, daß der Hauptstreit durch die Klage zwar sogleich eröffnet, aber gleichwohl nicht durchgeführt wird. In den Fällen, in welchen auf Grund einer liquiden Klage eine vorläufige Verurtheilung erfolgt und die illiquiden Einreden in separato zum Beweise verstellt werden, wird der Beklagte mit solchen Einreden doch wenigstens gehört, und die replicirende Erklärung des Klägers darüber erfordert; die Condemnation ist nur eine provisorische, und das Beweisverfahren nach dessen Beendigung dieselbe entweder definitiv bestätigt oder wieder aufgehoben wird, eine Fortsetzung des anhängigen Processes. Es könnte auch vorkommen, daß einem liquiden Anspruche gegenüber eine auf einem illiquiden Gegenanspruche beruhende Einrede als solche nicht zuge= lassen würde und daher klageweise geltend gemacht werden müßte. Dagegen hat es etwas ungemein Befrem= bendes, daß einer illiquiden Klage gegenüber eine deren Rechtsfundament elidirende Einrede, selbst wenn sie liquide wäre, unzulässig sein sollte. Endlich findet sich in dem ganzen, von dem Interdicte handelnden Pandectentitel keine Stelle, welche darauf hinwiese, daß der Kläger das in seiner Person vorauszusetzende Interesse auch be= weisen müßte; überall wird vielmehr die geschehene oder durch clam facere vereitelte Prohibition als alleiniger Grund der Klage hingestellt. Auch die von Stölzel an= geführte l. 21. D. de aqua et aq. pluv. arcend. (39, 3) deutet nur an, daß ein bloß factisches Interesse nicht ausreiche läßt aber nicht erkennen, daß der Kläger in dem proponirten Rechtsfalle mit dem Interdicte nur

durchbringe, wenn er die confessoria actio damit
cumulirte.

5. — Diese gewichtigen Bedenken sollen nun durch die aller=
dings nahe liegende Betrachtung beseitigt werden, ein
Privatverbot, welches auf ein bloß vorgegebenes und denk=
bares, aber in Wirklichkeit vielleicht gar nicht vorhandenes
Interesse sich stütze, könne doch unmöglich den Erfolg
haben, daß der davon Betroffene mit seinem Unterneh=
men so lange einhalten müsse, bis er selbst sein jus
faciendi im Wege Rechtens erstritten habe. Bei der
operis novi nunciatio ist freilich das im Uebrigen den
gesetzlichen Erfordernissen entsprechende Verbot schlecht=
hin zu befolgen, bis dasselbe vom Richter wieder aufge=
hoben wird, und der Nunciant braucht im Falle der
Uebertretung das s. g. interdictum demolitorium nicht
noch durch den Nachweis eines rechtlichen Interesses zu
begründen; allein man findet dies unanstößig, weil der
Nunciant in dem auf Antrag des Nunciaten einzuleiten=
den Remissionsprocesse sein jus prohibendi darzulegen
hat, der Nunciat also nur auf kurze Zeit in der Aus=
führung seines Werkes unterbrochen wird und keinen
processualischen Nachtheil erleidet, während man daran
Anstoß nimmt, daß der Prohibirte in dem Hauptrechts=
streite die Klägerrolle übernehmen soll. Dieser Unter=
schied des Effectes der beiden in Rede stehenden außer=
gerichtlichen Acte, der Nunciation und Prohibition, ist
indessen auf Grund einer den Texteworten genau sich
anschließenden Auslegung der viel besprochenen l. 5 § 10.
D. de O. N. N. (39, 1) vom Standpunkte der bisher
herrschend gewesenen Ansicht längst in völlig befriedigen=
der Weise erklärt worden.

Vergl. u. A. Bangerow, Leitfaden Bd. III. § 677.

Ulpian bespricht in dieser Stelle die zur vor=
läufigen Verhinderung eines Bauunternehmens sich dar=
bietenden Maßregeln. Will Jemand in meo bauen, so

fann ich mich zwar der operis novi nunciatio bedienen, allein das würde nicht rathsam sein, weil ich damit den Gegner als Besitzer anerkennen, ihm folglich für den Hauptrechtsstreit die Beklagtenrolle einräumen würde. Besser ist es daher, den Bau per Praetorem, also durch ein possessorisches Interdict oder per manum zu prohibiren. Die Meinung Windscheid's a. a. O. S. 338, wonach in diesem ersten Theile der Stelle von einer im Uebertretungsfall zum interdictum quod vi führenden Prohibition noch gar nicht die Rede ist, die Worte per manum vielmehr nur auf erlaubte Selbsthülfe hinweisen, ist entschieden selbst dann unrichtig, wenn der erläuternde Zusatz i. e. lapilli ictum für ein Glossem zu achten sein sollte. Der Schlußsatz et si for:e p. p. beweist das Gegentheil, denn hier werden gerade die Rechtsmittel angegeben, welche gegen den, der in meo zu bauen fortfährt, zustehen, und wenn hier neben dem interdictum uti possidetis, welches den Uebertreter eines prätorischen Verbotes trifft, ausdrücklich das interdictum quod vi erwähnt wird, so kann damit nur der Fall der im Eingange hervorgehobenen prohibitio per manum bezielt sein. Ohnehin enthält ja ein mißlungener thätlicher Widerstand gegen die Fortsetzung eines opus unter allen Umständen eine zur Begründung des Interdicts völlig ausreichende Prohibition, und es wird daher das manum opponere dem wörtlich oder durch symbolischen Steinwurf erklärten Widerspruche durchaus gleichgestellt.

l. 20) § 1. D. h. t. (43, 24)

Unternimmt dagegen Jemand in suo einen mir nachtheiligen Bau, so muß ich nach Ulpian's Ausspruche zur Nunciation greifen. Die Worte: erit necessaria zwingen keineswegs zu der Annahme, daß für den Fall des Bauens in suo die Prohibition formell unstatthaft sei; die Nothwendigkeit der Nunciation erklärt sich schon einfach daraus, daß die Prohibition in diesem Falle

reinen sichern Erfolg verspricht, weil der Prohibirte sich
derselben erwehren kann, ohne sein jus faciendi darzuthun. Das Mittel dazu bietet ihm, wie derselbe Quellen-
schriftsteller an einem andern Orte lehrt, das interdictum
uti possidetis.

l. 3 § 2 h. t. (43, 17)

Die Prohibition gilt nämlich im Gegensatze zur
Nunciation für einen Besitzesact, und stellt sich mithin,
angewendet gegen den, der im Besitze der Sache oder
des Rechts ist, als ein mit jenem Interdicte zu be-
seitigender Eingriff dar. Man hat freilich schon das un-
leidlich gefunden, daß der Prohibirte in Folge eines
vielleicht ganz rechtswidrigen Einspruchs auch nur zu
einer possessorischen Klage gedrängt werden soll; dagegen
ist indessen zu bemerken, daß in einem Falle der vorliegenden Art, in welchem beide Theile den Besitz sich
zuschreiben, das possessorium wesentlich die Function
hat, den Hauptstreit durch Bestimmung der Parteien-
rollen vorzubereiten; daß aber in diesem präparatorischen
Verfahren der Prohibirte als Kläger auftreten muß, entspricht der Billigkeit, da er es ist, der den bestehenden
factischen Zustand, dessen Aufrechthaltung der Prohibent
erstrebt, durch sein opus verändern will.

6. — Kommt es hiernach auf den Nachweis des Rechts,
auf Grund dessen prohibirt worden ist, nicht an, und
bedarf das rechtliche Interesse des Prohibenten beim
interdictum quod vi aut clam keines besonderen Beweises, weil dasselbe ebenso wie bei der operis novi
nunciatio nur darin besteht, daß der factische Zustand
bis zur gerichtlichen Entscheidung über sein Widerspruchsrecht aufrecht erhalten werde, so ist der Anspruch des
Klägers unzweifelhaft begründet und liquide. Dies
gilt auch von der Namens seiner Ehefrau erhobenen
Klage, da die von derselben behauptete Servitut nach
Lage der betreffenden Grundstücke sehr wohl als be-

stehend gedacht werden kann, und die Präclusionseinrede,
welche der vorige Richter liquide und zur Elidirung des
possessorischen Rechtsmittels geeignet befunden hat, dem
interdictum quod vi gegenüber bedeutungsloß ist. Ohne=
hin würde dieselbe erst noch die Beantwortung einer
weiteren als quaestio ultioris indaginis zu bezeichnenden
und im gegenwärtigen Rechtsgange entschieden nicht
zu erörternden Frage erheischen. Hat O., von dem
die Beklagten das angeblich dienende Grundstück gekauft
haben, die fragliche Durchgangsgerechtigkeit constituirt,
so fragt es sich noch, ob er die auf seinen Antrag er=
folgte Präclusion für sich würde geltend machen können,
ob er nicht vielmehr verpflichtet gewesen wäre, die nicht
angemeldeten Lasten und Eigenthumsbeschränkungen,
welche ihm bekannt waren, vor Allem also die von ihm
selbst constituirten seinerseits anzugeben, und ob nicht
die Ehefrau des Klägers, wenn das Grundstück zur Zeit
der Prohibition noch auf O.'s Namen stand, trotz der
Präclusion die Eintragung ihres Rechts probatis
probandis hätte erstreiten können, sofern inzwischen er=
worbene dingliche Rechte dritter Personen dadurch nicht
beeinträchtigt wurden.

———

65. Ueber das interdictum ne quid in flumine publico fiat.

Bd 165/₁₀₀₇. Strrl. (vergl. Bd. V nr. 26.)

Der Bach, an welchem die Mühlen des Klägers liegen,
fließt aus einem Landsee ab, zieht sich zunächst in vielen,
zum Theil sehr scharfen Windungen durch das Gebiet des
Beklagten und treibt sodann mehrere andere Mühlen, ehe

er zu denen des Klägers gelangt. Der Beklagte habe nun den oberen Theil des Bachbettes von dem See abwärts auf eine beträchtliche Strecke grade legen und erheblich vertiefen lassen, und dem Besitzer der ersten Mühle gestattet, auf dieser Strecke ein Stauwerk anzulegen, dessen Schützen jedoch alljährlich nicht vor dem 1. November eingesetzt und noch vor dem ersten Mai wieder geöffnet werden sollten. Der Kläger fand sich durch diese Neuerungen beeinträchtigt und forderte mit dem interd. ne quid in flum. publ. fiat und der actio negatoria Herstellung des bisherigen Zustandes, indem er geltend machte, das Wasser fließe jetzt rascher ab als früher. Der während des Winters im See sich sammelnde Vorrath sei bisher das ganze Jahr hindurch seinen Mühlen zu gute gekommen, fortan werde aber im Frühling nach Oeffnung der Schützen ein so starker Abfluß Statt finden, daß im Sommer und Herbst ein empfindlicher Mangel eintreten müsse. Auf eine so starke Strömung seien überdies seine Mühlenwerke nicht eingerichtet und kämen daher in Gefahr, beschädigt oder weggeschwemmt zu werden. Endlich werde ihm auch das Einsetzen der Schützen im Spätherbst schaden, wenn es nach einem trockenen Sommer an Wasser fehle.

Der durch das erste Erkenntniß dem Kläger auferlegte Beweis erhielt durch das Urtheil des Oberappellationsgericht vom 17. October 1867 folgende veränderte Fassung:

entweder:

daß die Vertiefung des Bachbettes für die klägerischen Mühlen, oder eine derselben einen derartigen Wassermangel zur Folge hat, daß der Mühlenbetrieb nicht, wie bisher, ausgeübt werden kann;

oder:

daß in besonders wasserreichen Jahren nach Herausnahme der oberhalb der Mühlen angelegten Schützen die Stauwerke seiner Mühlen, oder einer derselben in Folge der durch die Bachvertiefung herbeigeführten stärkeren Strömung des Wassers Gefahr laufen, beschädigt oder weggeschwemmt zu werden.

Gründe:

1. — Die Beschwerde des Klägers, soweit sie dahin gerichtet ist, daß der Grund der von ihm angestellten
Klagen, der actio negatoria und des interdicti ne
quid in flumine publico fiat, für erwiesen anzunehmen
sei, und deshalb eine Verurtheilung des Gegners hätte
erfolgen müssen, erscheint unbegründet. Denn wenn
auch auf Grund des beklagtischen Zugeständnisses die
Thatsache streitlos geworden ist, daß das Wasser des
Baches in Folge der Vertiefung des Bachbettes jetzt
rascher fließe, als dies bisher der Fall gewesen ist, so
genügt doch zur Begründung des gedachten Interdicts
nicht schon der Umstand, daß das Wasser durch die von
dem Beklagten gemachte Anlage eine verstärkte Strömung
erhalten hat, sondern es ist erforderlich, daß letztere den
Accolenten irgend einen Nachtheil bereite, wie dies aus

l. un. § 3 D. ne quid in flumine publico (43, 13)

klar hervorgeht. Daß ein solcher Nachtheil bereits eingetreten sei oder in Folge der Vornahme des Beklagten
bevorstehe, ist von letzterem bestritten, und es kann dem
Kläger nicht beigestimmt werden, wenn er davon aus-
geht, daß derselbe mit solcher Nothwendigkeit aus der
verstärkten Strömung folge, daß es dieserwegen eines
Beweises nicht mehr bedürfe. Denn nicht ein jedes
raschere Abfließen des Wassers hat die Wirkung, daß
dem stromabwärts belegenen Müller die zum Betriebe
erforderliche Wasserkraft entzogen wird, oder daß die
Mühlenwerke desselben durch die verstärkte Strömung in
Gefahr gebracht werden, es läßt sich sehr wohl denken,
daß der raschere Lauf des Flusses ohne solche Nachtheile
vorübergehe, und da nur das Eintreten der letzteren
eine Klage für ihn begründet, so hat er dieselben nachzuweisen, sobald sie vom Gegner bestritten sind.

2. — Was sodann die von dem Kläger angestellte actio
negatoria anlangt, so kann dieselbe für begründet nicht

geachtet werden. Selbst wenn die durch die übellirten
Veränderungen des Bachbettes herbeigeführte stärkere
Strömung als eine immissio aquae angesehen werden
könnte, welche zur Erhebung dieser Klage berechtigte, so
wäre es doch jedenfalls für die Begründung der letzteren
nothwendig, daß ein Eingriff in das Eigenthum zur
Zeit der Anstellung der Klage bereits eingetreten war,
und nicht erst als gleichzeitige Folge einer anderen mit-
wirkenden, aber noch nicht in die Wirklichkeit getretenen
Ursache bevorstand. Der Kläger leitet aber, wie aus
seinen Anführungen in der Klage und in der Replik zu
entnehmen ist, die raschere Abnutzung der Mühlenwerke
und die Gefahr der Zerstörung der Stauwerke nicht
schon aus der Vertiefung des Bachbettes allein her, sondern
befürchtet diese Nachtheile alsdann, wenn in besonders
wasserreichen Jahren bei einer Oeffnung der oberhalb
seiner Mühlen angelegten Schützen das angesammelte
Wasser in Folge der Vertiefung des Bachbettes mit erheblich größerer Gewalt und stärkerer Druckkraft als
bisher zufließt. Daß dies bereits eingetreten sei, ist nicht
behauptet, und eine wenn auch noch so nahe bevorstehende
Eventualität ist nicht geeignet, sich als einen die Eigenthumsklage begründenden Eingriff darzustellen. — Ebensowenig charakterisirt sich der angeblich durch die Vertiefung des Bachbettes herbeigeführte raschere Abfluß
und die dadurch verursachte Entziehung des zum Mahl-
betriebe erforderlichen Wassers als eine Verletzung des
Eigenthums an den Mühlen. Es ist bereits in der
sententia a qua hervorgehoben, und es kann darauf hier
Bezug genommen werden, daß das Wasser nur als das
Mittel erscheint, um die Mühlen zu benutzen, und daß
eine Einwirkung auf ersteres, welche den Gebrauch der
letzteren erschwert oder unmöglich macht, nicht als eine
Verletzung des Eigenthums an denselben sich darstellt.
Zur Abwendung solcher Nachtheile ist nicht die actio
negatoria gegeben, sondern es dient dazu das eigends

hierfür eingeführte interdictum ne quid in flumine
publico fiat

3. — Die vorige Sentenz hat nun diese letztere Klage in=
soweit für begründet gehalten, als Kläger dieselbe auf
einen in Folge der Bachvertiefung für seine Mühlen
eingetretenen Wassermangel stützt, dieselbe jedoch nach
den weiter vom Kläger hervorgehobenen Richtungen,
wonach die durch jene Vertiefung herbeigeführte ver=
stärkte Strömung seine Mühlenwerke bei Oeffnung der
oberhalb belegenen Schützen in besonders wasserreichen
Jahren mit der Gefahr der Beschädigung, ja der Zer=
störung bedrohe, und wonach weiter auch das Einsetzen
der Schützen im Herbste einen Wassermangel unter Um=
ständen herbeiführen werde, zurückgewiesen. Kläger be=
schwert sich darüber, daß ihm nicht mindestens der Be=
weis jener Gefährdung seiner Mühlenwerke aufgelegt
sei, und erscheint diese Beschwerde als begründet.

Das Interdict ist gegeben, sobald die Anwohner
durch die Veränderungen des flumen oder durch Vor=
richtungen in demselben irgend einen Nachtheil erleiden,
und wird es nicht erfordert, daß derselbe ein beträcht=
licher sei, namentlich gewährt es seinen Schutz auch dem=
jenigen, zu dessen Nachtheile (incommodo) die Strömung
des Wassers erhöhet oder verstärkt ist. Ein solcher
Nachtheil kann bereits in die äußere Erscheinung da=
durch getreten sein, daß dem Grundstücke oder der An=
lage des Accolenten schon eine wirkliche Beschädigung
zugefügt ist, es kann aber die Sachlage auch die sein,
daß eine solche Beschädigung erst bevorsteht, drohet, und
das Interdict gewährt seinen Schutz nicht bloß im
ersteren sondern auch im letzteren Falle, wenn solche
Nachtheile als nothwendige und im gewöhnlichen Laufe
der Dinge eintretende Folgen der Veränderung erscheinen.
Es braucht alsdann der Eintritt derselben nicht abge=
wartet zu werden. Um so mehr muß dies gesagt
werden, wenn der Accolent genöthigt ist, zur Abwendung

solcher drohender Gefahren besondere Vorkehrungen zu treffen, welche ihm nach einer andern Richtung Nachtheile bringen, oder die Aufwendung von Kosten auflegen, welche er sonst nicht gehabt hätte; denn es ist ihm dann schon ein gegenwärtig wirkender Nachtheil bereitet worden. In einer solchen Lage befindet sich der Kläger rücksichtlich seiner Mühlen, wenn er die von ihm aufgestellte Behauptung bewahrheilet, und es konnte ihm deßhalb der Nachweis derselben nicht abgeschnitten werden. Wohin die demnächstige Verurtheilung des Beklagten gehen wird, und ob derselbe in diesem Falle die von dem Kläger erbetene vollständige Wiederherstellung des früheren Zustandes durch anderweitige zur Hebung der klägerischen Beschwerden geeignete Maßregeln wird abwenden können, darüber kann erst nach absolvirtem Beweisverfahren ein Ausspruch erfolgen.

60. Die Zulässigkeit und Bedingungen einer actio legis Aquiliae bei Amtshandlungen.

No 756/₁₀₄.

In einer Straße war auf Anordnung der Polizeibehörde eine Wasserleitungsröhre gelegt und der zu diesem Zwecke aufgenommene Damm nach der Behauptung des Klägers fehlerhaft wiederhergestellt. In Folge bald darauf eintretenden Regenwetters hatte sich an dieser Stelle ein Loch gebildet, und als der Kläger am Abend durch die Straße fuhr, waren die Pferde desselben, die in dies Loch traten, gestürzt, und erheblich beschädigt worden. Er belangte dieserhalb den Beklagten, dem als bürgerschaftlichen Administranten die Ausführung dieser Arbeit übertragen gewesen war, mit der actio legis Aquiliae, welche er schon dadurch begründen zu können glaubte, daß der Beklagte in Folge des ihm ertheilten Auftrags für die ordnungsmäßige Ausführung desselben verhaftet sei. Ob Beklagter diese Ausführung selbst geleitet, oder dieselbe einem Ingenieur übertragen gehabt hatte, war bestritten. — Das erste Erkenntniß wies die Klage angebrachtermaßen ab, das zweite legte dem Kläger neben dem Beweise der Fehlerhaftigkeit der Herstellung noch den Beweis auf, daß die Arbeiten unter der speciellen technischen Leitung des Beklagten ausgeführt seien und das Oberappellationsgericht bestätigte diese Entscheidung unterm 11. Februar 1867 aus nachstehenden Gründen:

1. — Es ist von der sententia a qua mit Recht angenommen, und wird auch vom Beklagten nicht bestritten, daß, wenn letzterer bei der Ausführung des ihm vom Polizeiadministrationsdepartement ertheilten Auftrags so zu Werke gegangen ist, daß er dadurch dem Kläger einen Schaden im Sinne der lex Aquilia zugefügt hat, seine Qualität als städtischer Beamter und der ihm ertheilte Auftrag ihn gegen die actio legis Aquiliae nicht schützt, und es kommt daher auch nur darauf an, ob eine unter die Bestimmungen der lex Aquilia fallende Beschädigung durch den Beklagten vom Kläger behauptet worden ist.

2. — Der ursprüngliche Inhalt der lex Aquilia, welche ein damnum corpore corpori datum voraussetzt, ist allerdings in den Rechtsquellen nach verschiedenen Richtungen hin erweitert und es tritt danach eine Verhaftung für den durch eine Handlung herbeigeführten Schaden auch dann ein, wenn dieser Schade nur eine indirecte Folge jener Handlung war.

Demgemäß ist der Handelnde auch dann zur Erstattung des zugefügten Schadens verpflichtet, wenn der Schade nur dadurch entstanden ist, daß bei einer Handlung, welche möglicher Weise in ihren Folgen für einen

Dritten nachtheilig werden kann, diejenigen Vorsichts-
maßregeln versäumt find, welche zur Abwendung dieses
Erfolges erforderlich waren, und so kann denn auch der
Hersteller eines opus utiliter mit der actio legis Aquiliae
wegen des Schadens belangt werden, der durch die
Fehlerhaftigkeit dieses opus einem Dritten zugefügt ist.

Dagegen halten die Quellen an dem Grundsatze fest,
daß diese Klage ein facere d. h. eine positive Handlung
des Beklagten voraussetzt, welche direct oder indirect die
Beschädigung herbeigeführt hat, und dieselbe ist daher
nicht statthaft, wenn das Verschulden des Beklagten
nur darin besteht, daß er einen ohne sein Zuthun entstandenen Schaden nicht abgewandt hat, ihm also nur
eine Unterlassung zur Last fällt.

Auf dieser in l. 13 § 2 Dig. de usufr. (7, 1) ausgesprochenen Voraussetzung beruht die Nothwendigkeit
anderer Rechtsmittel, wie der cautio usufructuaria und
der cautio damni infecti, und aus diesem Grunde unterscheiden sich auch die actio legis Aquiliae und die Con-
tractsklage von einander dadurch, daß die erstere nur
wegen der durch positive Handlungen des Beklagten
herbeigeführten Nachtheile erhoben werden kann, während
die letztere auch auf Erstattung desjenigen Schadens
geht, der vom Beklagten lediglich durch Versäumung
der ihm contractlich zur Abwendung etwaniger Be-
schädigungen obliegenden diligentia verschuldet ist.

Allerdings scheint die l. 27 § 9 Dig. h. t. (9, 2)
auch in dieser Beziehung weiter zu gehen, indem danach
die Klage auch gegen Denjenigen zugelassen wird, der bei
der Bewachung eines von einem Anderen angezündeten
Feuers nachlässig gewesen oder eingeschlafen ist.

Indeß würde, wenn man aus dieser Stelle den Satz
ableiten wollte, daß Derjenige, der aus irgend einem
Vertragsverhältnisse zu einem positiven Handeln verpflichtet ist, für seine Unterlassung nicht nur seinen Mitcontrahenten, sondern auch jedem Dritten für die daraus

für diesen entstehenden Nachtheile verhaftet ist, damit
die actio legis Aquiliae nicht nur ein ihr nach den
sonstigen Stellen nicht zustehendes unbegrenztes An=
wendungsgebiet erhalten, sondern diese Annahme auch
mit der Regel, daß durch Verträge nur zwischen den
Contrahenten Rechte und Verpflichtungen begründet
werden, im Widerspruch stehen. Der Inhalt der Stelle
zwingt aber auch nicht dazu, da nach dem Zusammen=
hange mit dem im Eingange erwähnten Falle angenom=
men werden muß, daß der Jurist dabei nur den Fall
im Auge hat, wo der dominus zwei Sclaven mit der
Heizung des Ofens beauftragt hatte, und sich bei einem
gemeinschaftlichen Handeln mehrerer Personen allerdings
von selbst versteht, daß in Bezug auf Denjenigen, der
das Feuer zu bewachen hatte, die Handlung des Anderen,
der dasselbe angelegt hat, als seine eigene Handlung an=
gesehen wird. Jedenfalls zeigen die Worte in dieser
Stelle nam qui custodiit, nihil fecit, daß die actio
legis Aquiliae ein facere zu ihrer Begründung voraus=
setzt und daß, wenn dieselbe hier nichts destoweniger für
statthaft erklärt wird, dies nur in der besonderen Be=
schaffenheit dieses Falles liegt.

Hasse, Culpa § 6.

3. — Daneben unterliegt es keinem Zweifel, daß Jemand
auch dann mit der actio legis Aquiliae belangt werden
kann, wenn er die Schaden bringende Handlung nicht
selbst vorgenommen, sondern durch einen Andern hat
ausführen lassen. Es ist jedoch hierbei zu unterscheiden,
ob der Auftrag direct auf die Schaden bringende Hand=
lung gerichtet war, in welchem Falle der Auftraggeber
unbedingt haftet, oder ob der erstere nur auf eine er=
laubte und an sich oder bei gehöriger Sorgfalt in der
Ausführung ungefährliche Handlung ging, der Beauf=
tragte sich aber bei dieser Ausführung eines culposen
Handelns schuldig machte und dadurch einem Dritten

Schaden zufüge, indem der Auftraggeber in einem solchen
Falle diesem Dritten nur dann für den Schaden haftet,
wenn er sich bei der Ertheilung des Auftrags einer
culpa in eligendo schuldig gemacht hat.

4. — Daher ist die Ansicht des Klägers, daß der Beklagte
ihm schon deshalb für den entstandenen Schaden hafte,
weil derselbe von dem Polizei-Administrationsdepartement
mit der Ausführung der fraglichen **Arbeiten beauftragt
und ihm zugleich die technische Leitung derselben übertragen war, unrichtig.** Denn die Ertheilung und Annahme dieses Auftrages begründete zunächst nur eine
Verpflichtung des Beklagten, der ihn beauftragenden
Behörde gegenüber, und zur Begründung der actio legis
Aquiliae mußte hinzukommen, daß der Beklagte den erhaltenen Auftrag auch in dieser Weise ausgeführt hat,
also, wie dem Kläger zum Beweise verstellt worden, die
fraglichen Arbeiten wirklich unter der speciellen technischen
Leitung des Beklagten gemacht sind, oder, wenn er die
Ausführung Leuten übertrug, bei denen die hierzu erforderliche Kenntniß und Sorgfalt nicht vorausgesetzt
werden durfte.

Beides ist, wenn Beklagter, wie er behauptet, dem
Cammeringenieur A. die technische Leitung übertrug und
die Arbeiter resp. den B. anwies, den Anordnungen des
A. Folge zu leisten, nicht der Fall, und kommt es für
die vorliegende Klage auch nicht weiter in Betracht, ob
Beklagter nach dem Inhalte des ihm ertheilten Mandats
zu einer solchen Uebertragung der technischen Leitung
an den Cammeringenieur A. befugt war oder nicht, weil
Beklagter im letzteren Falle zwar der ihn beauftragenden
Behörde gegenüber für die ordnungsmäßige Ausführung
des ihm ertheilten Mandats verhaftet blieb, dagegen keine
die actio legis Aquiliae gegen ihn begründende positive
Handlung vorgenommen hat.

II. Familien= und Erbrecht.

67. Ueber die Bestellung einer Dos. Si 1535/₁₁₁.

Die auf unbestimmte Zeit von ihrem Ehemanne ge-
trennte Klägerin war, um den Versuch einer Aussöhnung zu
machen, freiwillig in dessen Haus zurückgekehrt. Sie erhielt
eine auf ihr väterliches Erbtheil eingegangene Summe Geldes
dorthin nachgesandt, welche der Ehemann von der Post erhob
und in der Wirthschaft verwandte. Die Klägerin hatte dies
zwar geschehen lassen, forderte aber, nachdem sie in Folge
neuer Mißhelligkeiten wieder fortgezogen war, Erstattung
jener Summe. Der Beklagte weigerte sich, indem er dafür
hielt, daß eine Dotalbestellung Statt gefunden habe. Er
wurde indessen der Klagbitte gemäß verurtheilt und das Oberappellationsgericht verwarf durch Bescheid vom 3. Mai 1866
seine dawider gerichtete Appellationsbeschwerde.

Gründe.

Der Beklagte hat das an seine Ehefrau auf ihren väterlichen Erbtheil mittels der Post eingesandte Geld an sich
genommen und in der Wirthschaft, deren Kosten er zu
bestreiten hatte, verwandt. Sollte die Klägerin nun
auch, wie er behauptet, mit diesem seinem Verfahren
übereingestimmt, und es genehmigt haben, so würde damit doch nur die einstweilige Benutzung des Geldes gut-
geheißen sein, so daß der Klägerin die beliebige Rück-
forderung frei geblieben ist. Das Factische, was er in
der Vernehmlassung anführt, beschränkt sich aber auf jene
Behauptung und schließt er nur hieraus auf eine dotis
datio. Er meint, daß solche Hergabe des Geldes zu dem
genannten Zwecke als dotis datio „aufzufassen", zu „betrachten" sei, da es einer ausdrücklichen Erklärung, etwas
als dos zu geben, zu deren Bestellung nicht bedürfe.

Letzteres ist richtig, das Andere aber fehlsam. Immer muß zu entnehmen sein, daß der Gegenstand dem Ehemanne hingegeben werden, damit derselbe für die Dauer der Ehe als Beitrag zu den ehelichen Lasten diene. Aus der Genehmigung, daß der Beklagte das Geld zur Wirthschaft verwandt habe, ist hierauf gar nicht zu schließen. Allerdings deducirt er die Absicht seiner Ehefrau, das Geld ihm als dos zu geben, nicht bloß aus der Hingabe, sondern auch daraus, daß sie es ihm gelassen zu dem Zwecke, daß es als Beitrag zur Bestreitung des ehelichen Haushalts diene. Aber hierin ist keine besondere Behauptung zu befinden, am wenigsten die Behauptung eines Vertrages dieses Inhalts. Das würde zu dem angeführten thatsächlichen Hergange und der wegen Mangels weiterer Verabredung nöthig gewordenen Schlußfolgerung nicht passen, und die Wendung, daß seine Ehefrau ihm das zur Wirthschaft verwandte Geld zu dem beregten Zwecke gelassen habe, läßt sich nicht füglich gebrauchen, wenn man sich auf einen Vertrag berufen will, wonach das Capital für die ganze Dauer der Ehe dem Manne verbleiben soll.

---

68. Bestellung einer Dos. Beweiskraft der Dotalquittungen im Concurse der Gläubiger des Ehemannes. Su 1544/....

Die Ehefrau des Cribars hatte neben ihrer als dos aestimata inserirten Naturalaussteuer „an baarem Heirathsgut" die Summe von 10,000 ₰ liquidirt, indem sie behauptete, daß ihr Vater im Januar 1863 2000 ₰, am

27. Juni 1864 6000 ℳ und am 24. Juni 1865 abermals 2000 ℳ
in der erklärten Absicht eine Dos für seine Tochter conſtituiren
zu wollen, ihrem Ehemanne hingegeben habe. Den Beweis
dieſer vom Vertreter des Gläubigercorps beſtrittenen Forderung
trat ſie durch die vom Tage der angeblich geſchehenen Illation datirten, alſo ihrer Faſſung nach ſogleich beim Empfang
der liquidirten Summen ausgeſtellten Quittungen des Mannes
an. Dieſe Urkunden ſtanden auf einem Blatte hinter der
Empfangsbeſcheinigung über die bei Eingehung der Ehe ein-
gebrachte Naturalausſteuer in chronologiſcher Ordnung und
enthielten ohne nähere Angabe des Verwendungszwecks nur
das Bekenntniß des Ausſtellers, die beſtimmte Summe „von
ſeinem Schwiegervater für ſeine Frau“ heute erhalten zu
haben. Der letzten Quittung war noch ein den voraufgehenden fehlendes Zinsverſprechen beigefügt.
　　Der erſte Richter erklärte den Urkundenbeweis für völlig
verfehlt. Auf Appellation der Liquidantin wurde ihr indeſſen
über die Thatſache, daß ihr Vater ihrem Ehemanne reſpective
im Januar 1863 und am 27. Juni 1864 die Summen von
2000 ℳ und 6000 ℳ als Heirathsgut hingegeben habe der
Erfüllungseid auferlegt. Hiergegen appellirten beide Theile,
indem die Liquidantin die zum ſuppletorium verſtellte Thatſache voll bewieſen zu haben meinte, der Vertreter des
Gläubigercorps dagegen die Wiederherſtellung des erſten Er-
kenntniſſes erſtrebte. Das Oberappellationsgericht verwarf
die Beſchwerde beider Parteien durch Beſcheid vom 13.
Februar 1868 aus folgenden Gründen:
　　Der von der Liquidantin unternommene Urkundenbeweis
iſt nach Maßgabe der beiderſeits aufgeſtellten Beſchwerden
nur noch in ſo fern einer weiteren richterlichen Prüfung
zu unterziehen, als feſtzuſtellen iſt, ob und in welchem
Grade diejenigen Thatſachen, auf welche der in der
sententia a qua geforderte Erfüllungseid ſich bezieht,
durch die entſprechenden ſchriftlichen Empfangsbekennt-
niſſe des Cridars bewieſen werden. Dieſe anerkannter-
maßen von ihm eigenhändig geſchriebenen und unter-

17*

zeichneten Urkunden stehen auf der Anlage B. ad [10]
der Debit-Acten in chronologischer Ordnung zwischen
zwei anderen, von denen die ältere auf die, für die
gegenwärtige Entscheidung nicht unmittelbar in Betracht
kommende Naturalaussteuer der Liquidantin sich bezieht, die jüngere aber, wie die Liquidantin in ihrer
Rechtfertigungsschrift jetzt selbst anerkennt, wegen des
darin enthaltenen Zinsversprechens nicht beweist, daß
auch die angeblich am 24. Juni 1865 dem Cridar gezahlten 2000 -f demselben in dotem gegeben seien. Es
ist also zuerst der Sinn, und sodann die Beweiskraft
der beiden mittleren, vom Januar 1863 und vom 27.
Juni 1864 datirten Empfangsbekenntnisse zu bestimmen.
In beiden bezeichnet der Aussteller den Rechtsgrund der
entgegengenommenen Leistung ganz eben so, wie in der
vorausgehenden und nachfolgenden Quittung, lediglich
mit den an sich unzureichenden Worten, er habe die
Summen zu der angegebenen Zeit „von seinem Schwiegervater für seine Frau" erhalten. Sind dem Cridar dieser
seiner Erklärung gemäß die in Rede stehenden beiden
Capitalien für seine Frau von deren Vater ohne
ausdrückliche Zweckbestimmung, aber auch ohne jeden
Vorbehalt und ohne Gegenleistung übergeben worden, so
ist mit der sententia a qua und den dort citirten Schriftstellern unbedenklich anzunehmen, daß die Bestellung
einer dos beabsichtigt gewesen sei. Jeder andere Zweck,
den die Hingabe des Geldes etwa sonst noch gehabt
haben könnte, würde einer besonderen Erwähnung bedurft haben und auch von rechtsunkundigen Personen nicht
unausgesprochen geblieben sein. Dies ist ohne Weiteres
klar, wenn es sich etwa um die Tilgung einer Schuld,
um ein Depositum, oder um die Ausrichtung eines
Mandats gehandelt hätte, namentlich auch dann, wenn
der Cridar die ihm eingehändigten Capitalien als ein
Sondergut seiner Frau für deren Rechnung hätte ver-
walten sollen. Eine solche Behandlung des in die Hand
des Mannes gelegten Frauengutes versteht sich nach

teutſcher Rechtsſitte niemals von ſelbſt, ſondern ſetzt immer eine beſondere Vereinbarung voraus, in deren Ermangelung die Intention zu ſupponiren iſt, daß der Mann das vorbehaltlos inſerirte Frauengut für ſich zu nutzen und über die fahrende Habe, wenigſtens ſoweit dieſelbe aus fungiblen Sachen beſteht, auch der Subſtanz nach, unter der Verpflichtung vereinſtiger Reſtitution zu verfügen habe. Bei Ehen, für welche das römiſch= rechtliche Syſtem der Gütertrennung gilt, weiſt demnach die vorbehaltsloſe Illation von Frauengut auf die be= abſichtigte Beſtellung einer dos hin, und die Vermuthung, daß eine ſolche Abſicht obgewaltet habe, ſteigert ſich zur Gewißheit, wenn dem Manne von der Frau oder für dieſelbe eine nicht unbeträchtliche Summe baaren Geldes ohne Zweckbeſtimmung, ohne ſpecielle Sicherheitsleiſtung und ohne eine auf die Zeit der Rückzahlung und die Kündigungsbefugniß bezügliche Nebenabrede behändigt worden iſt; wie denn ſchon nach römiſchem Rechte in ſolchem Falle die vorbehaltsloſe Hingabe filiae nomino- tie ausdrückliche Erwähnung des Dotalzweckes entbehrlich machte.

Haſſe, Güterrecht der Ehegatten nach Römiſchem Rechte §§ 89, 118.

Wenn nun nach dem bisher Geſagten den vorliegen= den Urkunden die Bedeutung von Dotalquittungen nicht abgeſprochen werden kann, ſo iſt weiter zu unterſuchen, welche Beweiskraft denſelben den Concursgläubigern des Ausſtellers gegenüber zukomme. Dieſe durch ſpecielle geſetzliche Beſtimmung nicht entſchiedene, äußerſt contro= verſe Frage iſt als eine quaestio facti zu behandeln und für jeden einzelnen Fall nach den Erwägungen, welche unter Anderen Glück, in ſeinem Pandectencommentar Bd. 27 Seite 339 ff., in überzeugender Weiſe als maß= gebend aufgeſtellt hat, zu beantworten. Der nahe liegende Verdacht, daß der Cridar durch unwahre An=

gaben feine Gläubiger zu Gunften feiner Ehefrau und
zugleich im eigenen Intereffe habe verfürzen wollen,
drängt fich um fo ftärfer auf, je fürzer der zwifchen der
Ausftellung der Quittung und der Concurseröffnung ver-
floffene Zeitraum ift, und fann als völlig gehoben nur
dann angefehen werden, wenn das Befenntniß „durch
Angabe und Conftatirung von Verhältniffen, welche deffen
Wahrheit begründen", pofitiv beglaubigt ift. Bloß deshalb, weil die Ausftellung in eine Zeit fällt, welche nach
Lage der Acten als eine unverdächtige bezeichnet werden
muß, der beftimmte Argwohn einer betrügerifchen Abficht
fich mithin nicht begründen läßt, darf der im Concurfe
producirten Dotalquittung, namentlich wenn diefelbe fich
auf ein erft nach längerem Beftande der Ehe gegebenes
augmentum dotis bezieht, volle Beweisfraft nicht beigelegt werden; dagegen wird der in folchem Falle allein
übrigbleibende allgemeine Verdacht einer Colluifon durch
den Erfüllungseid genügend befeitigt. Für den vorliegenden Fall hat der curator bonorum gegen die Zu-
laffung der Liquidantin zu folchem Eide gegenwärtig
noch das, fchon in den Entfcheidungsgründen zur sententia
a qua befprochene, Bedenfen geltend gemacht, daß das
den einzelnen Empfangsbefenntniffen der Anlage B. ad
[10] cil. vom Erldar beigefügte Datum jedenfalls noch
einer anderweitigen Beglaubigung bedurft habe, um die
für die Beweisfraft diefer Documente entfcheidend in
Betracht fommende Zeit der Abfaffung vor Allem außer
Zweifel zu ftellen. Dagegen ift zu bemerfen, daß der
curator bonorum die Richtigfeit des Datums der
Quittungen weder früher noch in jetziger Inftanz in be-
ftimmter Weife beftritten, fondern immer nur zu zeigen
gefucht hat, die fraglichen Urfunden feien für das Beweisthema deßhalb bedeutungslos, weil die Dotal-
qualität der verbrieften Summen nicht ausdrücklich erwähnt fei. Unter diefen Umftänden hatte die Liquidantin
feine Veranlaffung,* die zur Verificirung der Daten ihr

ſ

etwa zu Gebote stehenden Beweismittel rechtzeitig anzu=
geben und herbeizuschaffen; es kann aber nicht als statt=
haft gelten, daß der curator bonorum erst jetzt, nachdem
er durch das vorige Urtheil auf die Wichtigkeit der
Zeitangabe hingewiesen ist, und zwar immer noch ohne
mit Bestimmtheit eine gegentheilige Behauptung aufzu=
stellen, dieserhalb Zweifel anregt, welche durch die dem
vorigen Urtheile entnommene, übrigens richtige Bemerkung,
daß die drei ersten Quittungen in den Schriftzügen und
der verwendeten Tinte eine auffallende Uebereinstimmung
zeigen, nicht ausreichend motivirt sind. Die Gleichheit
der Schriftzüge hat bei Urkunden, die von derselben
Hand herrühren, nichts Befremdendes, während die Ver=
wendung einer gleichmäßig mißfarbigen Tinte auf mancher=
lei zufälligen Umständen beruhen kann und jedenfalls
kein irgend wie stringentes Indicium dafür abgiebt, daß
die Urkunden gleichzeitig niedergeschrieben seien.

---

69. Malitiosa desertio. H. 857/₁₀₀₇.

Die Ehefrau des Matrosen L. hatte während der Ab=
wesenheit ihres Mannes einen Ehebruch begangen. Als der
Mann nach seiner Rückkehr hiervon Kunde erhielt, erklärte
er, daß er nun von seiner Frau sich ganz lossage, ging so=
dann, ohne auf Scheidung geklagt zu haben, wieder zur See
und brach seitdem jeden Verkehr mit der Frau völlig ab.
Nun erhob diese eine Scheidungsklage wegen böslicher Ver=
lassung, wurde damit aber sofort zurückgewiesen. Das Ober=
appellationsgericht bestätigte diese Entscheidung unterm 16.
Juli 1867 und bemerkte dazu:

Der Beklagte hat der Klägerin den in seiner Abwesenheit gewährten Unterhalt erst entzogen, auch seine Intention, die eheliche Gemeinschaft mit ihr nicht fortzusetzen, erst hervortreten lassen, nachdem sie sich eines Ehebruchs schuldig gemacht hatte. Ist nun auch eine eigenmächtige Trennung der Eheleute unstatthaft, so kann doch nach cap 4 X de divortiis (4, 19) eine von dem Mann wegen Ehebruchs verstoßene Frau ihre Wiederaufnahme von Seiten des Mannes nicht erzwingen, weil dem letzteren ein liquider Anspruch auf Separation zur Seite steht. Dies muß auch nach protestantischem Rechte gelten, nach welchem der Anspruch des verletzten Theiles ein noch weiter gehender ist. Eine Ausnahme tritt nach cap. 4, 5 eod. nur ein, wenn letzterer sich später gleichfalls eines Ehebruchs schuldig macht. Wenn daher ihr Mann aus jenem Grunde die eheliche Gemeinschaft nicht fortsetzt und ihr auch sonst seine Beihülfe entzieht, so kann dies Verhalten desselben, weil sie durch den Ehebruch ihr Recht auf das fernere Zusammenleben verwirkt hat, nicht als bösliche Verlassung bezeichnet werden.

---

70. Ueber die Vermögensstrafen bei Ehescheidungen. Mu 703/₁₈₃₃

Nachdem die Ehe des quiescirten Försters M. auf Grund eines von ihm begangenen Ehebruchs geschieden war, forderte die Frau zur Strafe der von dem Manne verschuldeten Scheidung den Nießbrauch an einem Viertel seines Vermögens, da die Proprietät an dieser herauszugebenden Vermögensquote den Kindern aus der aufgelösten Ehe gebührte. Daß der Beklagte außer der bei seiner Dienstent=

laffung ihm bewilligten Penſion von 900 ℳ pro anno nichts habe, war von vorn herein ſtreitlos, dagegen wurden in dieſem Proceſſe die beiden Rechtsfragen ſehr lebhaft erörtert: 1. ob die Penſion als ein für die Scheidungsſtrafen in Betracht kommendes Object zu betrachten ſei, und 2. ob, wenn dies der Fall ſein ſollte, die Klägerin dem Beklagten eine cautio usufructuaria zu beſtellen habe.

In dem Erkenntniſſe vom 13. Juli 1865, durch welches die in zweiter Inſtanz bereits erfolgte reine Verurtheilung des Beklagten beſtätigt wurde, ſprach ſich das Oberappellations= gericht über dieſe Fragen folgendermaßen aus:

1. — — — —

2. Die Penſion eines in den Ruheſtand verſetzten Beamten iſt eine in Anerkennung der bisher geleiſteten guten Dienſte nach Geſetz, oder auch aus Gnade conſtituirte Leibrente. Nun faſſen bekanntlich die Römiſchen Juriſten eine Leibrente, welche Gegenſtand eines Vermächtniſſes iſt, nicht als ein einheitliches Ganzes, ſondern als eine unbeſtimmte Zahl einzelner Zuwendungen auf, deren jede e i n e terminliche Leiſtung zum Gegenſtande hat. Nur das erſte dieſer mehreren Legate iſt ein unbedingtes, alle übrigen ſind an die Suspenſivbedingung geknüpft, daß der Bedachte den Fälligkeitstermin erlebe. l. 4 D. de annuis legatis (33, 1). Die Conſequenzen, welche die Anwendung dieſer Betrachtungsweiſe auf den vorliegenden Fall für die Intentionen der Appellatin haben würde, brauchen indeſſen nicht gezogen zu werden. Die Auflöſung einer Leibrente in eine Reihe einzelner ſelbſtändiger Obligationen iſt nämlich eben nur bei Vermächtniſſen aus beſonderen Gründen angenommen (cfr. Savigny, Syſtem Bd. III Seite 224), während übrigens im heutigen Rechte der aus einem einheitlichen Rechtsacte entſpringende Anſpruch auf lebenslang zu beziehende terminliche Präſtationen auch juriſtiſch als ein Ganzes aufzufaſſen iſt, dergeſtalt, daß das einheitliche Recht auf die Rente im Ganzen durch den Tod des

Berechtigten zeitlich begrenzt, das Recht auf die einzelnen Raten aber innerhalb des damit durch einen dies incertus ad quem limitirten Zeitraumes bis zu den einzelnen Fälligkeitsterminen nur betagt, aber nicht weiter suspensiv bedingt sein würde.

3. Mag indessen immerhin der Pensionsanspruch des Appellanten als eine Reihe einzelner Forderungen aufgefaßt werden, deren jede, mit Ausnahme der ersten, durch das Erleben eines Fälligkeitstermines suspensiv bedingt sei, so kommt dann weiter in Erwägung, daß der constituirende Rechtsact, welcher alle diese Forderungen begründete, der Ehescheidung vorausgegangen war, daß daher zur Zeit derselben die noch nicht fälligen Raten doch jedenfalls als bedingte Forderungen zum Vermögen des Appellanten gehörten, und deshalb für die Eventualität des Eintritts der schwebenden Bedinguug mit in Anschlag gebracht werden mußten, wie Dies mit bedingten Rechten stets geschieht, wenn die Größe des in einem bestimmten Momente vorhandenen Vermögens ermittelt und festgestellt werden soll. Eben deshalb kommt auch darauf Nichts an, ob dem Appellanten für seine Lebensdauer ein festes, höchstens durch eigene Schuld zu verwirkendes, oder ein nach freiem Ermessen des Verleihers widerrufliches Recht auf den Bezug der Pension zu Theil geworden ist; da soviel gewiß ist, daß nicht jede fällig werdende Rate von Neuem verliehen wird, sondern die erste Verleihung bis zu einem, von dem Appellanten als möglich hingestellten, bisher aber nicht erfolgten Widerrufe fortwirkt.

4. Wenn der Appellant ferner geltend macht, daß der Pensionsanspruch ein höchst persönlicher und als solcher nicht übertragbar sei, so ist, was zunächst die herangezogene Analogie der Alimente betrifft, zu erwidern, daß solche Ruhegehalte dem entlassenen Beamten nicht bloß für seinen persönlichen Unterhalt, sondern zugleich für seine Familienglieder, deren Alimentation ihm obliegt,

gewährt werden. Hört nun mit der Lösung des Ehe=
bandes diese Verbindlichkeit der geschiedenen Frau gegen=
über auf, so entspricht es gerade dem Zwecke der Pension,
der unschuldig geschiedenen Frau auch an diesem Ver=
mögensobjecte des an der Scheidung schuldigen Mannes
die ihr gesetzlich zukommende Quote zu überweisen. Ob
solcher Ueberweisung das in dem Edicte vom 18. Mai
1757 sub 6ᵇ ausgesprochene Verbot der Verschreibungen
noch nicht fälliger Salarien und Gnadengelder entgegen=
stehen würde, braucht nicht untersucht zu werden, da
diese Vorschrift durch die Verordnung vom 21. Juli 1837
aufgehoben ist, und der der Appellatin zuzusprechende
Pensionsantheil das nach diesem neueren Gesetze erlaubte
Maß noch nicht erreicht. Würde hiernach einer gericht=
lichen Ueberweisung des vierten Theils der Pension Nichts
im Wege stehen, so kann es für den Appellanten auch
weiter nichts Beschwerendes haben, daß es nach Bestim=
mung der sententia a qua ihm überlassen bleiben soll,
die entsprechenden Summen vierzehn Tage nach der
Vereinnahmung jeder Rate selbst der Appellatin auszu=
zahlen, da dies begreiflicher Weise im Vergleich zu der
Verbindlichkeit, die Forderung selbst abzutreten, ein
minus ist, und der Appellant, wenn er es vorziehen
sollte, seiner geschiedenen Frau den vierten Theil der
Pension durch Cession zu überweisen, durch die Rücksicht
auf die sententia a qua daran nicht gehindert sein
würde.

5. — — — — —

6. Endlich ist auch sein eventuelles Begehren, daß die
Appellatin ihm eine Caution leiste wegen Rückerstattung
der ihr auszuzahlenden Summen nach beendetem Mieß=
brauche mit Recht zurückgewiesen worden. Was er in
jetziger Instanz gegen die betreffenden Ausführungen der
sententia a qua geltend macht, beruht auf der un=
richtigen Voraussetzung, als ob die Kinder aus der ge=
schiedenen Ehe wegen der ihnen an dem Objecte der

Scheidungsstrafe zustehenden Proprietät gegen den schuldigen Parens überhaupt irgend wie eine Klage hätten. Dies ist durchaus nicht der Fall. Das Recht auf die Scheidungsstrafe gebührt nur dem unschuldigen Ehegatten, und erst, wenn dieser von seinem Rechte Gebrauch macht, fällt den Kindern die Proprietät an den ihm poenae nomine abgetretenen Objecten zu, so daß die Kinder in diesem Betreff nur mit dem unschuldig geschiedenen Parens in rechtliche Beziehung kommen.

71. Cura absentis. Su 221/₄₄₄. sirel.

Die im Jahre 1850 verstorbene D. M. zu H. in Mecklenburg-Schwerin war von den vier Kindern ihres Bruders beerbt worden. Die zu dem Nachlasse gehörenden Grundstücke waren schon im folgenden Jahre auf diese Erben im Stadtbuche umgeschrieben worden. Nach geraumer Zeit erhielt der gerichtlich bestellte Nachlaßcurator von dem Erbschaftsgerichte die Weisung den Verkauf dieser Grundstücke zu bewirken und durch Theilung des Erlöses die Aufhebung der noch immer fortbestehenden Rechtsgemeinschaft zu erwirken. Er klagte in Folge dessen gegen eine Miterbin, welche der Ausführung dieser Maßregel widersprochen hatte, in foro domicilii derselben, erhielt aber den Bescheid, als Nachlaßcurator stehe ihm eine Erbtheilungsklage gegen einen Miterben nicht zu und erklärte nunmehr, daß er in seiner Eigenschaft als gerichtlich bestellter Curator des abwesenden Miterben Friedrich M. die actio communi dividundo gegen die Beklagte, welche die von den übrigen Interessenten beschlossene Theilung verweigere, anstellen wolle. Die Beklagte bekämpfte hauptsächlich die Activlegitimation des Klägers, indem sie hervorhob, als Nachlaßcurator sei er bereits zurückgewiesen und als Curator ihres abwesenden Bruders fehle ihm die obervormundschaftliche Ermächtigung zur Klage, auch sei ein solcher Curator nach einheimischem Rechte nur zur Vermögensverwaltung, nicht aber zur persönlichen Vertretung des abwesenden, insbesondere nicht gegen den Willen der nächsten Intestaterben zur Erhebung von Theilungsklagen berufen. In Berücksichtigung dieses in den beiden früheren Instanzen zurückgewiesenen Einwandes wurde die Klage vom Oberappellationsgerichte durch Erkenntniß vom 26. November 1866 angebrachter Maßen abgewiesen.

Gründe.

1. — Die vorliegende Klage ist gegen die Appellantin in ihrer unbestrittenen Eigenschaft als Miterbin des Nachlasses der im Jahre 1850 verstorbenen D. M. und Miteigenthümerin der zu dieser Erbschaft gehörenden Grundstücke erhoben und darauf gerichtet, daß sie zum Zwecke der Auflösung dieser unter den Erben noch bestehenden Rechtsgemeinschaft in den Verlauf der Grundstücke, welche bereits im Jahre 1851 im Stadtbuche auf die Namen der Erben geschrieben sind, einwillige. Zur Anstellung einer solchen Klage, die sich hiernach als actio communi dividundo darstellt, ist der Appellat durch eine ihm als „Curator für die Verwaltung des D. M.' schen Nachlasses" vom H.'er Magistrate gemachte Auflage veranlaßt worden, hat dann aber, da er wegen mangelnder Activlegitimation a limine judicii abgewiesen wurde, erklärt, den Proceß als Curator des abwesenden Miteigenthümers F. M., als welchen er sich durch das gleichzeitig beigebrachte Erbenzeugniß auswies, führen zu wollen, und ist darauf hin, des Widerspruches der Appellantin ungeachtet, durch die beiden bisher ergangenen Erkenntnisse als zur Sache legitimirt angenommen

worden. Zwar haben die Verfasser des vorigen Urtheils
die Ansicht des ersten Richters, daß der Curator eines
Verschollenen schon durch sein Amt ermächtigt sei, für
seinen Curanden in Rechtsstreiten jeder Art klagend vor
Gericht aufzutreten, namentlich dann bedenklich gefunden,
wenn es sich wie hier, um die Veräußerung von Grundstücken handelt; allein sie bezweifeln nicht, daß jedes
derartige Bedenken gehoben sei, so oft der Curator mit
obervormundschaftlicher Genehmigung klage, und finden,
daß diese Voraussetzung für den gegenwärtigen Proceß
durch die oben erwähnte Verfügung des H.'er Magistrats
erfüllt sei, da diese Behörde mit der von ihr als Erb-
schaftsgericht angeordneten Maßregel auch als Obervormundschaft einverstanden sein müsse. Die Appellantin
will diesen Schluß nicht gelten lassen. Es braucht indessen auf ihre Gegenargumente nicht eingegangen zu
werden, weil sich sogleich ergeben wird, daß der Appellat
selbst dann nicht ausreichend zur Sache legitimirt sein
würde, wenn der von ihm beigebrachte Erlaß des
Magistrats ausdrücklich als ein obervormundschaftlicher
bezeichnet und an ihn als Curator des abwesenden Miteigenthümers der fraglichen Grundstücke gerichtet wäre.
Durch obervormundschaftliche Autorisation können nur
Handlungen des Curators legalisirt werden, welche an
und für sich zu seinen Functionen gehören; dahin ist
aber die Anstellung einer Klage der vorliegenden Art
nicht zu rechnen.

2. — Das heutige Verschollenheitsrecht, über dessen geschichtliche Entwickelung im Allgemeinen die Abhandlung
von Bruns in Bekkers und Muthers Jahrbuch des gemeinen deutschen Rechts Bd. 1 S. 90 ff. zu vergleichen
ist, beruht auf einer unorganischen Vermischung römischer
und deutscher Elemente. Nach Deutschem Rechte wurde
das Vermögen abwesender Personen, die für verschollen
zu achten waren, d. h. so lange von ihrem ferneren
Verbleiben keine Nachricht gegeben hatten, daß die Fort-

dauer ihres Lebens erheblichen Zweifeln unterlag, —
Pfeiffer, Pract. Ausführungen Bd. IV. S. 352 —
nicht unter eine Cura gestellt, sondern sofort den Erben
zur eigenen freien Verwaltung und Nutzung, wenn gleich
einstweilen nur provisorisch und gegen Caution überlassen.

Vergl. Kraut, Vormundschaft Bd. II § 63 und die dort
citirten Schriftsteller.

Dieser Grundsatz wurde durch die Reception des
römischen Rechts nicht völlig verdrängt, aber dadurch
wesentlich modificirt, daß der Gesichtspunct einer anti-
cipirten oder provisorischen Erbfolge aufgegeben ward.
Von einer Beerbung sollte überhaupt nicht die Rede sein
können, so lange der Tod des Erblassers nicht bewiesen
oder auf Grund einer positiven Rechtsvermuthung bis
zur Erbringung des Gegenbeweises anzunehmen wäre.
Gleichwohl blieb es aller Orten bei der vorläufigen Be-
sitzeinweisung derjenigen Personen, welche den Verschollenen, wenn er bereits gestorben sein sollte, beerben
würden. Indessen wurde ihre Vermögensverwaltung
fortan nur als eine Cura aufgefaßt, welche aber freilich
allen nach obiger Regel dazu berufenen Personen, auch
wenn sie die zur Uebernahme einer Curatel sonst erforderlichen Eigenschaften nicht besitzen, sogar wenn sie
selbst bevormundet sind und die Cura nur durch ihre
gesetzlichen Vertreter ausüben können, übertragen werden
müsse. Endlich wurden diesen Curatoren, mit Rücksicht
auf ihr Erbrecht, in Betreff der persönlichen Vertretung
des Verschollenen und der Befugniß zu Veräußerungen
in der Regel mehr Rechte zugeschrieben, als eine gewöhnliche cura bonorum mit sich bringt.

Kraut, a. a. O. S. 252.

3. — Für das einheimische Particularrecht ist diese im
Einzelnen, namentlich auch in den zuletzt hervorgehobenen
Puncten, sehr controversenreiche Rechtsmaterie durch die

in beiden Landestheilen wesentlich gleichlautend publicirte Verordnung von 17¹⁸/₇₆ zum Abschluß gebracht. Nach diesem Gesetze wird das Vermögen Verschollener zunächst einem von der competenten Obrigkeit zu bestellenden Curator zur treuen Verwaltung gegen Caution übergeben. Dabei tritt der Gesichtspunct einer provisorischen Beerbung hinter den der Verwaltung eines fremden Vermögens zurück, wiewohl die deutschrechtliche Auffassung des Verhältnisses sich noch in einzelnen Puncten geltend macht. Dahin gehört vor Allem die Vorschrift, daß der Curator aus den nächsten Anverwandten des Verschollenen, wenn solche im Lande vorhanden sind, und unter ihnen eine zur Uebernahme der Curatel geeignete Person sich befindet, genommen werden soll. Nach einer an den Magistrat zu Grabow ergangenen Regiminalentscheidung vom 12. Februar 1783 (Parch. Ges. Sammlung, I. S. 252) kann die Cura allerdings Weibern übertragen werden; ausgeschlossen bleiben aber alle unselbstständigen Verwandten und überhaupt alle diejenigen, welche nach obrigkeitlichem Ermessen die nach Maßgabe der Bedeutung des Vermögens erforderliche Sicherheit nicht bieten können. Ferner soll der zum Curator bestellte Verwandte nach Ablauf der ersten 15 Curateljahre statt des bis dahin ihm zu gewährenden festen Honorars alle Nutzungen des ihm anvertrauten Vermögens zu genießen haben. Auch daran haben also nach dem Wortlaute des Gesetzes die übrigen vom erbrechtlichen Standpuncte aus gleichberechtigten Personen keinen Theil, wiewohl ein an die Justiz-Canzlei zu Schwerin erlassenes Regiminal-Rescript vom 22. Juli 1808 den Grund der gesetzlichen Bestimmung in der successio ab intestato findet und die im vorliegenden Falle freilich nicht normirende strelitzische Verordnung vom 17. Decbr. 1840 aus demselben Grunde auch die nicht zur Curatel mitberufenen nächsten Verwandten an der Nutzung Theil nehmen läßt. Die Gründe welche dahin geführt haben,

dem curator absentis in Verschollenheitsfällen eine freiere,
über das gemeinrechtliche Maß einer gewöhnlichen Güter-
pflege hinausgehende Stellung einzuräumen, sind hiernach
für das medlenburgische Recht nicht mehr in vollem
Maße wirksam. Positive Vestimmungen, welche darauf
hinweisen, daß die Verwandtencuratel über Verschollene
rücksichtlich der Dispositionsbefugniß mehr sein solle, als
eine gemeinrechtliche cura bonorum absentis enthält das
Gesetz nicht; wohl aber beweist die Aufnahme des
anomalen Satzes, daß jede dem Abwesenden während
der Dauer seiner Verschollenheit anfallende vortheilhafte
Erbschaft ipso jure erworben werde, wie wenig der Gesetzgeber daran gedacht habe, den Curator als persönlichen Vertreter des absens gelten zu lassen. Wenn nun
gar, wie es im vorliegenden Falle geschehen zu sein
scheint, in Ermangelung eines geeigneten Verwandten
nach § 8 leg. cit. eine andere sichere Person zum
Curator bestellt wird, so ist vollends jeder Zusammenhang mit dem älteren deutschen Rechte abgeschnitten.
Daß in solchem Falle rücksichtlich der Vermögensverwaltung andere Grundsätze normiren sollen, als wenn ein
Angehöriger die Curatel führt, deutet das Gesetz
nirgends an.

4. — Nach römischem Rechte hat der curator bonorum
absentis wesentlich nur die Aufgabe, das ihm anver-
trauete Vermögen zu bewahren und muß sich jeder durch
diesen Zweck nicht gebotenen Veräußerung enthalten.
Zur processualischen Vertretung des Abwesenden kann
er demnach auch nur zugelassen werden in Rechtsstreiten,
welche im Interesse der Vermögensverwaltung geführt
werden müssen.

Pfeiffer, a. a. O. S. 355 ff.

Dagegen gehört es entschieden nicht zu seinen Functionen,
Klagen anzustellen, deren Intention auf eine willkürliche Veränderung der Vermögenssubstanz oder gar auf

eine vermeidliche Veräußerung von Immobilien ge=
richtet ist. Im vorliegenden Falle hat der Appellat
nicht einmal behauptet, viel weniger dargelegt, daß die
Fortdauer der Rechtsgemeinschaft, welche er durch Ver=
lauf der fraglichen Grundstücke lösen will, seinem
Curanden nachtheilig sei, und dieser Mangel wird durch
den oben erwähnten Magistratserlaß um so weniger er=
setzt, als derselbe nach Form und Inhalt nicht er=
kennen läßt, daß diejenigen Voraussetzungen als gegeben
anerkannt seien, von denen nach vorstehender Ausführung
die Legitimation des Appellaten und die Zulässigkeit der
Veräußerung von unbeweglichen Curatelgütern abhängt.
Unter diesen Umständen wird der Widerspruch der
Appellantin bedeutend. Sie gehört unbestritten zu den
nächsten Intestaterben des Verschollenen, deren präsumtives
Erbrecht, wie gezeigt, nach den einheimischen Gesetzen
schon während der 30 Curateljahre eine Beachtung findet,
welche um so dringender sich geltend macht, je länger
die Cura schon gedauert hat, je dringender also die Ver=
muthung wird, daß die jetzt nächsten Verwandten auch
diejenigen sein werden, denen demnächst die Substanz
des Vermögens anheim fällt. Der Widerspruch der
Appellantin konnte daher rechtlich nur gebrochen werden
durch Darlegung von Gründen, welche die intendirte,
über das Maß einer gewöhnlichen Vermögensverwaltung
hinausgehende Maßregel als nothwendig erscheinen lassen.
Daran hat es der Appellat gänzlich fehlen lassen; die
Klage mußte daher angebrachtermaßen abgewiesen werden.

72. **Zur Lehre von den gemeinschaftlichen Testamenten.** Pe 569/....

Die Eheleute S. hatten vor Gericht ein gemeinschaftliches Testament errichtet, ohne sich gegenseitig zu Erben einzusetzen. Sie hatten für den Ueberlebenden nur den Nießbrauch am Nachlasse des Erststerbenden als Vermächtniß bestimmt und daneben eine Erbeinsetzung in der Form eines gemeinschaftlichen Willensactes mit den Worten vollzogen: w i r ernennen den F. zu u n s e r m Erben. Dies Testament wurde nach dem Tode beider Erblasser von einem Intestaterben aus zwei Gründen angefochten, zunächst weil es nicht gestattet sei, daß zwei Personen in einem gemeinschaftlichen Testamente gleichzeitig in der Mehrheit redend auftreten, vielmehr Jeder gesondert für sich den Erben ernennen müsse, und sodann, weil die Gültigkeit gemeinschaftlicher Testamente davon abhange, daß die Testatoren sich gegenseitig instituirten.

Die Klage wurde in allen drei Instanzen abgewiesen: vom Oberappellationsgerichte durch Bescheid vom 13. März 1867 aus folgenden Gründen.

Das vorliegende gemeinschaftliche Testament ist deshalb für ungültig nicht zu achten, weil die Testatoren sich gegenseitig nur den Nießbrauch des beiderseitigen Vermögens vermacht, nicht aber förmlich zu Erben eingesetzt haben. Die Entscheidung der Frage, ob und unter welchen Bedingungen die von Eheleuten oder sonst nahe verbundenen Personen gemeinsam errichteten Testamente Anspruch auf Gültigkeit haben, kann aus dem Wesen und der Natur der Testamente, wie dieselben nach reinem Römischen Rechte sich darstellen, nicht entnommen werden. Nach den Vorschriften des letzteren sind sie schlechthin als ungültig zu betrachten, weil sie gegen das Gebot der unitas actus verstoßen. Wäre dies nicht der Fall, so könnte freilich ihre Gültigkeit von einer gegenseitigen Beziehung beider Testamente auf einander nicht abhängig gemacht werden, und es würde genügen, wenn nur für beide die vorgeschriebenen Formen der Solennisirung beobachtet sind. Allein den Ansichten neuerer Schriftsteller, welche im Anschlusse an ältere Praktiker des 16. Jahrhunderts die Rechtsbeständigkeit der gemeinschaftlichen Testamente schon aus dem Römischen Rechte herleiten wollen,

Hartmann, von den gemeinschaftlichen Testamenten § 2, Schmidt, das formelle Recht der Notherben pag. 189 u. 8G,

denen sich jetzt auch

Arndts, in seinem Lehrbuche der Pandecten, 5. Aufl. § 500 Anm.

angeschlossen hat, kann nicht zugestimmt werden. Die

l. 19 C. de pactis (2, 3.)

kann über den speciellen Fall ihrer Anwendung auf die gegenseitige Verfügung zweier Soldaten über ihre beiderseitigen Erbschaften nicht ausgedehnt werden, und auf die bekannte Constitution des Kaisers Valentinian III.,

leg. nov. D. Valent. III. tit. IV. de testamentis,

welche zum Belege dafür angeführt wird, daß gemeinschaftliche Testamente schon damals üblich und gültig gewesen seien, ist nach der ausdrücklichen Vorschrift der Const. de Justinianeo Codice confirmando § 3 deshalb kein Bezug zu nehmen, weil sie in den Justinianischen Codex nicht aufgenommen ist. Es bedurfte eines ausdrücklichen Zeugnisses für die Gültigkeit gemeinschaftlicher Testamente in diesem Gesetzbuche selbst, um das entgegenstehende Hinderniß der unitas actus zu beseitigen, in keinem Theile desselben findet sich aber eine Stelle, welche, abgesehen von der l. 19 cit. ihrer erwähnte.

Diese Testamente verdanken ihren Ursprung einem allgemeinen Deutschen Rechtsgebrauche, nach welchem Dispositionen über das Leben hinaus in der Form der Vergabungen von Todeswegen, und zwar da, wo ein gegenseitiges Bedenken zwischen Ehegatten oder sonst nahe ver-

bunbenen Perfonen Statt fanb, in Einer Urtunbe ge=
troffen wurben.
Befeler, bie Lehre von ben Erbverträgen Th. II. Bb. 1
§ 13 S. 328.

Nachbem bas Römiſche Recht Eingang gefunben hatte,
wählte man für folche Verfügungen bie früher unbekannte
Form ber Teſtamente, unb es wurbe für zuläſſig erachtet,
in benſelben nicht bloß zu gegenſeitigen Gunſten zu bis=
poniren, ſonbern auch Erben bes beiberſeitigen Vermögens
zu ernennen. Aber es erhellt nicht, baß eine gegenſeitige
Erbeinſetzung bas nothwenbige Erforberniß für bieſe Dis=
poſitionen geweſen ſei. Es war eine ſolche gewiß ber am
häufigſten vorkommenbe Fall ber Anwenbung; allein ber
Grunbgebanke war boch immer nur ber, baß beibe Ver=
fügungen für ben Fall tes Tobes bes einen ober beiber
Teſtatoren in eine Beziehung zu einanber gebracht wurben
unb wenn, wie es oft geſchah, Nacherben beiber eingeſetzt
wurben, ſo konnte bieſelbe baburch hergeſtellt werben,
baß bie Teſtatoren ſich baneben überall nur bebachten,
namentlich wenn bies in ber Weiſe erfolgte, baß bem
Ueberlebenben ber Nießbrauch an bem Vermögen bes Ver=
ſtorbenen vermacht warb. Daß in einem ſolchen Falle
nicht bie gegenſeitige Erbeinſetzung als ein nothwenbiges
Requiſit für gemeinſchaftliche Teſtamente angeſehen worben
ſei, ergiebt ſich auch ſchon baraus, baß bie italieniſchen
Juriſten, unter beren Einfluß ſich bie Reception bes
Römiſchen Rechts vollzog, ſowie bie angeſehenſten
beutſchen Theoriſter unb Practiſter bes 16. Jahrhunderts
ſich ohne alle Beſchränkung für bie Zuläſſigkeit ber
Solenniſirung mehrerer Teſtamente burch Einen Act er=
klärten, unb bieſelbe ſchon aus bem Römiſchen Rechte be=
bucirten, mithin eine communis opinio für ſie auch ohne
ein ſolches Erforberniß begründeten; cfr. bie Citate bei

Hartmann a. a. O. S. 110.
Glüd, Commentar Bb. XXXV S. 51 n. 9.

Es läßt sich auch ein innerer Grund für ein solches
Requisit nicht auffinden. Denn das Hinderniß, welches
das Römische Recht durch die Nothwendigkeit der unitas
actus der Gültigkeit solcher Testamente entgegenstellt, wird
durch eine gegenseitige Erbeinsetzung nicht gehoben, höchstens
könnte sich die, noch bei

Mevius, comment. ad jus Lubecense II, nr 1, 10. nr. 1—6

angeregte, jedoch mit Recht verneinte, Frage erheben, ob
nicht darin eine captatorische Verfügung enthalten sei.
Eine institutio ex asse oder auf den Rest nach Abzug des
Pflichttheils für die Notherben, wird nicht als nothwendig
gefordert, und mit der Einsetzung auf einen Bruchtheil
wird dem Wesen der Sache nicht gedient, wenn die Beziehung beider Verfügungen auf einander in anderer Weise
hergestellt werden kann und hergestellt wird. Es wird auch
von Mühlenbruch, welcher neben

Puchta, Pandecten § 481
Sintenis, Civilrecht ed. 2 §173 n. 1,

für jene Ansicht angeführt wird, in dem Commentar von
Glück Bd. XXXVIII S. 217 n. 74 und im Lehrbuch der
Pandecten § 665 n. 1 nur eine Verbindung des Inhalts
beider Testamente mit einander gefordert, und dieselbe
ist als vorhanden anzunehmen, wenn beide testirende Ehegatten sich den Nießbrauch des Vermögens, wie im gegenwärtigen Falle, neben der Instituirung eines gemeinsamen Erben, vermacht haben.

Auch die Praxis hat jenes Erforderniß nicht immer
eingehalten, vielmehr die Zulässigkeit bloßer gegenseitiger
Vermächtnisse anerkannt, wie dies die Präjudicien bei

Seuffert' Archiv Bd. VII. nr. 200,
Strippelmann, Entscheidungen des Oberappellationsgerichts zu Cassel Bd. VII S. 511 (nr. 4), S.
527 (nr) 11.
ergeben.

Was endlich Kläger dafür vorbringt, daß jeder der
Testatoren bei einem gemeinschaftlichen Testamente seinen
Willen in einem besonderen Satze erklären müsse, und daß
derselbe nicht wie hier, in einer Satzverbindung von einem
jeden von ihnen ausgesprochen werden dürfe, ist für begründet nicht zu achten. Es wird ein solches Erforderniß
nirgend aufgestellt, vielmehr erklären sich
Sintenis a. a. O. S. 447.
Roßhirt, testamentarisches Erbrecht S. 450,
ausdrücklich dagegen. Das Bedenken welches daraus hergenommen werden könnte, daß in dem Testamente § 1
zu Anfang ein jeder der Testatoren einzeln für sich, später
dieselben aber gemeinsam redend aufgeführt sind, beseitigt
sich auch schon dadurch, daß diese Form lediglich als eine
vom Protocolldirigenten gewählte Fassung erscheint, welche
er dem mit genügender Bestimmtheit erklärten Willen der
Testatoren gegeben hat, und daß letztere zum Schlusse den
ihnen vorgelesenen Inhalt gemeinsam genehmigt haben.

**72. Ueber die nach den Statuten des ritter-
schaftlichen Creditvereins vorgeschriebene Aus-
kehrung des sinkenden Fonds bei Erbtheilungen.**

Nr 725/....

Nach den Statuten des ritterschaftlichen Creditvereins
haben die Mitglieder halbjährlich eine Summe zum sinkenden
Fonds zu zahlen, der zum allmäligen Abtrag der Capital-
schuld bestimmt ist und zur Einlösung der ausgegebenen
Pfandbriefe, von denen halbjährlich eine entsprechende Zahl
ausgeloost werden soll, verwandt wird. Das Nähere darüber

ergiebt sich aus dem weiter unten Gesagten. — In Erbfällen kann die Auslehrung dieses sinkenden Fonds zum Zweck der Auseinandersetzung der Erben verlangt werden; und es entstand in einem solchen Falle zwischen den Lehen- und Allodialerben Streit darüber, wem derselbe zufalle. Die Allodialerben betrachteten ihn als eine zum Allodialnachlasse gehörige Forderung des Erblassers an den Creditverein, und begehrten demgemäß dessen Auslieferung von den Lehenerben, welche ihrer Seits behaupteten, daß durch jene Zahlungen nur die Schuld des Erblassers an den Creditverein um den entsprechenden Betrag getilgt sei. In erster Instanz wurden die Lehenerben der Klagbitte gemäß verurtheilt; das Oberappellationsgericht wies jedoch mittels Erkenntnisses vom 11. Mai 1865 die Klage ab; und lauten die Gründe dieses Urtheils, welches demnächst in der Restitutionsinstanz bestätigt ward, und für dessen Richtigkeit sich auch ein von der Juristenfacultät zu Halle eingeholtes Erachten aussprach, nachstehend:

1. — Der sinkende Fonds wird nach § 80 der unterm 19 December 1839 bestätigten Statuten des ritterschaftlichen Creditvereins aus den hierzu bestimmten terminlichen Zahlungen der Mitglieder dieses Vereins gebildet, und soll der aus diesen Beiträgen sich ansammelnde, für jedes Gut besonders zu berechnende Fonds zum allmäligen Abtrage der Kapitalschuld verwandt werden. Demgemäß wird halbjährlich durch Ausloosung eine entsprechende Anzahl von Pfandbriefen mittels jener Beiträge eingelöst, und erfolgt schließlich, wenn der Antheil des einzelnen Gutes am sinkenden Fonds die Höhe der auf das Gut eingetragenen Forderung erreicht, die Lösung dieser Forderung, unter Cassirung des gleichen Betrages von Pfandbriefen, und damit der Austritt des Gutes aus dem Vereine. Eine Auslehrung dieses Antheils an das betreffende Mitglied ist nicht zulässig, nur in Erbfällen dürfen die Erben zum Zwecke der Auseinandersetzung, und in Concursfällen die Gläubiger

nach § 80 die Auslieferung desselben verlangen. Die Auslieferung geschieht aber auch in diesen Fällen nur in der Weise, daß eine, der Höhe dieses Antheils entsprechende Anzahl von Pfandbriefen cassirt, der gleiche Betrag von der in das Hypothekenbuch des Gutes eingetragenen Forderung des Creditvereins getilgt, und dadurch dem Besitzer ein freier Platz zu neuen Eintragungen verschafft wird.

2. — Hiernach steht zunächst fest, daß die von den Mitgliedern des Vereins neben den Zinsen und Administrationskosten regelmäßig zu zahlenden Beiträge zum allmäligen Abtrage der Kapitalschuld dienen sollen, und nach den Statuten hierzu verwandt werden dürfen. Hiervon wird auch in Erb= und Concursfällen keine Ausnahme gemacht; vielmehr besteht das Besondere in diesen Fällen nur darin, daß hier schon vor dem gänzlichen Abtrage der Schuld die Tilgung eines entsprechenden Theils der für den Creditverein eingetragenen Forderung verlangt werden kann. Wenn diese Procedur im § 80 der Statuten „Auslieferung des sinkenden Fonds" genannt wird, so ist diesem Ausdrucke eine selbständige Bedeutung nicht beizulegen. Vielmehr zeigt die unmittelbar darauf folgende Vorschrift über die Art, in der solche Auslieferung geschieht, daß damit keine baare Auszahlung oder Ueberweisung bestehender Forderungen, sondern nur die Verwendung zur theilweisen Tilgung der Forderung des Creditvereins gemeint ist.

3. — Untersucht man nun die hieraus sich ergebende rechtliche Natur des sinkenden Fonds, so steht als Regel fest, daß, wenn ein Schuldner neben den stipulirten Zinsen einen Theil des Kapitals zurückzahlt, dadurch der Betrag der Schuld selbst gemindert wird, weil die Schuld durch Zahlung ipso jure aufgehoben wird, und ist es in dieser Beziehung gleichgültig, ob eine solche Theilzahlung auf späterer Vereinbarung beruht, oder ob bereits bei Eingehung des Schuldverhältnisses eine ratenweise

Zurückzahlung des Kapitals stipulirt war. Auch'macht
es in rechtlicher Beziehung hiebei keinen Unterschied,
wenn der Schuldabtrag in der Weise geregelt ist, daß
jährlich oder halbjährlich eine bestimmte Quote des Kapitals zurückgezahlt, und daneben bis zum gänzlichen
Abtrage der Schuld nominell der ganze ursprüngliche Betrag derselben verzinst, in Wirklichkeit aber ein, jenen Quoten
entsprechender Theil der Zinsen dem Schuldner als Ka-
pitalabtrag in Rechnung gebracht wird, indem auch in
diesem Falle sowohl die zurückgezahlten Quoten des
Kapitals, als auch ein entsprechender Theil der Zinsen
den Character wirklicher Zahlungen behalten, durch
welche der Betrag der ursprünglichen Schuld gemindert
wird. Der sinkende Fonds ist demnach, wenn nicht ein
Anderes ausdrücklich ausgemacht worden, nicht als eine
selbständige Gegenforderung des Schuldners zu betrachten, welche erst demnächst, wenn sie die Höhe der
Forderung erreicht hat, zur Compensation benutzt werden soll, sondern nur eine Bezeichnung für den bereits
getilgten Theil der Schuld. Daß, wie die Kläger in
ihrer Replik geltend machen, ein Schuldner, um später
einen größeren Kapitalposten abtragen zu können, jährlich
eine bestimmte Summe zurücklegen, und diese inzwischen
zinsbar belegen kann, und daß es in dieser Beziehung
gleichgültig ist, ob er die allmälige Ansammlung der
nöthigen Summe selbst besorgt oder einen Dritten damit beauftragt, ist allerdings richtig. Es ist aber ein
ganz anderer, hievon völlig verschiedener Fall, wenn der
Schuldner diese zum Schuldabtrage bestimmten Summen
nicht einem beliebigen Mandatar, von dem er sie jeder-
zeit zurückfordern kann, zur Verwaltung anvertrauet,
sondern gerade dem Gläubiger zahlt, damit dieser sie als
eine zum Abtrage der Schuld bestimmte Summe berechne,
zumal wenn dabei ausdrücklich ausgemacht ist, daß diese
Summen nur zum Schuldabtrage verwandt werden sollen,
und der Schuldner nicht berechtigt sein soll, sie zurückzufordern.

4. — Allerdings kann zugegeben werden, daß die Statuten des Creditvereins die Verhältnisse des sinkenden Fonds anders hätten feststellen können. Allein dieselben enthalten keine Bestimmungen, aus denen dies gefolgert werden könnte, und läßt sich insbesondere die Ansicht der Kläger, daß der sinkende Fonds in den in deposito des Creditvereins befindlichen Pfandbriefen bestehe, und jedem Mitgliede ein entsprechender ideeller Antheil an diesen Pfandbriefen zustehe, aus den Statuten nicht begründen. Abgesehen nämlich davon, daß nach § 80 der letzteren der aus den fraglichen Beiträgen sich ansammelnde, für jedes Gut besonders zu berechnende Fonds zum allmäligen Abtrage der Kapitalschuld verwendet werden soll, die Statuten also anerkennen, daß die Zahlung jener Beiträge in Wirklichkeit eine successive Abtragung der Kapitalschuld involvirt, entspricht auch die statutenmäßige Verwendung der Beiträge dieser Bestimmung, indem mit denselben die vom Creditvereine ausgegebenen Pfandbriefe eingelöst werden. Nach § 3 und § 79 der Statuten kann es nämlich keinem Zweifel unterliegen, daß die Einlösung der zu diesem Zwecke ausgeloosten Pfandbriefe nicht als ein Ankauf dieser letzteren aufzufassen, sondern eine wirkliche Einlösung durch Zahlung der den Inhabern derselben gegen den Creditverein zustehenden Forderung, und demnach diese bei der Einlösung durch Zahlung getilgt ist. Daß die eingelösten Pfandbriefe nicht sofort cassirt, sondern einstweilen für den sinkenden Fonds außer Cours gesetzt werden, und ihre Cassirung erst dann erfolgt, wenn dieselben zum Zwecke der Tilgung der für den Creditverein in die Hypothekenbücher eingetragenen Forderungen bei der Hypothekenbehörde eingereicht werden, hebt die Wirkung der Zahlung und Confusion um so weniger auf, als eine Wiederausgabe dieser Pfandbriefe von Seiten des Creditvereins nach den Statuten unzulässig ist. Die für den sinkenden Fonds außer Cours

gesetzten und bei der Hauptcasse deponirten Pfandbriefe
sind daher in Wirklichkeit nur die von den Gläubigern
gegen Zahlung des Schuldbetrages zurückgegebenen Do=
cumente über eine Schuld, welche durch jene Zahlung
erloschen ist, und dienen lediglich dazu, den Betrag des
sinkenden Fonds, oder, mit anderen Worten, der durch
Zahlung getilgten Schuld des Creditvereins nachzu=
weisen. Ein anderer Zweck, und namentlich die Be=
deutung, daß diese Pfandbriefe ungeachtet ihrer Ein=
lösung noch eine wirklich bestehende Forderung repräsen=
tiren sollen, kann der Außercourssetzung um so weniger
beigelegt werden, als eines Theils diese Bedeutung, da
sie mit dem Inhalte der §§ 3 und 79 der Statuten in
Widerspruch stehen würde, bestimmter hätte hervor=
gehoben werden müssen, und es anderen Theils für die
Zwecke des Creditvereins practisch vollkommen
gleichgültig ist, ob die Forderungen, worauf diese Pfand=
briefe lauten, als fortexistirend betrachtet werden, oder
nicht, da ihr Betrag im ersteren Falle doch den einzel=
nen Mitgliedern des Vereins auf ihre Schuld angerech=
net werden muß, nur zu diesem Behufe als fortbestehend
betrachtet werden könnte, und jene Forderungen schließ=
lich doch nur zur Tilgung der Intabulate verwandt
werden dürften. Die betreffenden Bestimmungen der
Statuten erklären sich auch sehr leicht aus der bei Conto=
currentverhältnissen üblichen Form der kaufmännischen
Rechnungsführung, bei der auch die vom Schuldner ge=
leisteten Zahlungen vorläufig als Credit gut geschrieben
werden, bei welcher aber die Absicht beider Theile von
vorn herein darauf gerichtet ist, daß Credit und Debet
schließlich gegen einander aufgerechnet werden, und nur
der Saldo eine wirkliche Schuld bleibt. In einem ähn=
lichen Verhältnisse steht der Creditverein zu seinen ein=
zelnen Mitgliedern. Die intabulirte Schuld ist das
Debet, und ihr Antheil an dem sinkenden Fonds das
Credit der letzteren, und wenn die Berechnung in der

Weise geführt wird, daß einer Seits die ganze Schuld
als fortbestehend betrachtet und verzinst, anderer Seits
aber ein entsprechender Theil der gezahlten Zinsen dem
sinkenden Fonds zugerechnet wird, so wird dabei der
Fortbestand der ungeminderten Forderung nur fingirt,
und entspricht die einstweilige Außercourssetzung der
eingelösten Pfandbriefe für den sinkenden Fonds dieser
Fiction um so mehr, als formell auch die für den Creditverein intabulirten Forderungen bis zu ihrer Tilgung
noch bei Bestande bleiben. In der Wirklichkeit wird
aber sowohl die Schuld des Vereins, als auch die seiner
Mitglieder durch Zahlung und Einlösung der Pfandbriefe successiv getilgt, und endigt daher nach den Statuten das Verhältniß schließlich auch allemal mit der
Liquidation und Tilgung des ganzen Intabulats, oder
eines Theils desselben.

b. — Daß nun der sinkende Fonds, wenn er gar kein wirkliches Activum, sondern nur eine Bezeichnung für den
durch die successiven Quotenzahlungen bereits getilgten
Theil der für den Creditverein intabulirten Forderung
ist, nicht den Allodialerben zufällt, ergiebt sich von selbst.
Das Resultat bleibt aber auch dasselbe, wenn man den
sinkenden Fonds als einen wirklichen Fonds betrachtet,
an welchem den Mitgliedern des Creditvereins die aus
den Statuten sich ergebenden Rechte zustehen. Auch in
diesem Falle steht nämlich fest, daß der sinkende Fonds
nur zum schließlichen Abtrage der Schuld bestimmt ist.
Der Creditverein würde daher immer nicht als Mandatar der einzelnen Gutsbesitzer im gewöhnlichen Sinne
des Wortes zu betrachten sein, indem gerade das wesentliche Criterium des Mandats, die Befugniß des
Mandanten zum Widerrufe des Mandats und die Abhängigkeit des Mandatars vom Willen des Mandanten,
hier fehlt, den einzelnen Vereinsmitgliedern vielmehr
immer nur ein Recht darauf zustehen würde, daß der
sinkende Fonds seiner statutenmäßigen Bestimmung ge-

mäß verwandt werde. Der letztere ist danach kein Creditum, zu dessen Rückzahlung der Creditverein überhaupt, oder unter bestimmten Voraussetzungen verpflichtet ist; im Gegentheile entspringt aus der Zahlung von Beiträgen zu dem sinkenden Fonds unter allen Umständen für den zahlenden Gutsbesitzer nur eine Einrede gegen die Klage aus dem Hypothekenscheine, und ein Anspruch an den Creditverein, daß die in sein Gut eingetragene Forderung des letzteren ganz oder zu einem entsprechenden Theile getilgt werde. Ein solcher Anspruch aber, der sich darauf reducirt, daß eine in ein Lehngut eingetragene Forderung als getilgt anerkannt und im Hypothekenbuche gelöscht werde, kann wiederum nicht den Alloklalerben, welche daran gar kein Interesse haben, sondern nur dem Lehenserben zufallen. Den Alloklalerben würde höchstens ein Recht auf Ersatz der von dem Erblasser auf Erwerbung jenes Anspruchs aus seinem Alloklalvermögen gemachten Verwendungen zustehen können, wenn der Abtrag von Lehensschulden als eine, solches Recht begründende Melioration des Lehens zu betrachten wäre. Eines näheren Eingehens auf diese Frage aber bedarf es im vorliegenden Falle nicht, da Kläger ein solches Recht selbst nicht in Anspruch nehmen.

———

III. Kirchen- und Staatsrecht.

Ueber die Requisite von Kirchspielsobservanzen nach der Verordnung vom 27. December 1824 wegen der Beitragsverbindlichkeit der Patrone und Eingepfarrten zu den Kirchen- und Pfarrbauten.

Be 1030/₁₈₆₅.

Aus den Gründen des Erkenntnisses des Oberappellationsgerichts vom 16. März 1865:

Die Observanzen, welche das gemeine Recht namentlich als Rechtsquelle für die inneren Verhältnisse von Gemeinden und Corporationen anerkennt, und deren Geltung es insbesondere bei der Kirchenbaulast der Kirchengemeinden bestätiget,

Eichhorn, Grundsätze. des Kirchenrechts, Bd. 2, S. 39—44, 810,

Richter, Kirchenrecht, § 303,

Seuffert, Archiv, IV nr. 75,

sollen auch nach der Verordnung vom 27. December 1824 ihre rechtliche Bedeutung behalten. Nach dem Wortlaute des § 1 der gedachten Verordnung sollen sie jedoch nur dann als eintretend angenommen werden, wenn die wirkliche Anerkennung respective der Verpflichtung oder Befreiung vorliegt und bewiesen wird. Eine wirkliche Anerkennung kann nun eben so gut aus thatsächlichen Vorgängen, deren Schlüssigkeit vorausgesetzt, wie aus ausdrücklichen Erklärungen gefolgert werden.

Es kann auch der Verordnung vom 27. December 1824 nicht die Tendenz unterstellt werden, der Observanz das ihr zuständige Gebiet zu verkümmern, und nur leicht er-

kennbare Rechtsnormen bei Bestande zu lassen; es hätte
dann nahe gelegen, statt „wirkliche" vielmehr „ausdrückliche" Anerkennung zu erfordern. Dagegen dient das
Beiwort „wirkliche" nur dazu, den Nachdruck hervorzuheben, den der Gesetzgeber auf das Moment der Anerkennung gelegt wissen will. Das Gesetz verlangt auch
nicht neben dem Beweise der Observanz noch den ihrer
Anerkennung, sondern will nur darauf hinweisen, daß aus
der bloßen Ueblichkeit noch keine Observanz zu folgern sei,
daß vielmehr in der Uebung die Anerkennung einer rechtlichen Norm zu Tage treten müsse. Unter Anerkennung
ist demnach das Erforderniß der opinio necessitatis zu
verstehen, und wenn die dafür gewählte Fassung am be-
friedigendsten von dem Standpunkte derjenigen Doctrin
aus sich erklärt, welche die Observanz als einen stillschwei-
genden Vertrag bezeichnet,

vergl. Eichhorn a. a. O., S. 41 not 17,

  v. Savigny, System I § 20 S. 99,

    Puchta, Gewohnheitsrecht Bd. 2 § 11 S. 109,110,
so erhellt auch hieraus, wie fern es der Verordnung vom
27. December 1824 gelegen, die wirkliche Anerkennung
mit der ausdrücklichen zu identificiren; sie hätte dann auch
nicht der Observanzen neben den Verträgen noch als einer
besonderen Rechtsquelle gedenken können. Die thatsächliche
Uebung soll nicht auf Zufall und Willkür, sondern auf
der Herrschaft einer Regel beruhen; in den Angehörigen
der kirchlichen Gemeinde soll die Ueberzeugung von der
Verbindlichkeit ihres Herkommens leben, dessen ursprüngliche Grundlage nur in Vergessenheit gerathen ist. So
warnt denn auch das Landesherrliche Circular vom 15. Juli
1833 sub 5 die Beamten, nicht zu leicht die Observanz
unbeachtet zu lassen, was dem § 1 der Constitution vom
27. December 1824 ganz entgegen sei.

    Raabe, Mecklenburg Schwerinsche Gesetzsammlung,
        Bd. 4 S. 144.

75. Ueber die Verpflichtung der Gutsbesitzer zur Besoldung der Schullehrer.

Die Verordnung vom 21. Juli 1821 zu verbesserter Einrichtung des Landschulwesens bestimmt in § 17 den Minimalbetrag der den Schullehrern zu gewährenden Diensteinkünfte, und fixirt denselben größten Theils in Naturalemolumenten. — Die Auslegung dieser Bestimmung ist mehrfach Gegenstand eines Rechtsstreites geworden, indem einzelne Gutsbesitzer sich berechtigt hielten, mit dem von ihnen angestellten unverheiratheten Schulmeister eine Vereinbarung zu treffen. wonach derselbe statt jener Emolumente Belöstigung auf dem Hofe und daneben eine baare Einnahme erhielt, das Unterrichtsministerium jedoch ein solches Abkommen auch dann, wenn der Werth der Diensteinkünfte den Minimalbetrag erreicht, nicht gestattet, weil die Schullehrer dadurch in Verbindung mit der abhängigen Stellung, in welche sie vermöge der Kündbarkeit ihres Dienstverhältnisses zu den Gutsbesitzern stehen, factisch an der Begründung eines eigenen Hausstandes verhindert werden.

Das Oberappellationsgericht hat sich in solchen Streitfällen wiederholt für die Ansicht des Ministerii und zwar aus folgenden Gründen entschieden.

I. Po: 566/.... Bescheid vom 10. December 1866.

Die Verordnung vom 21. Juli 1821 giebt im § 8 die ganz bestimmte Vorschrift, daß in jedem Schulorte eine eigene den Schulzwecken dienende Localität vorhanden sein soll, welche neben einem besonderen Unterrichtszimmer eine vollständige Lehrerwohnung enthalten muß, wenn nicht der Schulmeister zugleich Küster ist, mithin als solcher schon eine Amtswohnung hat. Da nun diese Voraussetzung im vorliegenden Falle nicht zutrifft, so ist die Gutsherrschaft nach dem klaren Buchstaben des Gesetzes unzweifelhaft verpflichtet, dem Lehrer die demselben bisher nicht gewährte selbständige und den gesetzlichen Anforderungen entsprechende Wohnung einzuräumen. Die Verordnung bestimmt ferner im § 17 den Minimalbetrag der den Schulmeistern, die nicht zugleich Küster sind, anzuweisenden Dienstemolumente. Es kann immerhin zugegeben werden, daß nicht jede kleine Abweichung von dem, was hier vorgeschrieben ist, als eine beachtliche Gesetzesübertretung aufzufassen sein würde, wenn nur der Lehrer statt eines verminderten oder ausfallenden Emoluments anderweitig ausreichend und angemessen entschädigt wird; wohl aber ist die Intention des Gesetzes entschieden darauf gerichtet, daß die Schulstellen mit dem zum nothdürftigen Unterhalte einer Lehrerfamilie erforderlichen Naturaleinkommen, welches nach den auf dem platten Lande bestehenden Verhältnissen durch ein entsprechendes Geldäquivalent nicht ersetzt werden kann, dotirt werden. Demnach ist es durchaus ungesetzlich, daß der gegenwärtig in P. angestellte Lehrer auf dem herrschaftlichen Hofe untergebracht ist und dort neben freier Station eine baare Besoldung von 75 ℔ jährlich erhält. Mag er selbst, weil und so lange er unverheirathet ist, durchaus zufrieden sein, auch in der That in einer besseren und bequemeren Lage sich befinden, als wenn er constitutionsgemäß eingesetzt wäre, so braucht doch die oberste Unterrichtsbehörde die anomale Einrichtung nicht zu dulden. Das Gesetz fordert und das öffentliche Interesse erheischt, daß die Landschullehrer, da sie nicht im Privatdienste der Gutsherrschaften stehen, sondern von denselben als von den Ortsobrigkeiten angestellt werden, am Schulorte als selbständige Personen einen eigenen Heerd haben, und eine Stellung einnehmen, welche sie auch äußerlich von dem dienenden Personal der gutsherrlichen Haushaltung und Wirthschaft unterscheidet.

II. Lu: 623,₁₁₁₇. Bescheid vom 24. October 1867.

Der § 17 der Patent=Verordnung zur verbesserten Einrichtung des Landschulwesens bestimmt Abs. 2, wie die Schullehrerstellen mindestens dotirt sein müssen, und wenn es im Abj. 2 der Gutsherrschaft für den Fall, daß es ihr wegen temporärer Hindernisse unmöglich sein sollte, das

Gartenland und die Weide, sowie die Winterfütterung
für eine Kuh, in natura zu verabreichen, ausnahmsweise
gestaltet wird, statt dieser Naturalleistungen eine bestimmte
Geldvergütung zu geben, so ist klar, daß es — von die=
sem besonderen, hier gar nicht vorliegenden, Falle abge=
sehen — nicht hat erlaubt sein sollen, das Einkommen
des Lehrers lediglich in Gelde zu fixiren, oder statt der
Naturalen Präflationen anderer Art zu bestimmen. Auch
der folgende Absatz enthält das nicht, was der Appellant
darin findet. Im Gegentheile geht die Vorschrift davon
aus, daß Naturalleistungen der vorher genannten Art zur
Stelle gehören, und es wird nur unter eine Regel ge=
bracht, wie dieselben zu veranschlagen sind, um auszumit=
teln, ob der Schullehrer, der zugleich Küster ist, sich auf
70 Thlr. N²/₄ dient. Darf nun auch nach dem letzten
Satze des § 17 eine Einnahme, die der Schullehrer als
solcher aus Vermächtnissen oder Stiftungen bezieht, auf
das Minimum der ihm gebührenden Hebungen angerechnet
werden, so ist hieraus doch kein Schluß darauf zu ziehen,
daß es der Obrigkeit freisteht, in ganz anderer Art, als
es das Gesetz will, die Stelle zu dotiren, wenn dadurch
nur der Lebensunterhalt ausreichlich gewährt und dem
Werthe nach eben so viel praestirt wird, als das gesetzliche
Minimum ausmacht. Der freien Vereinbarung zwischen
den Gutsobrigkeiten und den Schullehrern ist dergleichen
nicht überlassen. Der Absatz 7 schließt dieselbe aus, in
so weit sie den ausdrücklichen Bestimmungen des § 17
entgegentritt. Die Worte „Im Uebrigen" besagen gerade
dieses, und es ist unmöglich, den Satz so zu verstehen,
als hätte den Contrahenten freigegeben werden sollen,
über das Einkommen beliebige Bestimmungen zu treffen,
wenn nur das Minimum dadurch vergütet werde. Von
Letzterem steht in dem Passus nichts, und Abschätzungs=
Normen sind für solchen Fall eben so wenig gegeben.

Hienach sollen die Diensteinkünfte des Schullehrers ge=
rade in den bezeichneten Natural-Emolumenten bestehen.

292

Freilich kann es nicht als eine Contravention angefehen
werden, wenn statt der einen Naturalpräftation eine andere, diefelbe vollkommen erfehende, vereinbart wird. Hier
ift aber die betreffende Vorfchrift ganz bei Seite gefeht.
Das Gefeh will, daß der Schullehrer auch äußerlich in
jeder Hinficht anders, als ein Dienftbote, geftellt werde,
und als ein felbftändiger Einwohner des Gutes erfcheine,
wie es fogar der Tagelöhner ift. Damit diefes in Erfüllung gehe, find ihm folche Emolumente zugewiefen,
welche einen eigenen Hausftand vorausfehen. Die Be-
fchaffenheit derfelben läßt hierüber keinen Zweifel, und es
ift damit fchlechthin unverträglich, daß der Lehrer auf dem
Hofe beköftigt und außerdem auf baares Geld ange-
wiefen wird.

Nachträge.

76. Beitrag zur Lehre von den Reallasten.

Ca 149/₁₁₁, Strel.

Auf dem Rittergute B. ruht seit unvordenklicher Zeit als eine Reallast die Verpflichtung, alljährlich zu Martini 60 Scheffel Roggen zum landesherrlichen Kornboden zu liefern. Für das Jahr 1866 hatte der Eigenthümer des belasteten Gutes diesen Roggen in so schlechter Beschaffenheit, namentlich so unrein und mit fremdartigen Sämereien vermischt geliefert, daß die Leistung unannehmbar befunden und durch den Cammerprocurator auf Lieferung der fälligen 60 Scheffel Roggen in reiner empfangbarer Waare geklagt wurde. Der Beklagte gab zwar zu, daß das von ihm gelieferte Korn schlecht und unrein sei, glaubte aber der Klage mit der Einrede begegnen zu können, daß er in diesem Jahre besseren und reineren Roggen von dem belasteten Gute nicht geerntet habe. Diese in erster Instanz verworfene Einrede wurde auf Appellation des Beklagten als erheblich anerkannt und zum Beweise verstellt, auf weitere Appellation des Klägers stellte jedoch das Oberappellationsgericht durch Urtheil vom 7. April 1868 das erste Erkenntniß wieder her.

Gründe.

1. Die Parteien sind darüber einig, daß die zur Frage stehende Leistung von 60 Scheffel Roggen auf dem Gute B. als eine Reallast ruhet. Aus der rein dinglichen Natur der Reallasten folgt nun freilich, daß das belastete Grundstück principaliter für die Erfüllung haftet und daß der jeweilige Besitzer die jedesmal fällige Leistung als Vertreter des letzteren zu beschaffen hat. Aber ihr Inhalt kann ebenso mannigfaltig sein, als der einer Obligation, und aus dem Umstande, daß von einem zur Früchterzeu-

gung beftimmten Grundftüde ein Grundzins in Feldfrüch=
ten zu entrichten ift, kann nicht ohne Weiteres geschloffen
werden, daß leßtere nur aus den auf dem Gute gewon=
nenen Erzeugniffen zu gewähren find, und daß der Real=
gläubiger dieserwegen auf den Fruchtertrag eines jeden
Jahres angewiesen ift. Dies ift nur da der Fall, wo der
Zins in einer Quote der jedesmal geernteten Früchte zu
entrichten ift, oder wo, wie dies bei manchen bäuerlichen
Abgaben geschieht, dieselben bei einer Verleihung des Guts
zu einem factifch oder rechtlich erblichen Nußungsrechte
nach Art einer colonia partiaria aufgelegt find, oder end=
lich, wo eine solche Beschränkung entweder bei der Con=
ftituirung oder der Reservation der Laft ftipulirt ift, oder
fich aus einem unvordenklichen Besißftande begründen läßt.
Hievon abgesehen ift der Fruchtzins in mittlerer empfang=
barer Qualität zu leiften, Unglücksfälle oder Mißwachs
haben hierauf keinen Einfluß, und die Grundsäße über
Pachtremiffion finden keine Anwendung. Der Zinsmann
hat einen Anspruch auf Zinsnachlaß aus solchen Gründen
nicht und der Gläubiger behält den Anspruch auf die volle
Abgabe, mag in dem betreffenden Jahre auf dem pflich=
tigen Gute gar kein Korn oder zu wenig oder schlechtes,
nicht empfangbares, Korn gebauet sein.

2. Im vorliegenden Falle erhellt über die Entftehung
der auf dem Gute B. ruhenden Kornabgabe nichts Wei=
teres, als daß fie feit undenklichen Zeiten entrichtet wor=
den ift, der Appellat hat eine Beschränkung derselben da=
hin, daß nur von dem jedesmaligen Fruchtertrage je nach
deffen Güte zu entrichten fei, nicht darzulegen vermocht,
und die Behauptung des Appellanten, daß bisher ftets
guter und reiner Roggen geliefert fei, ift unwidersprochen
geblieben. Es muß deshalb bei der Regel, daß das Korn
von guter, empfangbarer Beschaffenheit fein müffe, ver=
bleiben, und da Appellat selbft zugegeben hat, daß die
Martini 1866 fälligen und gelieferten 60 Scheffel Roggen
von mangelhafter Qualität und unrein gewesen seien, daß

fich namentlich mehrfach Bogelwiden, fowie andere Säme=
reien und Kornarien darunter befunden hätten, fo hat er
jener feiner Verpflichtung nicht genügt und fann fich nicht
darauf berufen, daß er in diefem Jahre keinen befferen
Roggen auf dem Gute geerntet habe und denfelben nicht
beffer habe reinigen können.

**77. Berechnung des Alters eines für ein künftiges
Darlehen beftellten Pfandrechts.**

Co 147/₁₀₀, Strel.

Ueber diefe Frage hat fich das Oberappellationsgericht
in einer Entfcheidung vom 16. März 1868 nachstehend ausgefprochen:

1. Die Anficht, daß ein für eine künftige Schuld beftelltes
Pfandrecht erft mit der Entftehung diefer Schuld, zu
deren Sicherung es conftituirt ift, exiftent werde, ift
neuerdings zwar von Dernburg, Pfandrecht Bd. 1,
Seite 518—537 beftritten und ftatt deffen von ihm an=
genommen, daß es in einem folchen Falle von der Ab=
ficht der Contrahenten abhänge, von welchem Zeitpunkte
das Pfandrecht datiren folle. Indeß kann diefe Anficht
für richtig nicht gehalten werden. — Zunächft folgt
fchon aus der accefforifchen Natur des Pfandrechts, wo=
nach diefes ohne eine Obligation, zu deren Sicherung
es dient, nicht exiftiren kann, daß die Wirkung der
Pfandbeftellung erft mit der Entftehung diefer Obliga=
tion beginne und läßt fich das Gegentheil auch nicht
aus den für die Bürgfchaft geltenden Regeln ableiten,
weil die Stipulation eine Vertragsform ift, durch welche
jede rechtlich mögliche Leiftung verfprochen werden kann,
und es daher in Bezug auf die dadurch begründete
Verpflichtung gleichgültig ift, ob diefelbe fich auf eine
fofortige oder künftige Leiftung bezieht, fowie ob der
Inhalt der Stipulation fich an eine fremde Obligation

anschließt, indem die durch die Stipulation begründete Verpflichtung unter allen Umständen sofort existent wird. vgl. Scheurl, Kritische Vierteljahrsschrift Bd. 2. S. 498.

Auch lassen diejenigen Pandectenstellen, wonach in dem fraglichen Falle das Pfandrecht erst von der Zeit der Entstehung der Schuld datirt, — l. 1 § 1, l. 11 pr. D., qui potiores, ferner l. 4 D. quae res pignori vgl. mit L. 30 D. de rebus creditis und l. 9 § 1 D. qui potiores — die Deutung, daß in allen diesen Fällen die Absicht der Contrahenten auf eine solche spätere Entstehung des Pfandrechts gerichtet gewesen, nicht zu. Eines Theils enthalten sie in ihrer Fassung nichts, welches darauf hinweise, daß der Grund der Entscheidung nur in dem präsumtiven Willen der Contrahenten liege, und es ist diese Annahme um so miß= licher, als wir keine Stelle haben, welche dem entgegen= stehenden Willen der Contrahenten eine rechtliche Wirk= samkeit beilegt. Anderen Theils wird als Grund der Entscheidung grade angegeben, daß es in potestate de- bitoris fuit, pecuniam non accipere oder daß die con- ditio invito debitore nicht erfüllt werden konnte, also die Entscheidung ganz einfach darauf gestellt, daß die Schuld, zu deren Sicherung das Pfand bestellt wurde, erst durch die numeratio pecuniae beziehungsweise durch die Erfüllung der Protestativbedingung existent werde. Auch würde man, wenn hierbei etwas auf den präsum= tiven Willen der Contrahenten ankäme, unbedenklich sagen müssen, daß bei einer Convention, die so gefaßt ist, wie in L. 1 § 1 und l. 11 pr. D qui potiores an- gegeben, sowie in dem l. 4 D. quae res pignori be= zeichneten Falle die präsumtive Absicht der Contrahenten grade auf eine frühere Entstehung des Pfandrechts ge= richtet war. — Der Grund der Entscheidung kann also nur darin gefunden werden, daß nach römischem Rechte beim Darlehen die Verpflichtung des Schuldners erst

durch die Hingabe des Geldes begründet wird, die Pfandbestellung daher auch erst von diesem Zeitpunkte an
wirksam werden kann; und der Unterschied, welchen die
l. 1 D. qui potiores in dieser Beziehung zwischen einer
promissio dotis und dem Darlehen macht, beruhet gerade darauf, daß mit der promissio dotis auch die Verpflichtung des Permittenten zur Hingabe der dos und
folglich auch dessen Recht auf demnächstige Rückgabe derselben rechtlich existent wird, daher hier nicht, wie beim
Darlehen gesagt werden kann, daß es in potestate ma-
riti sei, die Entstehung seiner Restitutionsverbindlichkeit
durch Nichtannahme der versprochenen dos zu verhindern, weil diese Restitutionsverbindlichkeit ihren rechtlichen Entstehungsgrund nicht in der numeratio, sondern
in der den Besteller unbedingt verpflichtenden promissio
dotis hat, an diese sich anschließt und daher gleichzeitig
mit dieser existent geworden ist. Auch steht in dieser
Beziehung die von einer Pfandbestellung für ein bedingtes Legat handelnde l. 9 § 2 D. qui potiores nicht
entgegen, weil die Verpflichtung des Erben zur Zahlung
des Legats, wenn auch als bedingte, vom Augenblicke
des Erbschaftsantritts an existirt, ihr Eintritt also in
keiner Weise von dem Willen des Schuldners abhängig
ist und es in Bezug auf die Frage über ihre Existenz
keinen Unterschied macht, ob das bedingte Legat für
den Fall des Eintritts der Bedingung zurückgezogen
wird oder nicht.

2. Nach römischem Rechte datirt daher ein für eine
künftige Darlehnsschuld bestelltes Pfandrecht unter allen
Umständen erst von der numeratio pecuniae und würde
es in dieser Beziehung nicht releviren, wenn der Dar-
leiher sich schon vorher zur Hingabe des Darlehns durch
eine Stipulation verpflichtet hatte, weil auch in einem
solchen Falle die beiderseitigen Verpflichtungen nach
römisch rechtlicher Auffassung auf besondern von einander
unabhängigen Obligationsgründen beruhen würden, die

des Darleihers auf der Stipulation und die des Dar-
lehnsempfängers auf der numeratio, und die Entstehung
der Verpflichtung des letzteren fortwährend von seinem
Willen abhängig bleibt. — Nach heutigem Rechte dagegen kann ein Vertrag, durch welchen, wie beim Creditvertrage, der eine Theil sich zur Hingabe einer Geld-
summe als Darlehen verbindlich macht und der andere
Theil in Bezug auf die Rückzahlung desselben Verpflichtungen eingeht, als ein sofort und nach allen Seiten
hin bindender Vertrag abgeschlossen werden, weil der
Umstand, daß das Darlehen nach römischem Rechte ein
Realcontract ist, nach heutigem Rechte der Abschließung
eines solchen Vertrages nicht entgegensteht; und es wird
daher auch, weil ein solcher Vertrag nicht eine bloße
conventio ist, welche erst durch Hingabe des Darlehens
rechtliche Wirksamkeit erlangt, sondern wie jeder andere
rechtlich erlaubte Vertrag die dadurch begründeten Rechtswirkungen ohne Weiteres erzeugt, ein von dem Darlehnsempfänger für die demnächstige Erfüllung seiner vertragsmäßigen Verbindlichkeiten beim Abschlusse des Vertrags
bestelltes Pfandrecht aus demselben Grunde sofort wirksam werden und vom Tage der Pfandbestellung datiren
müssen, aus welchem ein von dem Mandanten dem
Mandatar für seine Auslagen bestelltes Pfandrecht vom
Tage der Mandatsertheilung datirt.

3. Hiernach ist denn bei einem gegen Bestellung eines
Pfandrechts abgeschlossenen Creditvertrage das Pfandrecht nicht vom Tage der auf Grund dieses Vertrages
demnächst geleisteten Zahlungen, sondern vom Tage des
Vertrages zu datiren, weil ein solcher Vertrag nicht als
ein pactum de contrahendo aufzufassen, sondern ein
selbstständiger Vertrag ist, dessen Inhalt darin besteht,
daß der Creditgeber dem Creditnehmer die betreffende
Summe zur Disposition stellt und an ihn oder auf
seine Anweisung zu zahlen verheißt, so daß die ganze
Summe schon jetzt als creditirt und zur Verfügung ge-

stellt anzusehen ist und durch die späteren Zahlungen keine neuen Verträge abgeschlossen werden, diese vielmehr lediglich die Erfüllung des bereits abgeschlossenen Vertrages involviren. — Anders dagegen stellt sich die Sache bei einem pactum de mutuo dando, durch welches dem Promissar die betreffende Summe nicht sofort zur Disposition gestellt, sondern nur ein später abzuschließendes Darlehen verabredet wird, der Darlehnscontract selbst also erst durch Hingabe des Geldes perfect werden soll, und die Verpflichtung des Schuldners, zu deren Sicherung ein Pfand bestellt wird, erst durch die Hingabe des Geldes begründet wird. — Ob auch hier nach heutigem Rechte ein Pfandrecht in der Weise bestellt werden kann, daß dessen Wirksamkeit schon vor der Zahlung des Geldes beginnt, mag dahin gestellt bleiben. Jedenfalls genügt der Umstand, daß dem Darlehen ein pactum de mutuo dando voraufgegangen ist, noch nicht, um dem vom Schuldner bestellten Pfandrechte ohne Weiteres diese Wirkung beizulegen; vielmehr wird im Zweifelsfalle anzunehmen sein, daß es bei der Regel des Rechts verbleiben, also das für die künftige Schuld bestellte Pfandrecht erst bei der Entstehung dieser Schuld in Wirksamkeit treten soll, und das Gegentheil nur dann angenommen werden können, wenn beim Abschluß des pactum de mutuo dando ein Pfandrecht in der Weise bestellt wird, daß die Darlehenssumme schon jetzt als creditirt gelten und das Pfand zur Sicherheit für das schon darin liegende Creditiren dienen soll.

78. Ueber die Regreßpflicht des Indossanten aus einem Indossamente, welches nach Ablauf der für die Protesterhebung bestimmten Frist ertheilt ist.

Jo: 254/ieee.

Aus einem Bescheide vom 18. Mai 1868.

Nach Artikel 16 Abs. 1 der Allgemeinen Deutschen Wechsel-Ordnung erlangt der Indossatar aus einem

Indossamente, welches nach Ablauf der für die Protest=
erhebung bestimmten Frist ertheilt ist, die Rechte aus
dem etwa vorhandenen Accepte gegen den Bezogenen
und Regreßrechte gegen diejenigen, welche den Wechsel
nach Ablauf jener Frist indossirt haben. — Worin die
Rechte gegen den Acceptanten bestehen, ist nicht zweifel=
haft. Die durch das Accept begründete Verpflichtung
wird dadurch, daß der Wechsel am Zahlungstage nicht
präsentirt oder kein Protest Mangels Zahlung erhoben
worden, nicht aufgehoben; der Acceptant bleibt also bis
zum Ablauf der Verjährungsfrist zur Einlösung des
Wechsels verpflichtet, sobald ihm derselbe zu diesem
Zwecke präsentirt wird, und der Nachindossatar erlangt
ihm gegenüber dieselben Rechte, wie jeder andere In=
dossatar aus einem vor dem Verfalltage ertheilten In=
dossamente. — Streitig dagegen ist der Inhalt der Re=
greßrechte gegen die Nachindossanten, namentlich ob die
letzteren ebenfalls bis zum Ablauf der Verjährungsfrist
haften, oder ob ein Nachindossament als ein neuer
Sichtwechsel zu behandeln ist und demgemäß die Prä=
sentation des Wechsels in Gemäßheit des Artikel 31
binnen zwei Jahren nach Ausstellung des ersten Nach=
indossaments geschehen muß. — Die sententia a qua
ist in dieser Beziehung der ersten von

    Wolff, Archiv für Wechselrecht Bd. 13 S. 137—176.

vertheidigten Ansicht gefolgt; diese kann indeß für richtig
nicht gehalten werden. — Wenn der Verfasser sich zur
Begründung derselben zunächst darauf beruft, daß das
Wesen des Indossaments in der darin liegenden Legiti=
mation für den Indossatar zu suchen, und aus diesem
Grunde die Annahme bestreitet, daß das Indossament
eine neue Tratte sei, so kommt dagegen in Betracht,
daß jene Legitimation des Indossatars zur Erhebung
der Wechselsumme in der Form eines Zahlungsauftrags
an den Bezogenen erfolgt und im Wesentlichen dieselben
wechselrechtlichen Wirkungen begründet, wie eine Tratte

Dagegen ist allerdings richtig, daß das Indossament keine Tratte ist und derselben nicht in allen Beziehungen gleichsteht, sondern sich von der Tratte gerade dadurch unterscheidet, daß dasselbe einen bereits bestehenden Wechsel voraussetzt und der in dem Indossamente liegende Auftrag sich an den Inhalt des indossirten Wechsels anschließt, — ein Unterschied, der auch für die vorliegende Frage in Betracht kommt. — Im Uebrigen kann nach Inhalt und Stellung des Artikel 16 nicht zweifelhaft sein, daß der Indossatar gegen die Nachindossanten dieselben Regreßrechte erwirbt, welche nach der Allgemeinen Deutschen Wechselordnung jedem anderen Indossatar gegen seine Vormänner zustehen; und wenn der Regreß Mangels Zahlung nach Art. 41 voraussetzt, daß der Wechsel dem Acceptanten, beziehungsweise bei einem eigenen Wechsel dem Aussteller, zur Zahlung präsentirt und diese Präsentation sowie die Nichterlangung der Zahlung durch einen rechtzeitig aufgenommenen Protest dargethan wird, so ist das dem Indossatar in dem Falle des Art. 16 Abs. 1 zustehende Regreßrecht ebenfalls an diese Voraussetzung gebunden. Der Annahme, daß die Nachindossanten bis zum Ablauf der Verjährungsfrist haften, steht daher der Umstand entgegen, daß die Verpflichtung der Indossanten und des Acceptanten bei einem vor dem Verfalltage indossirten Wechsel nicht identisch sind, daß, während die letztere auch bei einem präjudicirten Wechsel fortdauert, die erstere mit der Präjudicirung desselben erlischt und daneben einer andern Verjährung unterliegt, und daß daher, wenn man eine unbedingte Verhaftung des Nachindossanten bis zum Ablauf der Verjährungsfrist statuiren wolle, die Regreßrechte des Indossatars im Falle des Artikel 16 Abs. 1 einen anderen Inhalt haben und weiter gehen würden, als die der sonstigen Indossatare, was nach Inhalt und Stellung des Art. 16 nicht anzunehmen ist. — Es ist daher auch bei einem präjudicirten

Wechsel zur Aufrechterhaltung des Regreßrechts eine
Präsentation und rechtzeitige Protesterhebung erforderlich, — weshalb denn die vorliegende Klage eventuell
schon aus dem Grunde angebrachtermaßen abzuweisen
sein würde, weil hier eine Protesterhebung dem Acceptanten, beziehungsweise dem Aussteller gegenüber,
wie sie in Artikel 41 respective 98 sub 6 verlangt wird,
überall nicht geschehen ist, — und es fragt sich daher
nur, wann diese Präsentation und Protesterhebung bei
einem solchen Wechsel geschehen muß. — In dieser Beziehung ist nun entscheidend, daß der Acceptant, beziehungsweise bei einem eigenen Wechsel der Aussteller
bis zum Ablauf der Verjährungsfrist zur Einlösung des
Wechsels in der Weise verpflichtet bleibt, daß er nicht
erst am letzten Tage, sondern die ganze Zeit hindurch
an demjenigen Tage, an welchem ihm der Wechsel zur
Zahlung präsentirt wird, zahlen muß; und der in dem
Nachindossamente liegende Zahlungsauftrag kann daher,
da der in dem Wechsel festgesetzte Verfalltag bereits verstrichen ist, nur dahin verstanden werden, daß der Acceptant, beziehungsweise der Aussteller, die Wechselsumme
an den Indossanten zahlen soll, sobald ihm dieser den
Wechsel zur Zahlung präsentirt. — Insoferne nimmt
allerdings das Nachindossament den Charakter eines
Sichtwechsels an und es rechtfertigt sich daher auch die
Folgerung, daß der Wechsel innerhalb der in dem Artikel 31 vorgeschriebenen Frist von zwei Jahren und
zwar bei mehreren Nachindossamenten von Ertheilung
des ersten an gerechnet, präsentirt werden muß.
   Thöl, Handelsrecht Bd. 2. § 264.
Daß die Verpflichtung des Acceptanten länger dauert
ist irrelevant, weil in dem Indossamente keine unbedingte Bürgschaft dafür enthalten ist, daß der Acceptant
zahlen werde, dasselbe vielmehr nur eine an die Beobachtung der Vorschriften des Artikels 41 und bei Sicht-
wechseln des Art. 31 geknüpfte Regreßpflicht begründet.

— Anderer Seits aber bleibt das Nachindossament immer ein Indossament; der darin enthaltene Zahlungsauftrag schließt sich an den Inhalt des indossirten Wechsels an; und es folgt daraus auch, daß, falls die Verpflichtung des Acceptanten schon vor Ablauf von zwei Jahren nach der Ausstellung des Nachindossaments durch Verjährung erlöschen sollte, dann an die Stelle der zweijährigen Präsentationsfrist der kürzere Rest der Verjährungsfrist tritt, was Thöl a. a. O. mit Unrecht bestreitet, weil der Inhalt des in dem Indossamente liegenden Zahlungsauftrags sich selbstverständlich an den Inhalt der durch das Accept begründeten Verpflichtung anschließt und daher, wenn diese vor Ablauf von zwei Jahren erlischt, damit auch die entsprechende kürzere Präsentationsfrist vorgeschrieben ist. — Der vorliegende Wechsel hätte daher zur Erhaltung des Regreßrechts gegen den Beklagten bis zum 15. Juni 1867 präsentirt und wenn darauf keine Zahlung erfolgte, Protest erhoben werden müssen.

———

E. E. Fi. h.
4/24/0?